Hans Ullrich · **Mit der S-Bahn wandern**

»Mit der S-Bahn wandern« ist ein neuartiger und praktischer Wegweiser für Ausflügler und Spaziergänger. 46mal führt er sie mit dem allerneuesten Verkehrsmittel zu den Ausgangspunkten für kürzere und längere Wanderungen durch die reizvollen, vielgestaltigen Landschaften rings um München. Er verrät dabei manchen weltfern scheinenden Winkel und weist auf viele Sehenswürdigkeiten hin. Die Wander- und Spazierwege sind mit größter Sorgfalt beschrieben und in Kartenskizzen dargestellt. (Die am Wege liegenden Einkehrgelegenheiten sind nicht vergessen.) Jeweils wird auch angegeben, ob sich die Touren für kleinere oder größere Kinder eignen. Damit das S-Bahn-Wandern möglichst einfach wird, enthält das Büchlein Angaben über die Zonen für die Hin- und Rückfahrt sowie Fahrpläne, Fahrpreise und viele Anleitungen, vor allem über das vorteilhafte Verbundfahren.
Hans Ullrich ist stellvertretender Chefredakteur des *Münchner Stadtanzeigers*, in dem ein Teil dieser Touren veröffentlicht wurde. Das begeisterte Echo, das diese Wandervorschläge fanden, und der vielfach geäußerte Wunsch nach einem handlichen Sammelband veranlaßten den Verlag, den vorliegenden Leitfaden herauszubringen.

Inhalt

Ein Ortsname über dem Titel gibt jeweils die S-Bahn-Station an, an der wir unsere Wanderungen oder Spaziergänge beginnen und von wo aus wir wieder zurückfahren.
Ein zweiter Ortsname – durch Gedankenstrich vom ersten getrennt – bezeichnet eine andere Rückfahrtstation.
Sind beide Ortsnamen durch Schrägstrich getrennt, so liegt zwischen den beiden Orten eine kleine Eisenbahnfahrt (oder es handelt sich dabei um den Doppelnamen eines Ortes).

Vorwort

Wohin?

Am 28. Mai 1972 begann in München das S-Bahn-Zeitalter. Das modernste und leistungsfähigste Massenverkehrsmittel wurde an diesem Tag in den Dienst genommen.
S-Bahn und Arbeit – die beiden Worte verbinden sich seit diesem Tag für viele Tausende von Pendlern zu einer Gedankenassoziation.
Aber S-Bahn und Freizeit?
Warten wir's ab. Probieren wir das wochentägliche Massenverkehrsmittel S-Bahn am Wochenende als höchst individuelles Freizeit-Verkehrsmittel aus.
Und: Besuchen wir auf diese Weise unsere nächste Umgebung. Lassen wir uns in ein paar Minuten schnell und bequem hinausfahren in unsere schöne Region. Und wir werden sehen, daß wir das, was wir längst zu kennen geglaubt hatten, noch lange nicht kennen. Ausflug für Ausflug, Wandertour für Wandertour werden wir Neues, Überraschendes entdecken.
Wohin also führt uns dieses Buch?
In eine von Gletschern vor Jahrmillionen gestaltete Landschaft mit anmutigen Hügeln und Tälern, mit klaren Quellen und Bächen, mit lieblichen Seen und Flüssen, mit Wäldern und Weiden, in eine Landschaft, die Dichter besungen und Künstler gemalt haben, in eine Landschaft, die kaum zu beschreiben ist...
Und wir erleben Kunst und Geschichte dieses so traditionsreichen Landes in der Gegenwart ihrer Ansiedlungen vor unserer Stadt. Wir erleben sie an Ort und Stelle, an der Quelle, und wir entdecken, daß noch viel Interessantes im Verborgenen blüht.
Wohin also am nächsten Wochenende?
46mal gibt Ihnen das Buch auf den folgenden Seiten eine Antwort.

Kreuz und quer durch die Region

Praktische Anleitungen für den Verbund-Wanderer vom Münchner Verkehrs- und Tarifverbund

Zur Löwenjagd mit dem Verbund

Das Verbundverfahren ist sehr vielseitig. Ausflüge und Wanderungen lassen sich beliebig kombinieren mit Omnibus, Straßenbahn, U- und S-Bahn. Ein paar Beispiele:

– Zur Löwenjagd mit Film- und Fotoapparat in den Tierpark Hellabrunn: Von Putzbrunn mit dem Bahnbus 412 nach Neubiberg, weiter mit der S 1 zum Marienplatz und dort umsteigen in den Bus 52.

– Zum Wildpark Poing: Vom Lorettoplatz mit der Tramlinie 19 oder 29 zum Waldfriedhof, weiter mit Bus 41 oder 42 zum Bahnhof Laim, von dort mit der S 6 nach Poing.

– Zur Trabrennbahn Daglfing: Von Neuaubing mit der S 5 zum Karlsplatz (Stachus), von dort mit der Tramlinie 1 nach Steinhausen, umsteigen in den Bus 91 nach Daglfing, Rennbahnstraße.

– Zum Schloß Dachau: Von Oberföhring mit Bus 87 oder 88 zum Herkomerplatz, dort weiter mit der Tramlinie 9 oder 20 zum Isartor, dort umsteigen in die S 2 nach Dachau.

Dem Verbundfahrplanbuch mit seinen übersichtlichen Karten können Sie nicht nur die Fahrpläne der hier aufgeführten Verbindungen entnehmen, sondern alles, was Sie wissen müssen, um auch die entferntesten Punkte im Verbundnetz zu erreichen.

Vom Bahnhof mit dem Radl weiter

Wer Lust zum Radlfahren hat, kann sich mit der S-Bahn hinausfahren lassen vor die Stadt und dann aufs Fahrrad umsteigen: Die Deutsche Bundesbahn bietet an den S-Bahnhöfen Grafrath, Herrsching, Starnberg, Tutzing, Holzkirchen, Wolfratshausen und Freising Fahrräder zum Ausleihen an.

Einzelfahrkarten und Mehrfahrtenkarten

Schnell und zuverlässig fährt uns die S-Bahn hinaus in die schöne Umgebung Münchens zu den Ausgangspunkten unserer Wanderungen. Zonentarif, Bartarif, Mehrfahrtenkarte, Tages- und Touristenkarte, – Begriffe, die leicht verwirren können. Deshalb im folgenden die wichtigsten Hinweise zum Verbundfahren. Die Einzelfahrkarte ist für Verbund-Wanderer in den seltensten Fällen von Bedeutung. Wir nehmen am zweckmäßigsten die Streifenkarte, von der es drei verschiedene Ausführungen gibt:

Streifenkarte mit 10 Streifen zu einem Wert à 30 Pfennig. Preis: 3,00 Mark.

Streifenkarte mit 15 Streifen zu einem Wert à 30 Pfennig. Preis: 4,50 Mark.

Streifenkarte mit 22 Streifen zu einem Wert à 30 Pfennig. Preis: 6,50 Mark.

Den Fahrpreis errechnen wir nach folgendem Schema: Wir zählen diejenigen Zonen ab, die wir für unsere Fahrt benötigen und entwerten unsere Fahrkarte vor oder bei Antritt der Fahrt. Dabei gilt folgende Regelung:

Fahrpreise für Fahrten mit Einzelfahrkarten und Mehrfahrtenkarten

Zahl der Zonen	Preisstufe	Preis der Einzelfahrkarte DM	Preis bei Verwendung der Mehrfahrtenkarte DM	Zahl der benötigten Streifen
bis 2	I	1,00	0,90	3
bis 3	II	2,00	1,50	5
bis 5	III	3,00	2,10	7
bis 7	IV	4,00	3,30	11
bis 9	V	5,00	4,50	15
bis 10	VI	6,00	5,40	18
bis 4	Kinder I	0,50	0,30	1
über 4	Kinder II	1,00	0,60	2

Kindertarif: 4–14 Jahre. Hunde werden zum Kindertarif befördert.

Bei Fahrten durch den Innenraum brauchen wir die »Ringzone« nur einmal zu zählen. Bei Fahrten vom Außenraum durch den Innenraum sind beim Verlassen des Innenraums die Zonen des Außenraums erneut zu zählen. Die meisten Wandervorschläge in diesem Buch sind auch für Kinder geeignet. Der Kindertarif beim Verbundfahren gilt von 4–14 Jahren.

Beliebig oft umsteigen

Mit der Einzelfahrkarte und der Mehrfahrtenkarte können wir beliebig oft umsteigen, natürlich nur, wenn wir in Richtung auf das Fahrtziel fahren. Rück- und Rundfahrten sind also nicht erlaubt. Die Fahrt muß sich innerhalb der Geltungsdauer unserer Fahrkarte abspielen. Einzelfahrkarten und Mehrfahrtenkarten sind auf folgende Höchstfahrzeiten beschränkt:
Kurzstrecke 1 Stunde
bis zu 3 Zonen 2 Stunden
bis zu 7 Zonen 3 Stunden
mehr als 7 Zonen 4 Stunden.
Diese Höchstfahrzeiten berechnen wir vom Zeitpunkt der Entwertung ab. Die Zeit des Fahrtantritts wird beim Entwerten aufgedruckt.

Eiserne Schaffner – stumme Verkäufer

Auf allen S-Bahnhöfen bekommen wir aus den Fahrkartenautomaten sowohl Einzelfahrkarten als auch Mehrfahrtenkarten. Im Stadtgebiet finden wir die »stummen Verkäufer« auch in allen U-Bahnhöfen und an den wichtigsten Straßenbahnhaltestellen. Mit Automaten für Mehrfahrtenkarten sind auch Beiwagen verschiedener Straßenbahnlinien ausgerüstet. Die Automaten sind natürlich darauf eingestellt, uns schnell und zuvorkommend zu bedienen. Wir können mit sämtlichen Münzen von 10 Pfennig bis zu 5,– Mark bezahlen, aber es kann sein, daß wir manchmal nicht genügend Kleingeld bei uns haben: Deshalb rät der MVV: Wer den Verbund häufig benutzt, sollte immer eine Reservekarte bei sich haben.

Wenn wir unsere Fahrkarte gekauft haben, ist sie noch nicht gültig. Wir müssen sie erst abstempeln. Das geschieht mittels der Entwerter, die an allen S-Bahnhöfen, U-Bahnhöfen und in allen Oberflächenfahrzeugen stehen. Aufgrund der von uns abgezählten Zonen haben wir den Fahrpreis ja bereits ermittelt. Diesen Betrag müssen wir nun aus den Streifen der Mehrfahrtenkarte zusammensetzen und dann gehen wir so vor:
- Wir knicken die erforderliche Streifenzahl nach hinten (Nummernfolge beachten) und wenden die Karte.
- Wir führen die Karte in Pfeilrichtung in den Entwerter ein (Klingelzeichen abwarten!).
- Mit dem Stempeldruck werden auch alle vor dem eingeschobenen Streifen liegenden Streifen entwertet (man braucht also nicht jeden einzelnen Streifen abzustempeln).
- Bei weiteren Fahrten beginnt das Abzählen nach dem letzten Stempelaufdruck.
- Verbliebene Reststreifen sind zusammen mit einer weiteren Karte verwendbar. Bei dieser Stückelung ist immer auch der letzte Reststreifen zu entwerten.
- Abgetrennte Streifen sind ungültig.

Wenn wir es noch einfacher haben wollen

Denjenigen, die als Verbund-Wanderer die bisher genannten Regeln und Hinweise nicht anwenden wollen, bietet der Münchner Verkehrs- und Tarifverbund einen einfachen Ausweg an: Die Tages- und Touristenkarte, eine Art 24-Stunden-Netzkarte. Was es mit diesem Spezialservice auf sich hat, soll kurz erläutert werden.

Die Tages- und Touristenkarte gibt es in zwei verschiedenen Ausführungen:
- Zu 3 Mark, begrenzt auf den Innenraum, gültig auf allen dort befindlichen Verkehrsmitteln, die in den Verbund einbezogen sind;
- zu 7 Mark, für das gesamte Tarifgebiet, gültig auf allen in den Verbund einbezogenen Verkehrsmitteln.

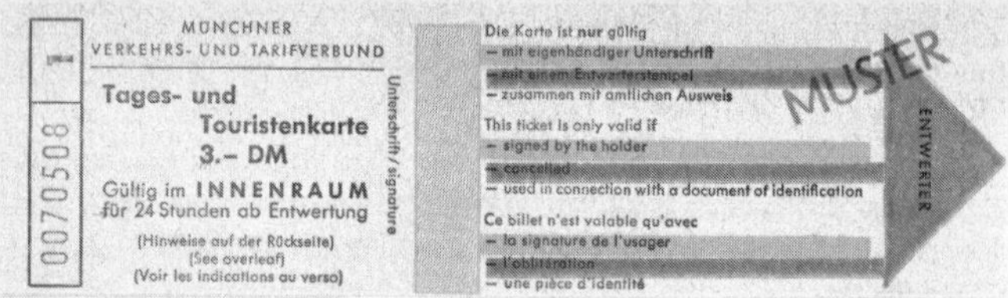

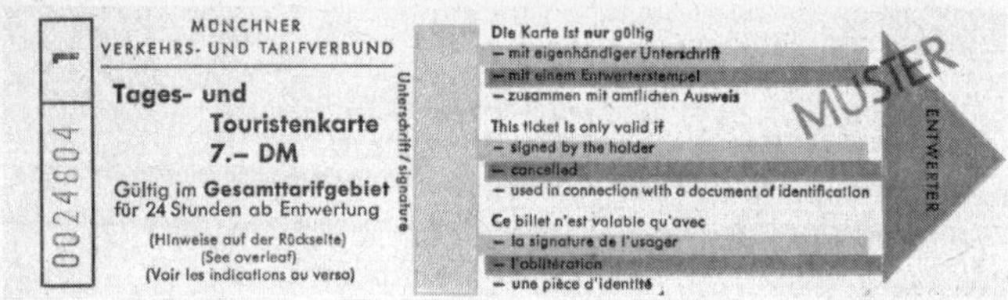

Wenn wir z. B. in Freising wohnen und nach Tutzing fahren wollen, müssen wir für jede Fahrt mit der Mehrfahrtenkarte 4,50 Mark bezahlen, hin und zurück also 9,- Mark. Mit der Tages- und Touristenkarte zu 7,– Mark können wir die gleiche Strecke fahren. Darüber hinaus aber können wir beispielsweise von Tutzing mit der S 6 noch nach Erding fahren und von dort zurück nach Freising, was mit der normalen Mehrfahrtenkarte nochmals 6,30 Mark kosten würde.
Beide Arten der Tages- und Touristenkarte sind vom Zeitpunkt des Entwertens an 24 Stunden lang gültig. Wir sparen uns also eine Menge Geld und auch das Kaufen neuer Karten sowie das Entwerten.

420 km für 7 Mark

Die Verwendungsmöglichkeiten der Tages- und Touristenkarte sind sehr mannigfach. Ein ganz eifriger Verbundfahrer ließ sich einmal für 7 Mark innerhalb von 13 Stunden durch das gesamte Tarifgebiet fahren und legte dabei mit der S-Bahn rund 420 km zurück.
Die Tages- und Touristenkarte bekommen wir nicht aus dem Verkaufsautomaten, wir erhalten sie bei:
– Der Zentralen Zeitkartenstelle im MVV, 8 München 2, Tal 70/I;

– allen Fahrkartenschaltern der DB in Stadt und Region;
– dem Amtlichen Bayerischen Reisebüro (ABR), München, mit den verschiedenen Zweigstellen;
– allen privaten Verkaufsstellen für Wertmarken in Stadt und Region;
– den Fremdenverkehrsämtern;
– einigen Stationshäusern der Verkehrsbetriebe.

Wenn wir schon am frühen Morgen unsere Wanderung antreten wollen, ist es also ratsam, die Tages- und Touristenkarte bereits am Vortag zu besorgen.

Wandern mit MVV-Netzkarten

MVV-Netzkarten erschließen die hier beschriebenen Wanderbereiche ideal und total.

Mit der Monatskarte zu 90 Mark tut sich dem Wanderfreund das gesamte Tarifgebiet des MVV auf. Wer gar zu allen Jahreszeiten das Wandern als regelmäßiges »Trimm dich« ausübt, könnte sich der Jahresnetzkarte zu 900 Mark bedienen und hat mit ihr ebenfalls das ganze Verbundnetz freizügig in der Tasche. Die anderen, auf den Innenraum beschränkten Monats- und Jahresnetzkarten (60 bzw. 600 Mark) seien der Vollständigkeit des Angebots wegen mit erwähnt.

Man bekommt MVV-Netzkarten mittels Bestellschein und Lichtbild in der Zentralen Zeitkartenstelle im MVV, 8 München 2, Tal 70/I, sofort ausgestellt. Der Bestellschein – an allen Fahrkartenschaltern zu haben – enthält Hinweise für Ihre briefliche Bestellung.

Gesamtplan der Region München

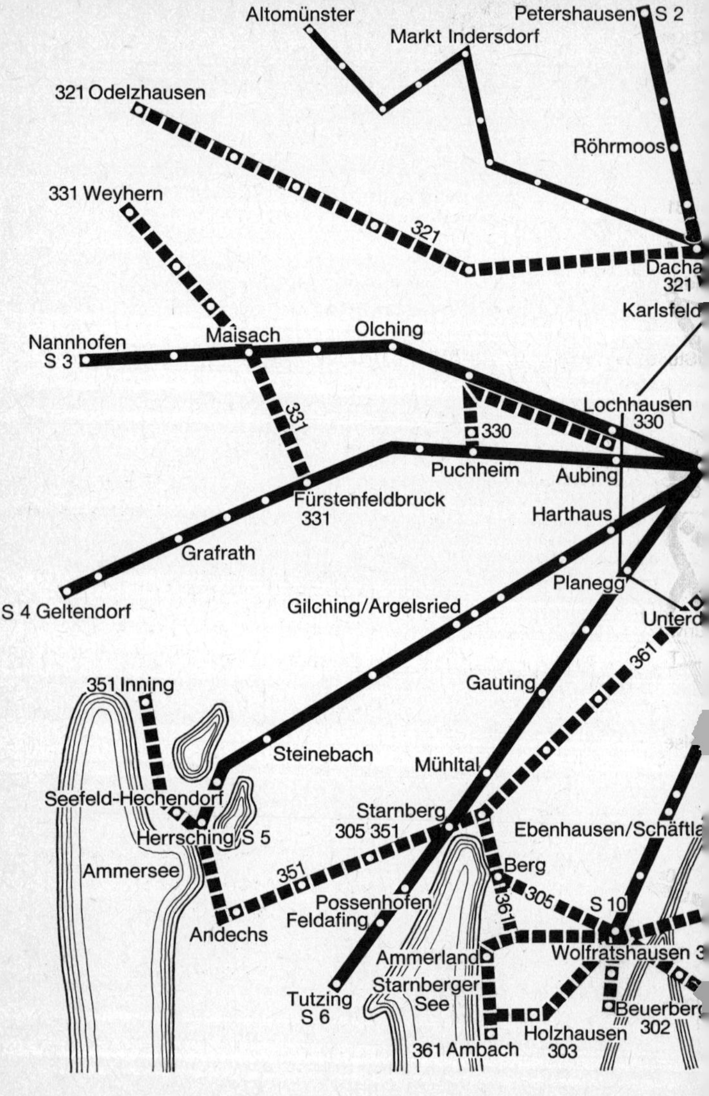

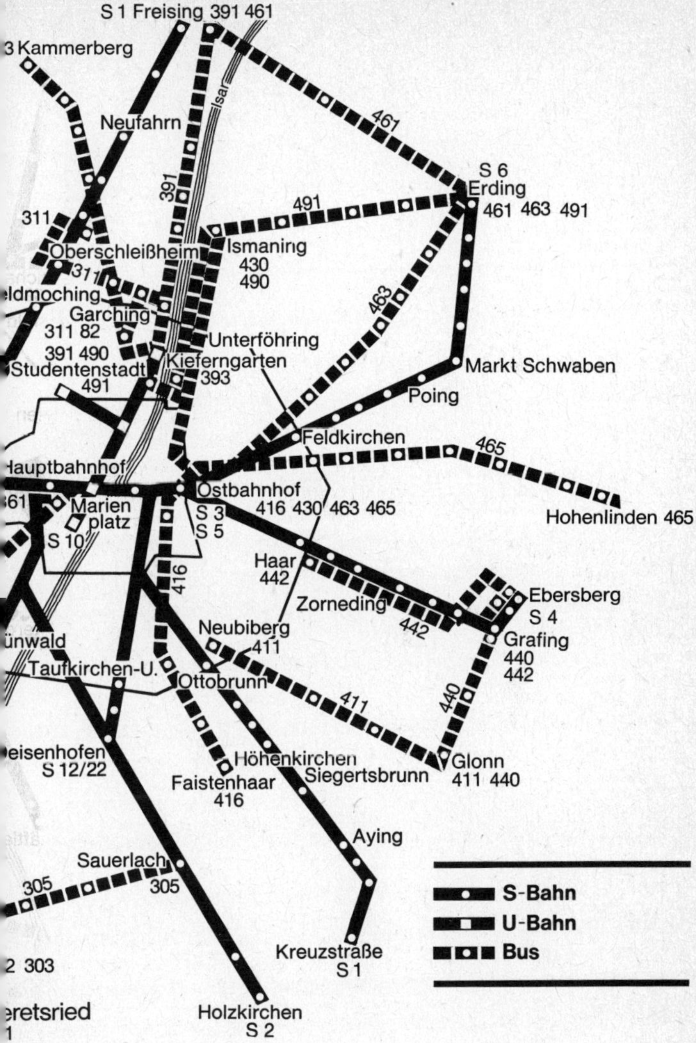
S 1 Freising 391 461
3 Kammerberg
Neufahrn
Isar
461
391
S 6
Erding
461 463 491
491
311
Oberschleißheim
Ismaning
430
490
311
ldmoching
Garching
311 82
391 490
463
Unterföhring
Studentenstadt
491
Kieferngarten
393
Markt Schwaben
Poing
Feldkirchen
465
Hauptbahnhof
Ostbahnhof
416 430 463 465
Hohenlinden 465
61
Marien
platz
S 10
S 3
S 5
416
Haar
442
Zorneding
Ebersberg
S 4
442
Grafing
440
442
Neubiberg
411
ünwald
Taufkirchen-U.
Ottobrunn
411
440
eisenhofen
S 12/22
Höhenkirchen
Siegertsbrunn
Glonn
411 440
Faistenhaar
416
Aying
Sauerlach
305
305
S-Bahn
U-Bahn
Bus
2 303
Kreuzstraße
S 1
eretsried
1
Holzkirchen
S 2

**Wichtiger Hinweis:
Fahrplanwechsel der Deutschen
Bundesbahn beachten!**

Änderungen im Sommerfahrplan 1973 sind in dieser Auflage bereits berücksichtigt.

Mit der S 5 nach Herrsching 1

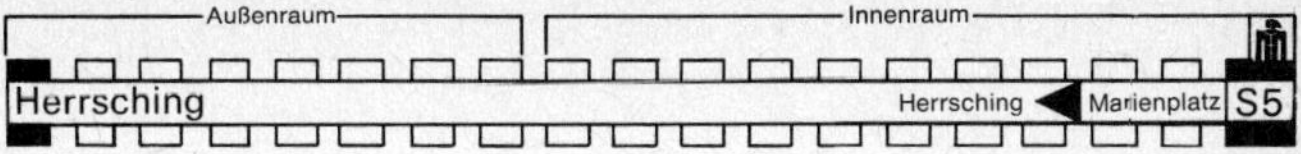

Abfahrt in München, Marienplatz			Rückfahrt in Herrsching		
6.59	7.39	8.19	10.36	11.16	11.56
8.59	9.39	10.19	12.36	13.16	13.56
10.59	11.39	12.19	14.36	15.16	15.56
12.59	13.39	14.19	16.36	17.16	17.56
14.59	15.39	16.19	18.36	19.16	19.56
16.59	17.39	18.19	20.36	21.16	21.56

Der Fahrplan gilt Samstag, Sonntag und Feiertag.
Die Züge fahren alle 40 Minuten, Fahrzeit ca. 55 Minuten.
Weitere Fahrzeiten im amtlichen Fahrplan.
Fahrpreise für die Hin- und Rückfahrt: München–Herrsching und zurück = zweimal 6 Zonen.
Mehrfahrtenkarte zweimal 3,30 Mark. Kinder zweimal 0,60 Mark. Hunde zweimal 0,60 Mark.

Ins Reich der »Kuttermirl«

Die Kientalstraße von Herrsching nach Kloster Andechs wurde erst im Jahre 1853 gebaut. Vorher war das Waldgelände unzugänglich und unwirtlich. Den Erlingern und Andechsern war das Kiental ein bequemer Abflußgraben für ihre Abwässer. Inzwischen ist ein Kanal verlegt worden, die schmale Kientalstraße hat ihre Bedeutung für die Holzabfuhr, für die Pilger, Klosterbesucher und Wanderer.
In diesem Tal, das mit Kiefern bewachsen war (daher der Name), lebte einst die »Kuttermirl«, eine fromme Einsiedlerin, in einer Höhle. Kaum jemand hat sie zu Lebzeiten je zu Gesicht bekommen. Sie ernährte sich in dem unzugänglichen Waldgebiet von dem, was die Natur ihr gab. Nach ihrem Tode soll sie in Erling in der Wildnis begraben worden sein. Die Kuttermirl war längst

vergessen, als man beim Straßenbau wieder an sie erinnert wurde. Man fand nämlich die legendäre Höhle und einige ihrer Habseligkeiten. Darunter einen Totenschädel, vor dem sie ihre Betrachtungen über die Vergänglichkeit des irdischen Daseins gehalten haben soll.
Der Weg ins Kiental ist heute gepflegt und wirkt einladend freundlich. Auf hölzernen Brücken überquert man mehrmals den Bach. Und bald kommt man an jenen Felsen mit der Höhle der Kuttermirl. Im Volksmund heißt der mächtige Nagelfluhblock »Teufelskanzel«. Da taucht schon hoch oben aus dem Wald die Klosterkirche von Andechs auf. Ein schöner Kontrast zum Dunkel des Tales. 177 Meter erhebt sich der Berg über dem See, auf dem die einst bekannteste und größte Wallfahrt Deutschlands zu Hause ist.
Wir wandern den steilen Hang hinauf und erfrischen uns oben im Klosterstüberl an einem kühlen Bier. Wir sind auf dem »Heiligen Berg«. Jetzt versteht man, daß seine besondere Lage einst die mächtigen Grafen von Andechs zum Bau einer Burg und später die Mönche zum Ansiedeln veranlaßt hat. 60 Meter hoch ist der schlanke Turm der Klosterkirche. Der etwas abenteuerliche Aufstieg lohnt sich, oben hat man eine herrliche Aussicht auf den Ammersee und auf die Berge der Bayerischen Alpen. Das Kiental steht heute unter Naturschutz.

Wandern

Route 1: *Vom Bahnhof Herrsching durch das Kiental nach Kloster Andechs und wieder zurück nach Herrsching – 6 km. Diese Wanderung können auch größere Kinder mitmachen.*

Nach Verlassen der Bahnhofshalle von Herrsching gehen wir am Bahnhofsplatz nach links, biegen in die Bahnhofstraße ein, gehen an der Kreissparkasse vorbei und folgen der Luitpoldstraße, bis rechts die Steindlgasse abzweigt. Auf der Andechser Straße wandern wir nach links um die St. Martinskirche herum und treffen auf die Kientalstraße.
Bald schon führt die Straße in den Wald. Wir überqueren den Ochsengraben und befinden uns direkt im Kiental. Den Bach zur Rechten, wandern wir etwa zwei Kilometer, dann zweigt links

Herrsching
S
Ammersee
Kiental
Kloster Andechs
Erling

ein Weg ab, der steil hinauf zum Kloster Andechs führt. Der Weg ist so schön, daß wir ihn nach einer Brotzeit auf dem Berg wieder zurück nach Herrsching gehen können.

Route 2: *Vom Bahnhof Herrsching über Kloster Andechs, Erling zurück nach Herrsching – 8 km. Auch für ältere Kinder.*

Bis Kloster Andechs nehmen wir den Weg, wie er in Route 1 beschrieben ist. Vom Klosterberg aus wandern wir über die Andechser Straße nach Erling (Gehweg). An der Kirchenmauer entlang führt uns der Weg über den Kienbach (Brücke). Auf der rechten Bachseite gehen wir die Kientalstraße in Richtung Herrsching zurück. Kaum haben wir den Ort verlassen, bietet sich ein wunderschöner Blick auf die Klosterkirche, die, hoch oben, plötzlich aus den Baumkronen herausgestiegen ist.
Beim Weitergehen erkennen wir bald wieder den rechts abzweigenden Fußweg, über den wir vorher den Klosterberg hinaufgewandert sind.

Klostergeschichte in Stichworten

1080: In den Urkunden taucht erstmals das Wort Andechs als Anedehse auf. 1500 Jahre vorher wird als Vertreter der Herren des Berges aber schon ein Graf Rasso genannt. Er starb als Heiliger im Jahre 954 in dem von ihm gestifteten Kloster von Grafrath.
Seit 1455 Benediktinerkloster, unterbrochen während der Säkularisation. Gotische Hallenkirche mit prachtvoller Rokokoausstattung. Johann Baptist Zimmermann, Elias Greither der Jüngere, Johann Baptist Straub, Hans Degler, Franz Xaver Schmädl und viele andere berühmte Künstler ihrer Zeit wirkten an der Innenausstattung mit. Im Hochaltar gotisches Gnadenbild Maria und Jesuskind mit Traube. (Ausführlicher Kirchenführer im Klosterladen erhältlich.)

Erling-Andechs – Auf der höchsten Erhebung am Ammersee. Wegen der Naturschönheit beliebte Sommerfrische. Schon die Römer hatten sich hier prächtige Villen gebaut.

Bier aus Andechs

Der gute Ruf des Andechser Bieres ist nicht neu. Schon seit Jahrhunderten schätzten die Besucher des Heiligen Berges den frischen Kellertrank. Dazu gehörten auch die Schweden, die darüber beinahe den Krieg vergessen hätten. Und es will etwas heißen, wenn vor hundert Jahren der Münchner Professor Dr. Wittstein ohne jede Aufforderung im Juli 1875 ein Gutachten abgab, das dem Andechser Bier höchstes Lob ausspricht: »Durch Freundeshand erhielt ich vor kurzem« – so schreibt er – »mehrere Flaschen echtes Andechser Bier, dessen guter Ruf schon längst zu mir gedrungen war, ohne daß ich bis jetzt Gelegenheit gehabt hätte, es selbst zu kosten, und ich beschloß nun, dasselbe nicht nur physiologisch, sondern auch chemisch zu prüfen. Der physiologische Versuch, an mir und einigen anderen Personen angestellt, fiel bestens aus. Das Getränk schmeckt angenehm mild, nicht rauh und übermäßig bitter wie so manche andere auf Haltbarkeit berechneten Sommerbiere, und hinterließ bei keinem eine unangenehme Nachwirkung.
Die chemische Prüfung stieß auf nichts Fremdartiges oder gar Schädliches, sondern ergab, daß dieses Bier lediglich aus Gerstenmalz und Hopfen kunstgerecht bereitet worden ist.«
Bis zum Zweiten Weltkrieg wurden die Gäste auf dem Berg noch von den Mönchen bedient. Mit dem Ansturm der Touristen nach dem letzten Krieg freilich setzte sich nach und nach das weltliche Bedienungspersonal durch.
Daß der Berg schon vor dem Ersten Weltkrieg eine Fremdenattraktion war, erfahren wir von einem, der alle Wochen einmal durch das Kiental zum Stammtisch hinaufwanderte: Hermann Uhde-Bernays. Er berichtet: »Unsere Freitagsgesellschaft hielt das Wissen um den Labetrank sorgsam geheim. Der Lehrer von Herrsching, ein aufrechter, gebildeter Mann, der sich eifrig am Gespräch beteiligte, und der Bezirksarzt von Seefeld, klein, witzig und buchgelehrt, beide in Begleitung ihrer Frauen, haben wohl anfangs unser Eindringen in ihren Kreis nicht eben freundlich betrachtet. Aber bald entwickelte sich an dem Ecktische, an dem wir saßen, eine laute Unterhaltung, die erst mit der Schlußmaß um neun Uhr endete, worauf wir mit unseren Laternen in langem Zuge heimkehrten. Oft kam der Pater Prior zu uns und lächelte nachsichtig, wenn der Doktor allzu weltliche Anekdoten einflocht.«

Wenn es auch heute im Bräustüberl nicht mehr ganz so idyllisch zugeht, so gibt es immer noch den zünftigen Stammtisch, von dem – gottlob – kaum jemand etwas weiß, und die alte Gemütlichkeit lebt noch immer fort.
Die Geschichte der Brauerei in Stichworten: Bei der Klostergründung 1455 hat die Brauerei wahrscheinlich schon bestanden, ihr Ursprung ist noch nicht genau erforscht. Im Jahre 1669 verheerender Brand: Wirtschaftsgebäude mit Bäckerei und Brauerei werden vordringlich wieder errichtet. 1787: Das Sudhaus wird modernisiert, um den Holzverbrauch zu reduzieren. 1871 wird die Bierproduktion auf Dampfbetrieb umgestellt. Letzte Modernisierung nach dem Zweiten Weltkrieg. Die Anlagen unter dem heutigen Bräustüberl und der Terrasse sind teilweise tief in den Felsen hineingebaut worden.
Das alte Bräustüberl, in dem auch das Bild von Grützner »Die Bierprobe« entstand, lag etwas näher am Kloster, bei dem überwölbten Durchgang. Bei Überfüllung und bei besonderen Anlässen wird die »Grütznerstube« noch heute geöffnet. Die große Gästeterrasse im Osten entstand nach dem Ersten Weltkrieg.
Wissenswertes über Herrsching und den Ammersee:
Tour 7, Seite 49, Tour 14, Seite 89, Tour 20, Seite 121.

Einkehr am Weg

Strandhotel Seehof – am Kurpark in Herrsching. Café-Terrasse am See.
Gasthof Zur Post – das älteste Gasthaus in Herrsching, zentral gelegen, schattiger Biergarten. Eigene Metzgerei.
Haus Seewinkel – direkt am See in Herrsching. Eigener Badestrand mit Steg und Liegewiese. Ruhige Lage am Kurpark. Geöffnet von Mai bis September.
Café Promenade – am See in Herrsching. Große Terrasse, ganzjährig geöffnet. Restaurant und Café für Anspruchsvolle.
Klostergaststätte – auf dem Berg von Kloster Andechs. Bierstüberl, Terrasse, Garten.
Café Klosterblick – in Erling.
Gasthaus Zur Post – in Erling, Ortsmitte.

Mit der S 6 nach Tutzing 2

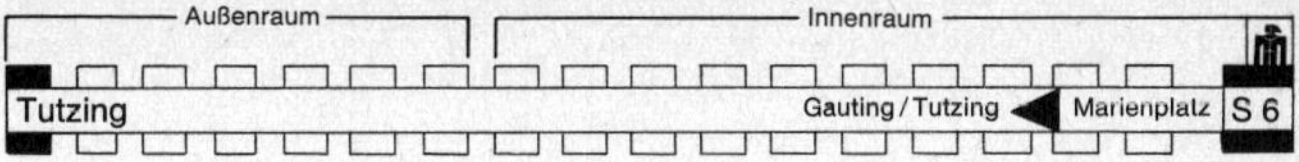

Abfahrt in München, Marienplatz			Rückfahrt in Tutzing		
5.29	6.09	6.49	16.33	17.13	17.53
7.29	8.09	8.49	18.33	19.13	19.53
9.29	10.09	10.49	20.33	21.13	21.53
11.29	12.09	12.49	22.33	23.13	23.53

Der Fahrplan gilt Samstag, Sonntag und Feiertag.
Die Züge fahren alle 40 Minuten, Fahrzeit ca. 48 Minuten.
Weitere Fahrzeiten im amtlichen Fahrplan.
Fahrpreise für die Hin- und Rückfahrt: München–Tutzing und zurück = zweimal 6 Zonen.
Mehrfahrtenkarte zweimal 3,30 Mark. Kinder zweimal 0,60 Mark. Hunde zweimal 0,60 Mark.

Zur Ilkahöhe – einer »Jungmoräne«

711 Meter hoch ist die Ilkahöhe in der Nähe von Tutzing und eigentlich, geologisch ausgedrückt, eine »Jungmoräne«, die in der Eiszeit entstanden ist.
Einzigartig schön ist die Aussicht an klaren Sommertagen von der Höhe aus auf die umliegende Voralpenlandschaft. Über den Starnberger See mit dem Karpfenwinkel zwischen Tutzing und Bernried hinweg, über sanfte Mulden und kleine Täler, bewaldete Höhenzüge, Wiesenhänge und aus dem Grün aufragende Kirchtürme kann das Auge 200 Kilometer von Ost nach West an der Alpenkette entlangstreifen – vom Wilden Kaiser bis zu den Allgäuern. Der Reiz dieser Landschaft liegt in der gewellten Vielfalt, in ihren unerschöpflichen Grünschattierungen, in ihrem Wechsel von Wiesen und Mischwäldern, in ihrem sanften Schwung: ein herrlicher, weiter Park. (Nach Rolf Wünnenberg).

Diese Landschaft ist in vielen Millionen Jahren entstanden. Vor 100 Millionen Jahren erst begannen sich die Alpen aus einem Meer zu erheben, vor 60 Millionen Jahren nahmen sie in etwa ihre heutige Form an, die nördlichen Kalkalpen folgten »erst« vor 30 Millionen Jahren. Das Alpenvorland ist noch sehr viel jünger. Auf die Donaueiszeit vor 700 000 Jahren folgten vier weitere Großeiszeiten, die nach Flüssen benannt sind, in deren Tälern sich die Eismassen von den Alpen her vorschoben: die Günzeiszeit vor 650 000 Jahren, die Mindeleiszeit vor 450 000 Jahren, die Rißeiszeit vor 200 000 Jahren, die Würmeiszeit, die als letzte vor etwa 10 000 Jahren ihren Abschluß fand. Aus dieser letzten Eiszeit stammen die »Jungmoränen«, eine davon ist die Ilkahöhe.
Ein schöner Überblick über die Landschaft läßt sich von hier gewinnen. Man sieht, daß der Starnberger See kaum einen nennenswerten Zufluß hat. Früher einmal floß die Loisach durch ihn. Trotzdem bleibt der durchschnittliche Wasserstand des Sees erhalten. Dafür sorgen neben kleineren Bächen vor allem unterirdische Quellen. Der See verlandet auch kaum, weil kein Gewässer aus dem Gebirge Geröll in ihm abladen kann.

Wandern

Route: *Vom Bahnhof Tutzing über Deixlfurt zur Ilkahöhe und zurück – 10 km. Die Tour können auch ältere Kinder mitgehen.*

Nachdem wir den Bahnhof von Tutzing verlassen haben, gehen wir die Straße »Am Bahnhof« links, folgen der Heinrich-Vogl-Straße, in deren Verlauf wir die Bahn unterqueren und auf der anderen Seite zunächst rechts weitergehen. An der Traubinger Straße biegen wir nach links ab. Nach dem Sender der Deutschen Bundespost zweigt wiederum links ein Weg ab, auf dem wir zum Deixlfurter See gelangen. Hier wandern wir nach Süden auf die Ilkahöhe (sehr schöne Aussicht) zu. Der Weg ist gekennzeichnet. Für den Rückweg nehmen wir folgende Route: Von der Ilkahöhe auf dem schon bekannten Weg etwa einen Kilometer zurück, dann rechts in die Monatshauser Straße einbiegen, auf der Weilheimer Straße die Bahn unterqueren und dann links über den Kellerweg zurück zum Bahnhof von Tutzing.

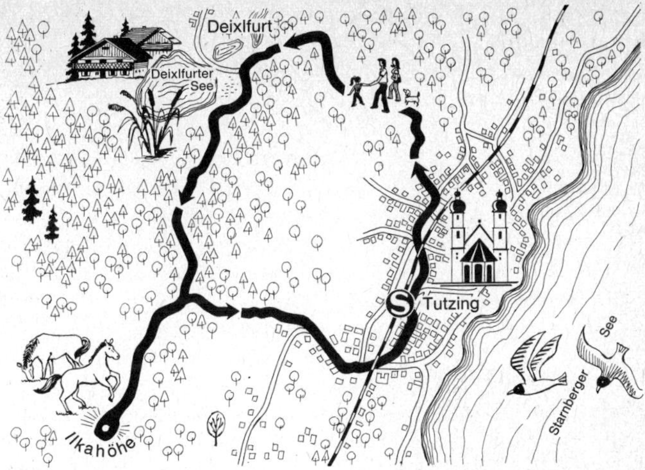

Sehenswert

Johannishügel – Sehr schöner Blick über den See mit Karpfenwinkel. Bei Föhn herrliches Alpenpanorama.

Pfarrkirche – Spätgotisch, Ende 18. Jahrhundert verändert. Friedhof rings um die Kirche, Grab des berühmten ersten Wagnersänger-Ehepaares Heinrich und Therese Vogl (links am Friedhofseingang) mit Grabmal im Jugendstil und Porträtmedaillons des Ehepaares. – In der Kirche in Epitaphen ist die Geschichte der Pfleger und Grundbesitzer von Tutzing verzeichnet: der Dichtl, Götzengrien, Heimhausen und Vieregg. 1953 restauriert.

Gut Deixlfurt – Ehemals vom Ehepaar Vogl bewohnt, berühmteste Sänger ihrer Zeit. Von 1869 bis 1879 waren sie die einzigen Darsteller des Tristan und der Isolde. Therese war das 16. Kind aus einer Tutzinger Lehrerfamilie, ritt als Brünnhilde auf ihrem eigenen Pferd »Grane« in der »Götterdämmerung«.

Oberzeismering – Sankt-Nikolaus-Kirche, 1723 bis 1773 erweitert und 1957/58 gut restauriert. Gotische Darstellung des heiligen Florian, Madonna aus dem 18. Jahrhundert.

Berühmte Leute in Tutzing

Georg Ebers (1837 bis 1898), Ägyptologe und Verfasser spannender archäologischer Romane, lebte in Tutzing.
Ina Seidel, geboren 1885 in Tutzing, verlebte hier ihre Kindheitsjahre. Sie gehört mit ihren psychologisch tiefsinnigen Romanen mit historischem Hintergrund zu den bedeutendsten Schriftstellerinnen ihrer Generation.
Wilhelm Hausenstein, nach dem Krieg der erste deutsche Botschafter in Paris, schrieb als Kunsthistoriker und Essayist in Tutzing seine besten Bücher.
Johannes Brahms verbrachte den Sommer des Jahres 1873 in Tutzing. Hier schrieb er die »Haydn-Variationen« und wagte mit ihnen den Übergang zum Symphoniker. Nach ihm ist die »Brahms-Promenade« am Seeufer benannt. An ihn erinnert auch ein Gedenkstein.
Elly Ney, Pianistin, geboren 1882, gestorben 1968, lebte Jahrzehnte in Tutzing und wurde zur Ehrenbürgerin der Gemeinde ernannt. Sie begründete im Alter von 75 Jahren die Tutzinger Musiktage. Sie finden seitdem alljährlich im Spätsommer statt. An der Brahms-Promenade wurde für sie ein Gedenkstein errichtet.
Ludwig Hoelscher, Cellist, geboren 1907, lebte ebenfalls jahrzehntelang in Tutzing und wurde wie Elly Ney zum Ehrenbürger der Gemeinde ernannt. Er gründete mit Elly Ney die Tutzinger Musiktage.
Mehr über Tutzing: Tour 8, Seite 56

Einkehr am Weg

Bahnhofsgaststätten in Tutzing – direkt am S-Bahnhof.
Gaststätte Ilkahöhe – Terrasse, schöne Aussicht.
Zum Bauerngirgl – Unterzeismering. Bayerische Küche. Kleiner schattiger Garten. Eigener Badestrand. Eigene Metzgerei.
Andechser Hof – in Tutzing. Balkanküche. Garten.
Gästehaus Mühlhofer – in Tutzing. Garten, eigene Metzgerei.
Seehof – in Tutzing. Terrassenrestaurant, Strandcafé, ganzjährig geöffnet. Garten.

Mit der S 1 nach Kreuzstraße **3**

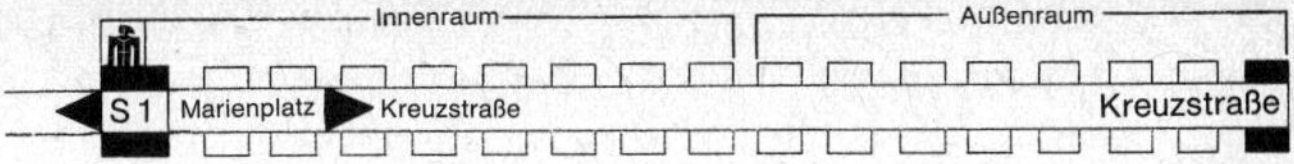

Abfahrt
in München, Marienplatz

Marienplatz	Hohbr. an	Hohbr. ab	Kreuzstraße
7.03	7.29	7.32 (nur So)	7.54
9.03	9.29	9.32	9.54
11.03	11.29	11.37	11.59

Rückfahrt
in Kreuzstraße

Kreuzstraße	Hohbr. an	Hohbr. ab	Marienplatz
16.29	16.51	16.58	17.25
17.38	18.13	18.18	18.45
18.29 (nur So)	18.51	18.58	19.25
18.58 (Bus)	19.33	19.38	20.05
20.18	20.53	20.58	21.25
22.18	22.53	22.58	23.25

Der Fahrplan gilt Samstag, Sonntag und Feiertag.
Hin- und Rückfahrt: Umsteigen jeweils in Hohenbrunn, Fahrzeit ca. 65 Minuten.
Weitere Fahrzeiten im amtlichen Fahrplan.
Fahrpreise für die Hin- und Rückfahrt: München–Kreuzstraße und zurück = zweimal 5 Zonen.
Mehrfahrtenkarte zweimal 2,10 Mark. Kinder zweimal 0,60 Mark. Hunde zweimal 0,60 Mark.

Zu den Münchner Wasserquellen

Münchens Trinkwasser ist, wie weithin bekannt, von hervorragender Qualität. Unsere Tour führt mitten hinein in das Quellgebiet der Münchner Trinkwasserversorgung, in die wildromantische Landschaft am Mangfallknie.

Gut 30 Kilometer nur sind es vom S-Bahnhof Kreuzstraße bis ins Zentrum der Münchner Innenstadt. Und doch ist die Landschaft in ihrem ursprünglichen ländlichen Charakter erhalten geblieben. Freilich, einen gewissen Tribut hat die Großstadtnähe bereits gefordert: Aus den einst gemischtwirtschaftlichen Betrieben der ansässigen Landwirtschaft sind heute reine Viehwirtschaftsbetriebe geworden. Man erkennt dies leicht daran, daß man weit und breit keine Felder findet, nur Wiesen und Weiden. Nur eine einzige Industrieanlage gibt es im Mangfallgebiet, das Leitzach-Kraftwerk, in dem jährlich 110 Millionen Kilowattstunden Strom erzeugt werden.

Die Landschaft, die wir nach dem Aussteigen aus der S-Bahn durchwandern, ist uraltes Siedlungsland. Die größeren Orte werden hier bereits im 8. und im 9. Jahrhundert erwähnt. Es waren Haufendörfer, deren Namen zum Teil auf -ing enden. Bajuwarische Siedlungen, keltische Wohnplätze oder Stationen an der Römerstraße Salzburg-Augsburg waren in einigen Fällen Ursiedlungen der heutigen Orte. Auf den Höhen am tief eingeschnittenen Mangfalltal errichtete man wegen der guten Schutzwirkung schon sehr bald wehrhafte Burgen, so in Weyarn, Valley oder Altenburg.

Hervorstechender Punkt in der Landschaft ist der Taubenberg, den wir auf unserer Wanderung im Süden bis zu einer Höhe von über 800 Metern aufsteigen sehen. An seinem Fuße überquert die Salzburger Autobahn auf einem imposanten Straßenbauwerk das Mangfalltal: 68 Meter hoch und 319 Meter lang ist die Mangfallbrücke. Also: Wandern wir hin zu den Quellen der Münchner Wasserversorgung, die seit dem Jahre 1883 gefaßt sind.

Grub
Grubmühle
Biberg
S
Kreuzstraße
Mangfall
Sollach
Kleinhöhenkirchen
Anderlmühle
Sonderdilching
Aumühle
Valley

Wandern

Route: *Vom Bahnhof Kreuzstraße über Grubmühle, Kleinhöhenkirchen, Sonderdilching, Valley (Weyarn), Anderlmühle zurück zum S-Bahn-Haltepunkt Kreuzstraße – 12 km (16 km). Die Tour können nur Erwachsene machen.*

Am Bahnhof Kreuzstraße gehen wir zunächst rechts, überqueren die Bahnlinie und wandern die Straße entlang den Biberg hinauf. Nach etwa 500 Metern zweigt an der Stelle, an der die Hauptstraße eine scharfe Kurve nach rechts beschreibt, die kleine Straße nach Hohendilching ab. Zuerst durch eine Lichtung, dann durch Fichtenwald treffen wir am Ende des Waldes bei einer kleinen Kiesgrube nach etwa einem Kilometer auf einen links abzweigenden Feldweg. Auf ihm wandern wir wiederum dem Wald zu. Dort gehen wir zunächst links weiter, folgen im Bogen dem Weg nach links und wandern schließlich zwischen Waldrand und Bahnlinie nach Grubmühle.
Verfehlen können wir uns hier nicht. Der schattige Weg führt talwärts, und bald treffen wir auf die Mangfallbrücke. Wir gehen jetzt rechts weiter und folgen dem Sträßchen nach Kleinhöhenkirchen. Immer wieder bieten sich unterwegs schöne Ausblicke ins Mangfalltal.
Unser Wanderweg führt weiter auf der Ortsverbindungsstraße nach Sonderdilching, von da nach Valley – in mehreren Kurven geht es hier wieder talwärts –, wo wir die Mangfall überqueren und gleich nach der Brücke rechts dem Weg zur Aumühle folgen. Von der Anderlmühle wandern wir zurück nach Hohendilching und zum Bahnhof Kreuzstraße.

Sehenswert – Wissenswert

Grubmühle – Hier endet das tiefeingeschnittene Trockental des Teufelsgrabens. Durch dieses Tal flossen einst die Schmelzwasser des letzten Isargletschers.
Kleinhöhenkirchen – eine alte Bauernwallfahrt. Die der hl. Maria geweihte Kirche wurde im Jahre 1770 vollendet. Sie gehörte einst zum Kloster Weyarn. Anton Höttinger schuf im Jahre 1773, kurz nach Fertigstellung des Baues, die Deckengemälde. Votivtafeln aus dem 18. und 19. Jahrhundert.

Sonderdilching – Hier stand einmal eine Burg. Die kleine Kirche ist Sankt Michael geweiht. Netzgewölbe im spätgotischen Schiff aus dem Jahre 1496. Im Altarraum der Kirche steht eine wertvolle spätgotische Madonna.
Valley – Noch heute sind die Grafen von Arco – Valley die Besitzer des eindrucksvollen Schlosses. Heute ist in dem Bau aus dem Jahre 1740 eine Brauerei untergebracht. Im Vorhof ein römischer Meilenstein (Kopie, Original in München). Der Stein wurde laut Inschrift bereits im Jahre 201 aufgestellt. Hier kann man einen kurzen Abstecher – vier Kilometer – nach Weyarn machen.
Weyarn – Bekannt durch seine sehenswerte Augustiner-Klosterkirche. Johann Baptist Zimmermann stattete sie im Jahre 1729 reich mit Stuck und Fresken aus. Ignaz Günther schuf die eindrucksvollen Rokoko-Plastiken. – Aussichtspunkt Weyarner Lindl: Sehr schöne Rundsicht ins Mangfalltal, zum Seehamer See, zum ehemaligen Kloster Weyarn, zum Taubenberg, zur Autobahnbrücke, nach Darching, Holzkirchen und in den Hofoldinger Forst. Bei Föhn kann man die Chiemgauer Berge sehen, die Allgäuer Berge und sogar den Hohenpeißenberg.
Hohendilching – Kleine Kirche Sankt Andreas aus dem Jahre 1640. Sehr schöner Talblick vom Friedhof aus.
Altenburg – Das Schloß entstand als Burg im 13. Jahrhundert. Es gehörte einmal den Reichsfreiherren von Maxlrain-Hohenwaldeck. Die Burg ging aus einer Befestigungsanlage der Faganen hervor. Ringwall und Graben sind südlich von Altenburg noch heute erkennbar.
Mehr über das Mangfallgebiet: Tour 9, Seite 61, Tour 16, Seite 99

Einkehr am Weg

Gasthof Kreuzstraße – in Kreuzstraße. Terrasse. Bayerische Küche.
Gasthaus Hohendilching – in der Ortsmitte von Hohendilching. Kleiner, schattiger Garten.
Gasthaus Wünsam – in Grub, Nähe Grubmühle. Gepflegter Garten.
Gasthaus Kleinhöhenkirchen – in der Ortsmitte von Kleinhöhenkirchen. Hübsche, sonnige Terrasse.
Reiterschänke – in Valley. Brauerei. Schöner Garten.

4 Mit der S 1 nach Aying

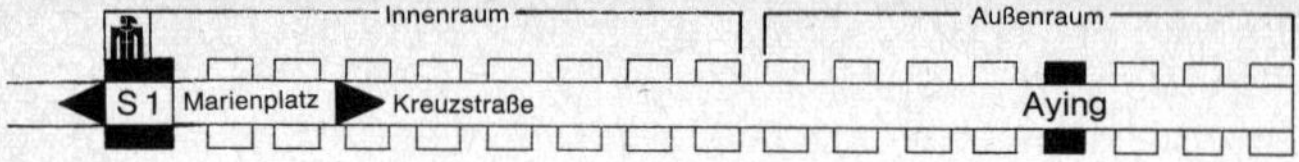

Abfahrt in München, Marienplatz

Marienplatz	Hohbr. an	Hohbr. ab	Aying
8.23	8.49	8.56	9.08
9.03	9.29	9.32	9.45
10.23	10.49	10.57	11.09
11.03	11.29	11.37	11.50
12.23	12.49	12.57	13.09
13.03	13.29	13.37	13.50

Rückfahrt in Aying

Aying	Hohbr. an	Hohbr. ab	Marienplatz
16.37	16.51	16.58	17.25
17.13	17.27	17.38	18.05
17.55	18.13	18.18	18.45
18.37 (nur So)	18.51	18.58	19.25
19.15 (Bus)	19.33	19.38	20.05
20.35	20.53	20.58	21.25

Der Fahrplan gilt Samstag, Sonntag und Feiertag.
Hin- und Rückfahrt: Umsteigen in Hohenbrunn, Fahrzeit ca. 50 Minuten.
Weitere Fahrzeiten im amtlichen Fahrplan.
Fahrpreise für die Hin- und Rückfahrt: München–Aying und zurück = zweimal 4 Zonen.
Mehrfahrtenkarte zweimal 2,10 Mark. Kinder zweimal 0,30 Mark. Hunde zweimal 0,30 Mark.

Der Weg nach Aying

»Das Schönste an München ist der Weg nach Aying.« wirbt die Brauerei am Ort, und es gibt Münchner, die sich darüber ärgern,

weil doch die bayerische Biermetropole nach wie vor München heißt. Und doch: Der Weg nach Aying ist schön und in Aying ist's schön. Da wird noch altbayerische Gemütlichkeit gepflegt. Das Bier schmeckt herrlich zu einer kräftigen Brotzeit und zu sehen gibt es auch einiges.
Man kann einen Blick in die alten Brauereigebäude tun, die Pfarrkirche besuchen und im Ort wie »in der guten alten Zeit« spazieren gehen, um zu sehen und gesehen zu werden. Aying ist einen Ausflug wert, zumal es sich in der unmittelbaren Umgebung angenehm wandern läßt. Die Wege sind gut ausgebaut, man kann sich kaum verlaufen. Und wenn man sich doch einmal geirrt hat, möge einen trösten, daß am Ende doch wieder alle Wege nach Aying führen. Sogar eine Ayinger Bierwanderkarte wurde vor kurzem herausgegeben, wohl in der Erkenntnis, daß der Appetit erst recht nach einer längeren Wandertour kommt. Wollen wir es einmal ausprobieren!
Zwei Wandertouren sind vorgeschlagen. Sie lassen sich beliebig variieren. Beide führen über saftige Weiden und durch schattige Wälder. Der richtige Hunger und ein beachtlicher Durst stellen sich dabei ganz von selber ein.

Wandern

Route 1: *Vom Bahnhof Aying durch den Egmatinger Forst über Kaltenbrunn und Graß nach Aying zurück – 7 km. Die Tour können auch Kinder mitmachen.*

Die Bahnhofstraße in Aying führt uns in die Ortsmitte. Bei der Klosterkirche gehen wir rechts den Weg nach Kaltenbrunn. Wir durchqueren den Ort und nehmen an der Abzweigung den Weg nach Graß. Am Ortsende des kleinen Dorfes gehen wir zunächst etwa 200 Meter weiter und biegen dann auf den querlaufenden Weg links ein. Er führt uns bald in den Egmatinger Forst. Nach einem halben Kilometer stoßen wir auf einen Waldweg, in den wir rechts einbiegen. Nach einem Kilometer folgt eine Wegkreuzung. Hier am geometrischen Punkt 634 (Meter) wandern wir nach Westen (links) weiter und erreichen nach etwa einer halben Stunde wieder Aying.

Route 2: *Vom Bahnhof Aying durch den Hofoldinger Forst zur Römerstraße und über Peiß zurück nach Aying – 7 km. Die Tour ist auch für Kinder geeignet.*

Am Bahnhof von Aying halten wir uns zunächst rechts, überqueren die Bahnlinie und die Rosenheimer Straße und gehen geradeaus weiter auf den Hofoldinger Forst zu. Nach einer guten halben Stunde treffen wir, nahe der Hofoldinger Straße, auf eine alte Römerstraße. Auf ihr gehen wir in südöstlicher Richtung weiter. Bald erreichen wir das Forstdienstgebäude. Dort nehmen wir den Weg nach Peiß, gehen durch den Ort, an der Kirche vorbei, folgen ein paar Meter der Straße nach Kaltenbrunn und biegen schließlich am Ortsende nach links in den Wiesenweg ab, der uns direkt nach Aying führt.

Die Bernrieder verliehen das Zapfrecht

Die Taverne und das Zapfrecht verliehen den Ayingern die Pröbste des Klosters Bernried. Das kam daher, weil der Probst des Klosters Bernried im Jahre 1459 die Hofmark Aying, ein herzogliches Lehen, aufkaufte. In einer alten Urkunde kann man das Kaufverfahren nachlesen. Darin heißt es unter anderem: »Die Bernrieder Mönche kauften den Sedlhof zu Aying mit Dorfgericht, Wald und Tafernwirtschaft.« Der Abt des Klosters von Bernried war von da an auch der weltliche Gerichtsherr dieser Markung. Er holte sich von Aying Steuern, Grundzins und den Zehent. Weilten der Probst oder die Abgesandten des Klosters in Aying, mußte sie der Dorfwirt mit Wein und Essen verpflegen, »wie vormals jeder Zeit gewest«.
Am 27. August des Jahres 1921 brannte in Aying ein wertvolles kleines Gebäude ab: das Jacklhaus. Hier hatte Jahrhunderte lang der Pflegerichter von Aying seinen Sitz. Er sprach von hier aus Recht, bestrafte und belohnte nach Recht und Gesetz. Es gab einen Schwuraltar und als sehr wichtiges Inventar den Zehentkasten. Den nannte man ganz einfach »Kasten«, weil jeder im Ort wußte, was damit gemeint war. Dem hübschen kleinen Bau trauern die Ayinger deshalb besonders nach, weil er noch in mittelalterlicher Bauart ausgeführt war. Die Türen waren aus Eiche und schön geschnitzt, desgleichen die Fensterstöcke. Die Fenster selbst waren mit kleinen Butzenscheiben ausgefüllt. Wirklich schade um den kleinen Bau.

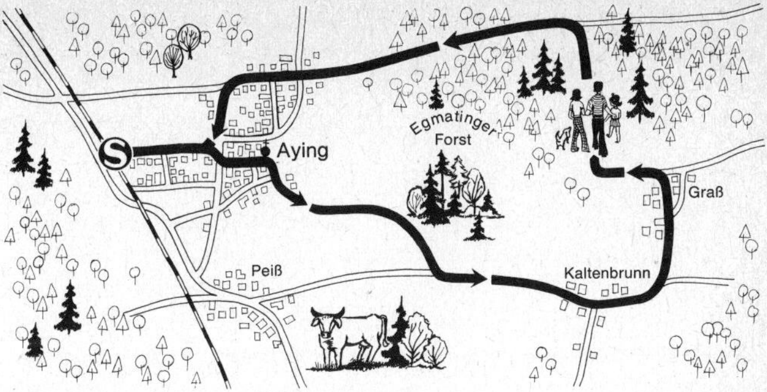

Aus Ayings Ortsgeschichte

In Vagen bei Bruckmühl soll das Stammschloß des Geschlechts der Fagana gestanden haben. Aus diesem Hause kam eines Tages ein Edler namens Aygo hierher, um sich niederzulassen. Von ihm wird der Name Aying abgeleitet. Von der Pfarrei Aying hören wir zum ersten Mal im Jahre 780. Mehr über die Gründung der Pfarrei ist allerdings nicht bekannt. Bekannt ist nur, daß ein Diakon namens Uniko damals hier lebte. Im Jahre 1459 kaufte das Kloster Bernried die Ayinger Hofmark und war von nun an für das weitere Schicksal des Ortes verantwortlich. Seit dem Jahre 1632 trieben sich Kriegshorden durch die Gegend. 1634 brannte dabei auch die gotische Kirche ab. Eine neue Kirche wurde gebaut und im Jahre 1655 vollendet. Sie steht heute noch. Sie wurde dem heiligen Andreas geweiht. Kleine und große Zusammenstöße gab es in Aying immer wieder. Während des Dreißigjährigen Krieges wurden viele Ayinger bei kriegerischen Auseinandersetzungen getötet. 1634 kamen die Schweden und im gleichen Jahr wütete in Aying die Pest. Die Schweden hinterließen deutlich ihre Spuren: Neben der Pfarrkirche wurden auch der Pfarrhof, die meisten Bauernhöfe und die Felder um Aying zerstört und verwüstet. Die Dorfbewohner konnten nur noch ihr nacktes Leben in den weiten Wäldern ringsum retten.
In den Pfarrbüchern aus jener Zeit kann man nachlesen, daß in jenem Jahre in der Pfarrei 118 Personen durch kriegerische Ereignisse ihr Leben verloren. Ein Teil der Geflüchteten kehrte ebenfalls nicht mehr zurück, so daß der Ort nicht einmal mehr dreißig Personen zählte.

Aber die Ayinger gaben nicht auf. Sie taten sich zusammen und begannen mit dem Neuaufbau. Als erstes nahmen sie sich die Kirche vor. Acht Jahre nach dem Westfälischen Frieden stand der neue Bau bereits, und dazu errichteten sie auch einen Pfarrhof.
Nach ein paar Jahren der Ruhe und des friedlichen Aufbaues gab es wieder Krieg. Hatte schon der Spanische Erbfolgekrieg (1701 bis 1714) auch Aying Wunden geschlagen, so waren im Österreichischen Erbfolgekrieg (1740 bis 1748) vor allem die Panduren in Aying sehr gefürchtet. In der Kirche von Faistenhaar hängt ein altes Votivbild, auf dem die grausame Ermordung des Bauern Antonius Angerer im Jahre 1742 dargestellt wird. Und man kann sich leicht ausmalen, daß es damals manch anderen Dorfbewohnern ähnlich ergangen sein mag.
Ein halbes Jahrhundert später lagerten die Franzosen in Aying. Sie waren im Zuge der Napoleonischen Kriege (1796 bis 1809) hierher gekommen. Vier Wochen lang kampierte eine 100 Mann starke Abteilung mit Frauen und Kindern im Tal bei Kaltenbrunn. Sie lebten von Diebstahl und Raub.
Sehenswert auf dem Friedhof in Aying ist die Lamberti-Kapelle, die aus dem 15. Jahrhundert stammt.
Die St. Nikolaus-Kirche von Peiß ist wahrscheinlich im Jahre 1365 erbaut worden.
Die Kolonie Kleinkarolinenfeld an der Landstraße nach Holzkirchen wurde im Jahre 1802 mit 15 Häusern, jeweils 200 Meter voneinander entfernt, gegründet. Benannt ist die Gründung nach der Königin Karoline von Bayern.

Einkehr am Weg

Brauerei und Gasthaus Aying – in der Ortsmitte von Aying an der Bräuhausgasse. Bräustüberl und Schänke. Großer Garten, schattig. Weitere Sitzmöglichkeiten im Freien.
Café Steinberger – in Aying, Untere Dorfstraße.
Bahnhofsgaststätte – in Aying, am Bahnhof.
Kramerwirt – in Graß. Kleine Terrasse.
Gasthof Zur Post – in Peiß, Rosenheimer Landstraße. Garten. Sehr altes, traditionsreiches Gasthaus.
Gasthof Zum Neuwirt – in Peiß, Rosenheimer Landstraße.

Mit der S 1 nach Großhelfendorf 5

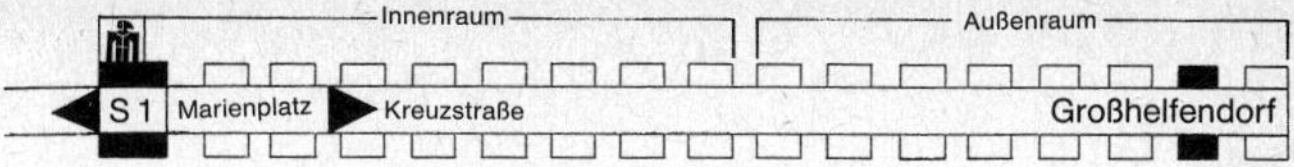

Abfahrt
in München, Marienplatz

Marienplatz	Hohbr. an	Hohbr. ab	Großhelfendorf
7.03	7.29	7.32 (nur So)	7.49
7.23	7.49	7.57 (nur Sa)	8.10
9.03	9.29	9.32	9.45
11.03	11.29	11.37	11.50

Rückfahrt
in Großhelfendorf

Großhelfendorf	Hohbr. an	Hohbr. ab	Marienplatz
16.33	16.51	16.58	17.25
17.47	18.13	18.18	18.45
18.33 (nur So)	18.51	18.58	19.25
19.07 (Bus)	19.33	19.38	20.05
20.27	20.53	20.58	21.25
22.27	22.53	22.58	23.25

Der Fahrplan gilt Samstag, Sonntag und Feiertag.
Hin- und Rückfahrt: Umsteigen in Hohenbrunn, Fahrzeit ca. 55 Minuten.
Weitere Fahrzeiten im amtlichen Fahrplan.
Fahrpreise für die Hin- und Rückfahrt: München–Großhelfendorf und zurück = zweimal 5 Zonen.
Mehrfahrtenkarte zweimal 2,10 Mark. Kinder zweimal 0,60 Mark. Hunde zweimal 0,60 Mark.

Zum Marterstein des hl. Emmeram

Das oberbayerische Land ist reich an herrlichen Barock- und Rokokokirchen, an bekannten und unbekannten Wallfahrten, an Legenden und Sagen aus längst vergangenen Jahrhunderten, aber auch an Ereignissen, von denen – obgleich sie sich vor 1000 und mehr Jahren abgespielt haben – heute noch im Volke berichtet wird.

So wurde Kleinhelfendorf durch eine schreckliche Bluttat berühmt: Der Stein, auf dem der heilige Emmeram vor 1300 Jahren zu Tode gefoltert wurde, ist noch heute in der Marterkapelle von Kleinhelfendorf zu sehen.

Ein Juwel bayerischen Barocks treffen wir ein paar Schritte weiter an, die Pfarrkirche mit herrlichen Miesbacher Stukkaturen. Daneben der wundersame Brunnen, von dem erzählt wird, daß sein Wasser niemals versiegt und auch im kältesten Winter nicht gefriert. Die Geschichte des Brunnens wird auf einer langen Inschrift genau erläutert.

Beide Kirchen, gut renoviert, stehen in einer oberbayerischen Bilderbuch-Landschaft: Sanfte Hügel wechseln mit steilen Abbrüchen, Wälder mit dem saftigen Grün der Weiden. Und ganz plötzlich bietet sich in diesem schönen »Eiszeit-Garten« eine unvergeßliche Aussicht auf die nähere und weitere Umgebung.

Haben wir dann richtig Appetit bekommen, hier werden wir gut versorgt. Seit Jahrhunderten schon sind hier die Wirte auf den Besuch der Pilger aus nah und fern eingerichtet.

Wandern

Route: *Vom Bahnhof Großhelfendorf über Kleinhelfendorf (Sankt Emmeram), Griesstätt, Göggenhofen nach Großhelfendorf zurück – 6 km. Die Tour können auch größere Kinder mitmachen.*

Vom S-Bahn-Haltepunkt Großhelfendorf gehen wir links die Forststraße, dann die Bahnhofstraße (Gehwege) zur Ortsmitte von Großhelfendorf, überqueren die Münchner Straße und wandern auf dem Gehweg in der Kirchenstraße weiter bis nach Kleinhelfendorf. Von weitem schon sehen wir die Türme der Marterkapelle und der Pfarrkirche.

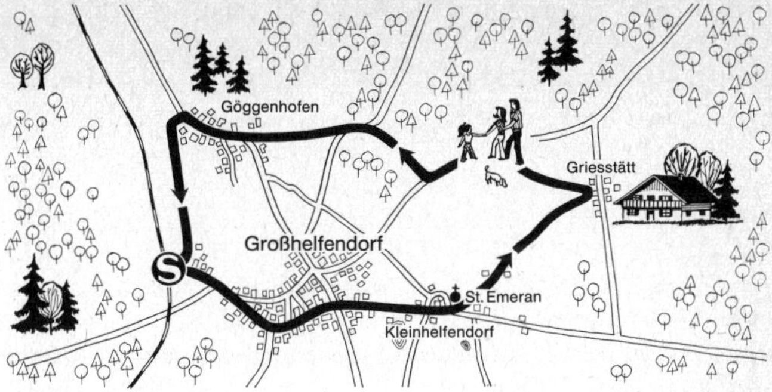

Das erste Gebäude Kleinhelfendorfs, das wir erreichen, trägt die Hausnummer 28. Es ist der Kirchenbau der Marterkapelle. Innen birgt die Kapelle eine eindrucksvolle Darstellung des Martyriums des heiligen Emmeram, und man liest die Inschrift: »Hier auf diesem Steine ist Bischof Emmeram gemartert worden im Jahre 652«.
Wir überqueren nun vor der Kapelle die Hauptstraße und gehen bei der Kreuzigungsgruppe links, um die Pfarrkirche zu erreichen. Hier lassen wir uns ein wenig Zeit. Auch gute Einkehrmöglichkeit ist hier gegeben.
Unsere Wanderroute führt uns von Kleinhelfendorf aus über Griestätt nach Göggenhofen, wo wir zunächst an der Rosenheimer Landstraße weitergehen, um nach den letzten Häusern von Göggenhofen nach links einzubiegen. Nach einer großen Kurve führt uns der Weg zur Bahnlinie. Wir überqueren sie nicht, sondern gehen den Bahnweg zurück zum Haltepunkt Großhelfendorf.

Eine Liebesgeschichte war schuld

Die Legende berichtet:
Der 22. September des Jahres 652 ist jener Tag, an dem der heilige Emmeram zu Tode gemartert wurde, als er sich auf einer Pilgerfahrt von Regensburg nach Rom befand. Die Ursache des Verbrechens war eine Liebesgeschichte.

Der junge Missionar Emmeram lebte am Hofe des Herzogs Theodo in Regensburg. Ota, die Tochter des Herzogs, hatte sich in dieser Zeit in einen jungen Mann namens Sigibald verliebt. Es entwickelte sich eine stürmische Liebe, die nicht ohne Folgen blieb. Ota wurde schwanger. Die jungen Leute waren verzweifelt. Wenn der Herzog davon erfahren würde, das wußten sie, mußten sie beide sterben.

In ihrer höchsten Not wandten sich Ota und Sigibald an Emmeram. Der hörte sich die Geschichte an und versprach, ihnen zu helfen. Sie sollten dem Herzog nur sagen, daß er, Emmeram, die junge Ota verführt habe. Das Mädchen tat es und der Vater verzieh die Tat.

Otas Bruder Landebert hörte davon, und wütend schwor er, seine Schwester zu rächen. Er schwang sich auf sein Pferd und jagte dem inzwischen nach Rom aufgebrochenen Missionar Emmeram nach. In Kleinhelfendorf holte er ihn ein und quälte mit grimmiger Wut den gottesfürchtigen jungen Mann, der sich ihm mutig entgegenstellte, zu Tode. Auf dem Weg nach Aschheim erlag Emmeram seinen Verletzungen.

Bald kam die Bevölkerung aus der ganzen Umgebung herbei, um den tapferen Missionar zu verehren, und es entstand die große Emmeram-Wallfahrt von Kleinhelfendorf.

Wissenswert – Sehenswert

Großhelfendorf und Kleinhelfendorf liegen an der Grenze zwischen Münchner Schotterebene und südbayerischer Moränenlandschaft.

Der fränkische Missionar Emmeram hat auf seiner Reise nach Italien wahrscheinlich eine der alten Römerstraßen benutzt, die durch dieses Gebiet führen.

Die Marterkapelle des Heiligen wurde im Jahre 1752 errichtet. An der gleichen Stelle standen sehr viel früher Kapellen, die erste wohl sehr einfach, die an St. Emmeram erinnerten.

In überlebensgroßen Figuren ist das Martyrium des heiligen Emmeram in der Marterkapelle von Kleinhelfendorf recht drastisch dargestellt. Emmeram liegt auf dem Marterstein an eine Leiter gefesselt. Kriegsknechte schlagen, hacken und stechen auf den Wehrlosen ein. Ihre Gesichter sind von Wut und Grausam-

keit verzerrt. Die Gruppe, in Holz geschnitzt, wurde um das Jahr 1789 aufgestellt. Den Schöpfer des Werkes kennt man nicht.
Die Pfarrkirche von Kleinhelfendorf, im Jahre 1680 fertiggestellt, gehört zu den schönsten Barock-Dorfkirchen in ganz Oberbayern.
Die Kirche in Peiß ist dem heiligen Nikolaus geweiht. Sie dürfte schon im Jahre 1365 von einem unbekannten Erbauer errichtet worden sein.
Nach Aying läßt sich von Groß- und Kleinhelfendorf ein kurzer Abstecher machen. Dort befindet sich der Sitz einer alten Brauerei.
Die »Taferne und das Zapfrecht« wurde den Ayingern durch die Pröbste des Klosters Bernried verliehen, nachdem sie die Hofmark Aying aufgekauft hatten. Damals mußte der Dorfwirt den Probst und die Abgesandten des Klosters Bernried in Aying mit Wein und Essen verpflegen, wenn sie hier weilten.
Vor 50 Jahren brannte in Aying ein kleines, geschichtlich wertvolles Haus ab: das Jacklhaus. Hier hatte Jahrhunderte lang der Pflegerichter von Aying seinen Sitz. Er sprach von hier aus Recht. In dem kleinen Haus gab es einen Schwuraltar und als sehr wichtiges Inventar den Zehentkasten.
Während der Schwedeneinfälle wurde fast ganz Aying zerstört; viele Bewohner wurden getötet. Die paar, die sich retten konnten, flohen in die nahen Wälder und versteckten sich.

Einkehr am Weg

Gasthof Zur Post – in Großhelfendorf an der Dorfstraße. Eigene Metzgerei, Terrasse.
Gaststätte Messerer – in Kleinhelfendorf, an der Pfarrkirche.

6 Mit der S 6 nach Mühltal

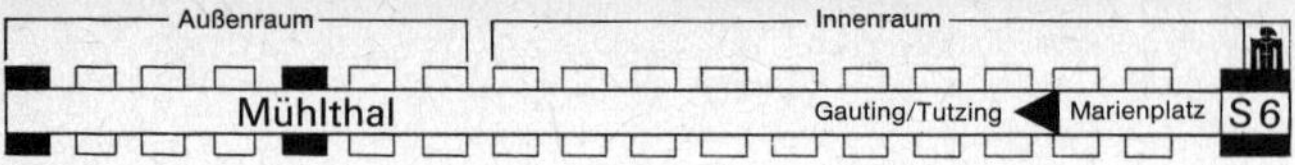

Abfahrt in München, Marienplatz			Rückfahrt in Mühltal		
5.29	6.09	6.49	12.46	13.26	14.06
7.29	8.09	8.49	14.46	15.26	16.06
9.29	10.09	10.49	16.46	17.26	18.06
11.29	12.09	12.49	18.46	19.26	20.06
13.29	14.09	14.49	20.46	21.26	22.06
15.29	16.09	16.49	22.46	23.26	00.06

Der Fahrplan gilt Samstag, Sonntag und Feiertag.
Die Züge fahren alle 40 Minuten, Fahrzeit ca. 32 Minuten.
Weitere Fahrzeiten im amtlichen Fahrplan.
Fahrpreise für die Hin- und Rückfahrt: München–Mühltal und zurück = zweimal 4 Zonen.
Mehrfahrtenkarte zweimal 2,10 Mark. Kinder zweimal 0,30 Mark. Hunde zweimal 0,30 Mark.

Wälder, Wiesen, Wasser

In eine der interessantesten und ursprünglichsten Landschaften des Münchner Umlandes führt die Wanderung vom Bahnhof Mühltal über Gut Rieden und Starnberg wieder nach Mühltal zurück. Am Anfang der mächtige Moränenriegel mit dem trutzigen Karlsberg bei Leutstetten, dem romantischen Flußlauf der Würm im Schatten des tiefen Taleinschnittes – am Ende die glitzernde weite Wasserfläche eines der schönsten der oberbayerischen Seen, des Würm- oder Starnberger Sees.
Dazwischen: Schattenspendende Wälder, stille Wege, saftige Weiden und, besonders bei Föhn, herrliche Ausblicke über die Weite des Wassers, die Hügelkette an dessen östlichem Ufer bis hinein in die bayerischen Berge in der so nah erscheinenden Ferne.

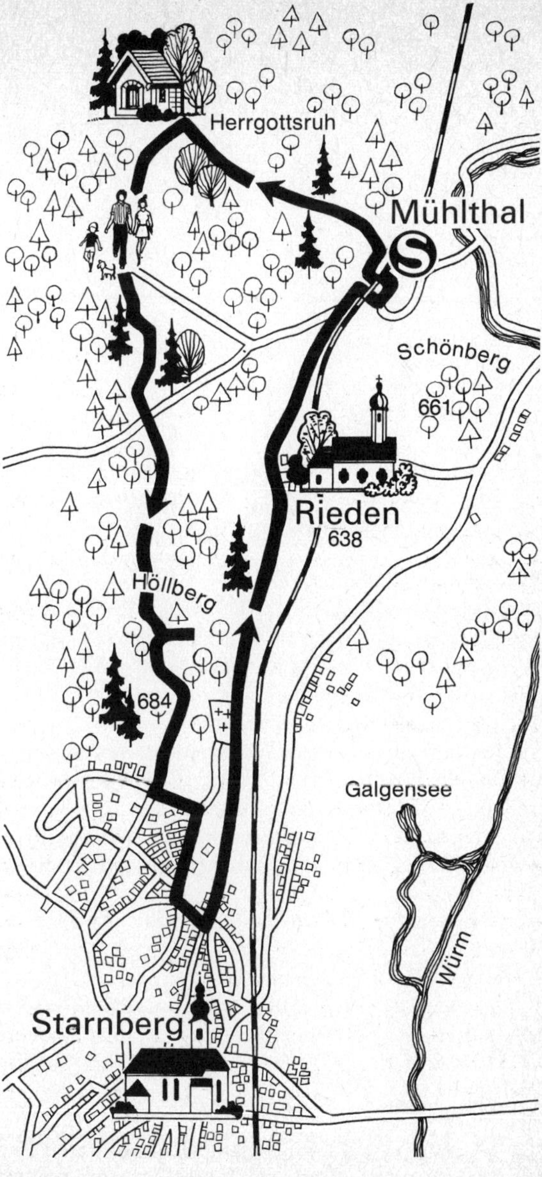
Herrgottsruh
Mühlthal
Schönberg
661
Rieden
638
Höllberg
684
Galgensee
Würm
Starnberg

Ziel des Ausflugs mit der S-Bahn und Beginn der kleinen Wanderung ist der S-Bahnhof Mühltal. Die Rückfahrt erfolgt wieder vom Bahnhof Mühltal.
Die Bahnlinie, auf der seit kurzem die S 6 zwischen München und Starnberg verkehrt – heute geht sie weiter bis nach Tutzing – wurde im Jahre 1854 eröffnet, später bis Gauting viergleisig ausgebaut. Rund 120 Jahre alt ist diese Linie also.

Wandern

Route: *Vom Bahnhof Mühltal über die Herrgottsruh, den Höllberg, Rieden zurück nach Mühltal. – 10 km. Die Tour ist auch für ältere Kinder geeignet.*

Wir folgen an der kleinen Weggabelung westlich vom Bahnhof Mühltal dem Sträßchen rechter Hand und gehen auf den Wald zu, den wir schon nach wenigen Minuten erreicht haben. Dort, wo die Straße einen kräftigen Bogen nach links schlägt, lohnt es sich, ein wenig innezuhalten: Deutlich sind hier die gleichmäßigen kuppigen Erhebungen unter dem jungen Buchenwald zu erkennen – 60 an der Zahl. Forscher stießen hier bei Ausgrabungen auf Hünengräber aus der Bronze- und Hallstattzeit (800 bis 400 vor Christus). Diese Gegend muß also schon sehr früh besiedelt gewesen sein. Man nimmt heute allgemein an, daß es sich bei diesen Gräbern um die letzten Ruhestätten der jeweiligen Herren des Landes gehandelt haben muß. Für diese Theorie spricht auch, daß man in den Gräbern kostbare Gebrauchs- und Kunstgegenstände fand. Die ganze Dorfgemeinschaft, so wird berichtet, soll sich damals am Ausheben des Grabes für einen Herren beteiligt haben.
Die Schotterschicht der schmalen Fahrstraße ist dünner geworden, nur selten fahren hier Autos oder Motorräder vorbei. Da taucht schon links, im Schatten der Bäume, der rote Backsteinbau der Herrgottsruh auf, einer Kapelle, die um einen Baumstamm herumgebaut wurde. Im Innern birgt der schmucke Bau eine Figur des Heilands an der Geißelsäule. Daneben stehen die mahnenden Worte: Ecce homo – seht, welch ein Mensch.
Hier kann man Rast machen und sich ein wenig orientieren.

Dann verlassen wir die Richtung, aus der wir gekommen sind, und gehen auf der Kreuzung nach links weiter, ebenfalls auf einem geschotterten Weg, bis wir nach etwa einer halben Stunde wiederum auf eine querverlaufende Schotterstraße treffen. Wir überqueren diese und folgen, die Richtung beibehaltend, dem schmalen Waldweg. Nach einer weiteren halben Stunde sind wir am Aussichtspunkt Höllberg (684 Meter).
Bänke laden zum Verweilen ein. Verkohlte Holzstücke und Aschenreste erinnern daran, daß hier alljährlich im Frühsommer das Johannisfeuer entzündet wird.
Vom Aussichtspunkt aus wandern wir den kleinen Hang im Wald wieder hinunter, bis uns die Wanderwegweiser den richtigen Weg nach Starnberg anzeigen. Da durchdröhnt vielleicht ein Knall die friedliche Waldesstille, wieder einer und noch einer, dann ist es wieder ruhig: Wir sind nur einige hundert Meter von der Schießstätte entfernt. An den mächtigen Betonschutzmauern vorbei erreichen wir bald die Hofbuchstraße. Wir sind in Starnberg.
Ist der Tag noch lang genug, können wir uns getrost in Starnberg aufhalten, Kaffee trinken oder auf den See hinausfahren. Von der Ferdinand-Maria-Straße aus haben wir nur noch gemütlich eine Stunde zu gehen, um wieder in Mühltal anzukommen, am Ausgangspunkt der Tour.
Unsere Route führt – für Wanderer, die weitergehen wollen – die Hofbuchstraße hinunter auf die Schießstättenstraße, der wir rechter Hand folgen, bis links die Straße Am Kreuth abzweigt. Auf dieser gehen wir bis zur nächsten Querstraße, der Josef-Sigl-Straße, und weiter, bis wir auf die Ferdinand-Maria-Straße treffen. Hier brauchen wir nur noch nach links einzuschwenken und sind auf dem Weg, der genau über Gut Rieden zurück nach Mühltal führt.

Einkehr am Weg

Gasthof Obermühltal, gleich neben dem Bahnhof. Terrasse. Kalte und warme Küche, gut bürgerlich. Bier vom Faß.

Sehenswert – Wissenswert

Beim Bahnhof Mühltal: Hünengräber aus der Bronzezeit. Ausgrabungen förderten kostbare Gebrauchs- und Kunstgegenstände zutage. Siehe Wanderbeschreibung.
Rieden: Der kleine, spätgotische Bau der St. Peterskapelle wurde im 18. Jahrhundert umgebaut. Der dem heiligen Petrus geweihte Altar stammt aus dem Jahre 1669. Der Heilige, auf dem Altarbild dargestellt, steht zwischen den Bischöfen Erasmus und Nikolaus.
Vor dem Altar das marmorne Grabmal der Prinzessin Mathilde von Sachsen-Coburg-Gotha, gestorben im Jahre 1906. Sie war eine Tochter König Ludwigs III., des letzten bayerischen Königs.
Im Friedhof von Rieden: Die Grabmäler von Prinzessin Maria von Bayern (Herzogin von Calabrien) und des Herzogs Ferdinand von Calabrien und beider Sizilien, ihres Gatten. Ferdinand starb als Oberhaupt des Hauses Bourbon-Sizilien im Januar 1960 in Lindau. Seine Leiche wurde hierher übergeführt.
Mehr über das Mühltal: Tour 11, Seite 72, Tour 21, Seite 127.

Staatliche Seeschiffahrt *(Sommerfahrplan)*

Starnberg–Leoni–Starnberg: täglich 9.30 – 12.15 – 18.15. Fahrzeit: 45 Minuten.
Starnberg–Leoni: 8.50 (täglich bis 3. September) – 9.30 – 11.00 – 12.15 – 13.35 – 15.00 – 16.40 – 18.15. Fahrzeit: 22 Minuten.
Leoni–Starnberg: 9.52 – 11.32 (täglich bis 3. September) – 12.37 – 13.54 – 16.04 – 18.02 – 18.37 – 19.25. Fahrzeit: 23 Minuten.
Rundfahrten
Starnberg–Seeshaupt–Starnberg: 8.50 – 11.00 – 13.35 – 15.00 – 16.40. Fahrzeit: rund drei Stunden.
Tanzfahrt jeden Samstag bis 9. September um 20.00 Uhr ab Starnberg.

Fahrpreise:
Kleine Rundfahrt Starnberg–Leoni–Starnberg: 3,00 Mark. Große Rundfahrt Starnberg–Seeshaupt–Starnberg: 1. Klasse 7,00 Mark – 2. Klasse 6,00 Mark. Kinder von 4 bis 10 Jahren zahlen halben Fahrpreis. Die Fahrkarten werden auf den Schiffen ausgegeben.

Mit der S 5 nach Herrsching 7

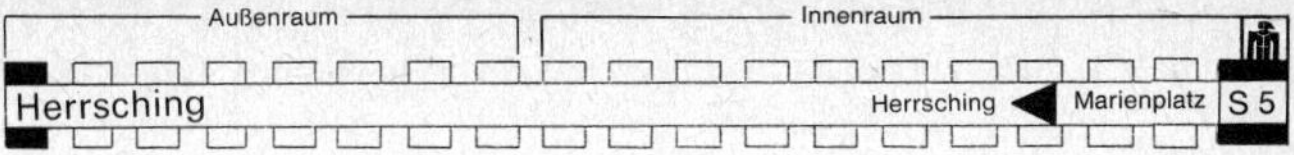

Abfahrt in München, Marienplatz			Rückfahrt in Geltendorf		
6.59	7.39	8.19	12.21	13.01	13.41
8.59	9.39	10.19	14.21	15.01	15.41
10.59	11.39	12.19	16.21	17.01	17.41
12.59	13.39	14.19	18.21	19.01	19.41
14.59	15.39	16.19	20.21	21.01	21.41
16.59	17.39	18.19	22.21	23.01	23.41

Der Fahrplan gilt Samstag, Sonntag und Feiertag.
Die Züge fahren alle 40 Minuten, Fahrzeit für die Hinfahrt 53 Minuten, für die Rückfahrt 43 Minuten.
Weitere Fahrzeiten im amtlichen Fahrplan.
Fahrpreise für die Hin- und Rückfahrt: München–Herrsching = 6 Zonen, Geltendorf–München = 6 Zonen. – Mehrfahrtenkarte zweimal 3,30 Mark. Kinder zweimal 0,60 Mark. Hunde zweimal 0,60 Mark.

Von der S-Bahn aufs Schiff – vom Schiff auf die Eisenbahn

Streng genommen »wandern« wir bei dieser Tour nur etwa einen Kilometer: Vom Bahnhof Herrsching zur Schiffsanlegestelle am See. Und doch bietet dieser Ausflug genug Interessantes. Wir lernen den Ammersee kennen und erleben neben der S-Bahn wieder die Lokalbahn auf der Strecke zwischen Utting und Geltendorf. Ist es nicht so: Wir haben uns so schnell an die S-Bahn gewöhnt, daß die »normale« Eisenbahn im Regionsverkehr für die meisten von uns ein Stück Vergangenheit geworden ist. Wenn wir dann in Geltendorf wieder in die moderne S-Bahn umsteigen, hat uns der Tag um eine Erinnerung reicher gemacht, die Erinnerung an unsere »alten« Vorortbahnen mit ihren weniger freundlichen Farben und der weniger ansprechenden Innenausstattung. Höhepunkt unserer Tour jedoch ist der Ammersee. Fast eine halbe Stunde sind wir auf dem Wasser, wenn der Dampfer in Herrsching vor Anker gegangen ist. Eine frische Brise bläst uns ins Gesicht und der Bug des Schiffes gräbt sich seinen Weg quer über den fast fünf Kilometer breiten See. Und wir erinnern uns, daß wir schon als Kinder so gerne mit dem Schiff gefahren sind...

Wandern – Seefahren

Route: *Vom Bahnhof Herrsching zum See, mit dem Schiff nach Utting, von dort weiter mit der Lokalbahn bis zum S-Bahn-Anschluß Geltendorf (S 4). Die Tour ist auch für Kinder geeignet.*

Vom S-Bahnhof Herrsching aus gehen wir durch die Fußgängerunterführung (Bahnhofsausgang 20 Meter links), folgen an deren Ende dem Weg linker Hand, gehen an der Erlöserkirche vorbei, überqueren die Madeleine-Ruoff-Straße und halten auf den Fußweg an der Brücke gegenüber zu. Am See folgen wir der Promenade in südlicher Richtung (links), und schon nach wenigen Minuten haben wir die Schiffsanlegestelle erreicht. Hier suchen wir uns die passende Verbindung nach Utting aus – siehe Fahrzeiten »Herrsching–Utting mit dem Schiff«.
Rund 25 Minuten fahren wir, dann legt das Schiff in Utting an. Etwa 150 Meter gehen wir zum Bahnhof von Utting – siehe »Utting–Geltendorf mit der Bahn«. Mit der Lokalbahn geht's zum S-Bahnhof Geltendorf. Eine gute Möglichkeit, das Lokalbahnfahren mit dem S-Bahnfahren zu vergleichen.
In Geltendorf nehmen wir die S-Bahn und fahren mit ihr zurück nach München.

Herrsching–Utting mit dem Schiff
(Sommerfahrplan)

Abfahrt in Herrsching	Ankunft in Utting
9.45	10.13
11.35	12.03
14.05	14.30
16.39	17.04
18.15	18.42
18.42	19.07

Fahrpreis: Erwachsene 1,80 Mark, Kinder von 4 bis 10 Jahre 0,90 Mark. Hunde 0,90 Mark.
Fahrzeit: zwischen 25 und 28 Minuten.
Stand der Preis- und Zeitangaben: Sommer 1972.
Die Entfernung von der Anlegestelle in Utting zum Bahnhof Utting beträgt etwa 250 Meter.

Utting–Geltendorf mit der Bahn

Abfahrt in Utting	Ankunft in Geltendorf
10.38 E	10.50 E
13.19	13.38
14.14	14.29
17.20 E	17.31 E
18.30	18.44
18.53 Nur Sa + So	19.08
19.25	19.42
19.56 E	20.08 E

Fahrpreis von Utting nach Geltendorf: Erwachsene 1,40 Mark. Kinder von vier bis zehn Jahren 0,70 Mark. Hunde 0,70 Mark.
Fahrzeit: zwischen 12 und 19 Minuten.
Stand der Preis- und Zeitangaben: Sommer 1972.

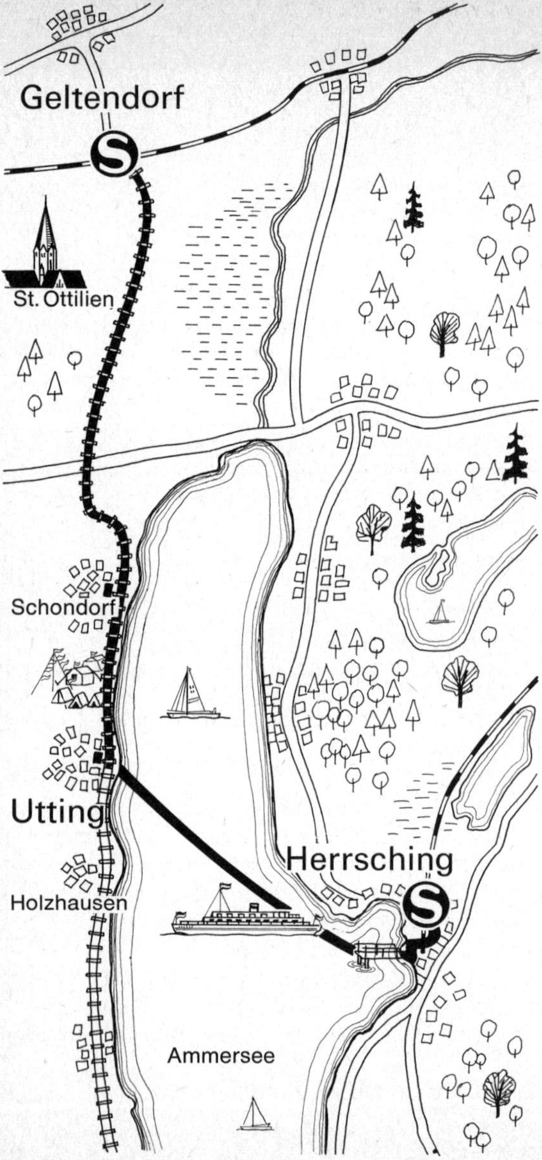
Geltendorf
St. Ottilien
Schondorf
Utting
Holzhausen
Herrsching
Ammersee

Die Ammersee-Schiffahrt:

Noch nicht einmal hundert Jahre alt

Im Jahre 1976 wird die Ammersee-Schiffahrt Jubiläum feiern können: Genau 100 Jahre ist sie dann alt. Und wenn man in jenem Jahr ganz geschichtstreu sein will, muß man das Fest dann feiern, wenn sich hierzulande die Leute ohnehin reichlich austoben: am Faschingsdienstag. Ein Faschingsdienstag nämlich war es – man schrieb das Jahr 1876 –, als das erste Ammersee-Schiff in See stach. Das war eine Aufregung.

Zwölf Meter lang war der »Kahn« und zwei Meter breit. Vertrauenerweckend muß er nicht ausgesehen haben; denn ein Zimmermeister befestigte – sicher ist sicher, dachte er wohl – noch schnell zwei Auslegerboote an den beiden Seiten, bevor das Schiff erstmals in Dießen startete.

Ein Abenteuer war es schon, bis das Schiff überhaupt nach Dießen kam. Zwölf wagemutige Männer aus dem Ort hatten den ausgedienten Flußdampfer in Heilbronn entdeckt und ihn kurzentschlossen gekauft. Teils auf Straßen, teils auf der Bahn transportierten sie das ausrangierte Wasserfahrzeug nach Dießen und machten es dort wieder seetüchtig. Drei Tage dauerte die Probefahrt. Am ersten Tag ging's – immer vorsichtig am Ufer entlang – nach Utting, am zweiten Tag nach Stegen, und am dritten Tag lief der Dampfer mit seiner stolzen Mannschaft wieder Dießen an. Das Experiment war geglückt, und gleich darauf gründete man eine »Dampfschiffahrts-Aktiengesellschaft«. Die Ammersee-Schiffahrt war geboren.

Plötzlich war das Schiff weg...

Einmal, es war im Jahre 1956, verschwand auf dem Ammersee ein schönes, großes Schiff. Am Abend ordnungsgemäß vor Anker gelegt, fehlte am nächsten Morgen jede Spur von ihm. Das war vielleicht eine Aufregung! Das Schiff – ein dieselbetriebenes Motorschiff mit dem Namen »Herrsching« – war funkelnagelneu und hatte gerade tags zuvor seine Jungfernfahrt hinter sich gebracht. Eine große Suchaktion setzte ein. Gar nicht lange dauerte es, da hatte man es gefunden – auf dem Grund des Sees. Wie es dahin kam? Ein Konstruktionsfehler war schuld daran, daß es in der Nacht ganz einfach gesunken war.

Man war zunächst ratlos und verlor beinahe die Fassung: An der Jungfernfahrt hatten zahlreiche Persönlichkeiten des öffentlichen Lebens teilgenommen. War das peinlich!
In einer umfangreichen Hebeaktion wurde die »Herrsching« schließlich dann wieder vom Grund geholt.
Die ersten Schiffe auf dem Ammersee nach der Gründung der Aktiengesellschaft waren die »Marie«, die »Maximilian« und die »Gisela«. Im Jahre 1907 wurde der erste größere Raddampfer in Betrieb genommen. Er hatte ein Fassungsvermögen von 400 Personen. Zwei Jahre später folgte die »Schondorf« – der erste Schraubendampfer auf dem Ammersee.

Der See wird immer kleiner

Wenn unsere fernen Nachkommen einmal das Jahr 21973 schreiben, wird es einen Ammersee längst nicht mehr geben, behaupten Wissenschaftler. Er wird dann eine erdgeschichtliche Tatsache sein wie jene Überlieferung, die uns berichtet, daß der Ammersee dereinst das gesamte 35 Kilometer lange Becken zwischen Polling und Grafrath eingenommen hat.
Der Wasserspiegel, heute bei 533 Metern über dem Meeresspiegel, lag damals 30 Meter höher, und Pilsen- und Ammersee bildeten zu jener Zeit noch eine Einheit.
Immer wieder veränderte der Ammersee im Verlauf der Jahrtausende seine Gestalt, am stärksten zu der Zeit, als der breite Moränengürtel nördlich von Stegen durchbrach und das Wasser wie durch ein Ventil aus dem Becken schoß. Damals, vor vielen Jahrtausenden, fiel der Wasserspiegel mit einem Mal um 30 Meter, und der See wurde in sein heutiges Becken zurückgedrängt. Seitdem wird der Ammersee immer kleiner.
Schuld ist die Ammer, die Tag für Tag beträchtliche Mengen Schutt und Geröll aus dem Gebirge in den See transportiert. Ohne ihren steinigen Ballast verläßt sie, jetzt als Amper, im Norden wieder den See. Fachleute haben errechnet, daß der See in 15 000 bis 20 000 Jahren ganz aufgeschüttet sein wird.
Die heutigen Maße des Sees: 15 Kilometer lang, 42 Kilometer Uferlänge, bis zu fünf Kilometer breit und 82 Meter tief. Seine Wasserfläche beträgt 47 Quadratkilometer.
Mehr über das Ammerseegebiet: Tour 1, Seite 19, Tour 14, Seite 89, Tour 20, Seite 121.

Zwei Ufer – zwei Welten

Im Jahre 1855 zählte Herrsching 357 Einwohner, es war ein Fischerdorf. Die Bewohner hatten ihre Hütten und Häuser rund um die höher gelegene St. Martinskirche gebaut. Fünf Jahre lang schnauften schon die ersten Dampfloks auf der Westseite des Sees, als auch auf der Ostseite schließlich die Bahnlinie Pasing–Herrsching, die heutige S 5, im Jahre 1903 (Linie Mering–Dießen–Weilheim im Jahre 1898) feierlich eröffnet wurde. Heute zählt Herrsching rund 5000 Einwohner. Kurgäste kommen aus ganz Deutschland und darüber hinaus. Am Wochenende ist Herrsching das Ziel vieler Erholungssuchender aus dem Münchner und Augsburger Raum.
Ganz anders Utting. Obwohl mit der im Jahre 1898 eröffneten Bahnlinie von Mering über Utting nach Weilheim ein direkter Anschluß an die im Jahre 1840 gebaute Bahn zwischen München und Augsburg hergestellt war, ist Utting bis heute ein stiller Ort in der typischen Ammersee-Landschaft geblieben. Auch die Fertigstellung der Bahnlinie von München über Fürstenfeldbruck nach Grafrath (heute bis Geltendorf – S 4), die eine noch bessere Erschließung des Ammerseewestufers mit sich brachte, änderte daran nichts.
Alte Weiden prägen heute das Bild an der Seepromenade. Zwischen fruchtbaren und gepflegten Obstgärten ist der Ort im Laufe der Jahrhunderte auf seine heutige Größe angewachsen. Zwei wertvolle Bauwerke hat Utting: die barocke Pfarrkirche und die Wallfahrtskirche St. Leonhard (1712).
Zwei Ufer am gleichen Wasser – und doch zwei verschiedene Welten.

Einkehr am Weg

Strandhotel Seehof – am Kurpark in Herrsching. Café-Terrasse am See.
Gasthof Zur Post – das älteste Gasthaus in Herrsching, zentral gelegen, schattiger Biergarten. Eigene Metzgerei.
Haus Seewinkel – direkt am See in Herrsching. Eigener Badestrand mit Steg und Liegewiese. Ruhige Lage am Kurpark. Geöffnet von Mai bis September.
Café Promenade – am See in Herrsching. Große Terrasse, ganzjährig geöffnet. Restaurant und Café für Anspruchsvolle.

8 Mit der S 6 nach Tutzing

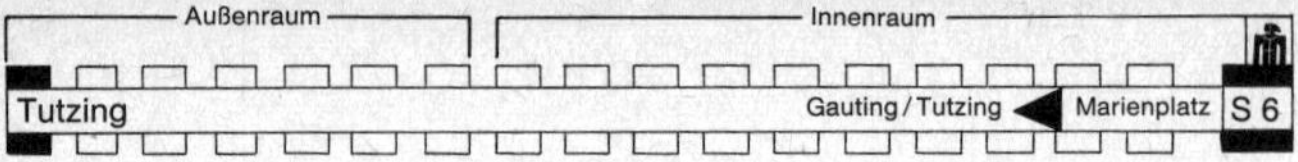

Abfahrt in München, Marienplatz			Rückfahrt in Tutzing		
5.29	6.09	6.49	16.33	17.13	17.53
7.29	8.09	8.49	18.33	19.13	19.53
9.29	10.09	10.49	20.33	21.13	21.53
11.29	12.09	12.49	22.33	23.13	23.53

Der Fahrplan gilt Samstag, Sonntag und Feiertag.
Die Züge fahren alle 40 Minuten, Fahrzeit ca. 48 Minuten.
Weitere Fahrzeiten im amtlichen Fahrplan.
Fahrpreise für die Hin- und Rückfahrt: München–Tutzing und zurück = zweimal 6 Zonen.
Mehrfahrtenkarte zweimal 3,30 Mark. Kinder zweimal 0,60 Mark. Hunde zweimal 0,60 Mark.

Von Gletschern modelliert – von Menschen gestaltet

Die Landschaft zwischen Tutzing und Bernried ist ein einziger Naturpark, geprägt schon vor Jahrtausenden von den riesigen Gletschern, die Berge und Täler, Hügel und Ebenen modellierten, gestaltet von den heimatliebenden Menschen vieler Generationen, heute unter Naturschutz gestellt.
Zwei Kilometer eigenen Strand hat Tutzing, ein großes Seehotel mit Freizeit- und Erholungseinrichtungen ist geplant. Tutzing, der zweitgrößte Ort am Starnberger See, ist Luftkurort.
Und noch eine Besonderheit hat Tutzing (neben seiner interessanten Geschichte und den vielfältigen Ausflugsmöglichkeiten): Zwei Millionen Käfer kann man in Tutzing besichtigen, und zwar im »Käfermuseum« von Dr. Georg Frey.
Ein wunderschöner Aussichtspunkt in der freundlich und einladend wirkenden Landschaft ist der Johanneshügel. Die Wege sind gut ausgebaut, Bänke laden zum Ausruhen ein.

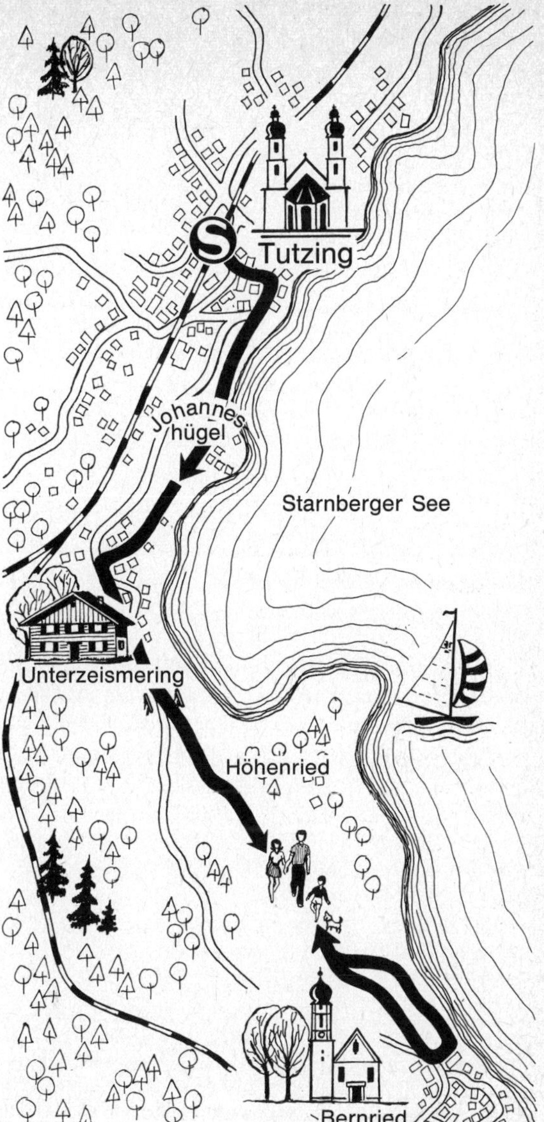
Tutzing
Johannes
hügel
Starnberger See
Unterzeismering
Höhenried
Bernried

Ziel unserer Wanderung ist Bernried mit seiner uralten Klosteranlage, den herrlichen Seewanderwegen, dem erholsamen und gepflegten Park von Wilhelmine Busch-Woods und dem Naturschutzgebiet mit den zahlreichen Moorseen. Der Ausflug bringt so viel Schönes und Interessantes, so viel Eindrucksvolles und in Erinnerung Bleibendes, daß man dazu schon früh aufbrechen sollte, um Zeit zu haben, all das in sich aufzunehmen, wobei jede Jahreszeit – insbesondere aber der Herbst – an dieser Stelle des Starnberger Sees ihre eigenen Reize hat.
Und noch eins soll angemerkt werden: Ist die natürliche Vegetation am Starnberger See im allgemeinen stark zurückgedrängt worden, hier im Gebiet um Bernried ist der See noch recht natürlich geblieben, so natürlich, daß man teilweise nicht am Ufer entlanggehen kann und ausweichen muß. Dies ist vor allem südlich von Bernried der Fall.

Wandern

Route: *Vom Bahnhof Tutzing über Johanneshügel, Unterzeismering nach Bernried und zurück – 12 km. Die Tour können auch größere Kinder mitmachen.*

Am Bahnhofsplatz in Tutzing gehen wir nach links und biegen an der Bahnhofsgaststätte in den Pommernweg ab, überqueren die Bräuhausstraße und gelangen auf dem Gröberweg zur Hauptstraße. Ihr folgen wir ein paar hundert Meter südwärts und biegen an der Kurve links in die Lindenallee zum Johanneshügel ein.
Unsere Wanderung setzen wir dann über die Lindenallee fort. Sie führt uns nach Unterzeismering hinein. Wir gehen nur ein Stück auf der Bernrieder Straße weiter und zweigen dann nach etwa einem Kilometer bei einer kleinen Brücke links auf den Weg ab. Auf ihm gelangen wir an Höhenried vorbei nach Bernried.
Im Klosterhof von Bernried gehen wir auf dem Rückweg nach Tutzing rechts hinunter zum See und dort links am See entlang, umgehen das Café und halten wieder auf das Seeufer zu. Wo es nicht mehr weitergeht, biegen wir nach links ab und wandern nun die Anhöhe hinauf, wo wir auf dem schon bekannten Weg nach Tutzing zurückgehen.

Klostergründung im Zeichen des Streits zwischen Papst und Kaiser

Als das Kloster von Bernried gegründet werden sollte, stritten sich Papst und Kaiser noch heftig über das Recht, die Bischöfe und Äbte einzusetzen. Schließlich siegte der Papst im Jahre 1122. Ein Jahr vorher hatte der Graf von Valley seine Burg, die er hier am Starnberger See besaß, den Augustiner-Chorherren geschenkt. Sie wollten darin ein Kloster einrichten. Die Bestätigung hierfür bekamen sie allerdings erst zwei Jahre später, im Jahre 1123, von Papst Calixtus II. Neben dem Chorherrenstift gab es um diese Zeit noch ein kleines Nonnenkloster. Hierher kam im Jahre 1122 die aus Schwaben stammende selige Herluca. Sie war mit einer überirdischen Sehergabe ausgestattet, doch ihre meist düsteren Prophezeiungen gefielen den Bauern nicht, und sie mußte in das Kloster am See flüchten. Hier starb sie auch.

Die weitere Geschichte Bernrieds in Stichworten: Die einstige Pfarrkirche Mariä Himmelfahrt (1382), im 17. Jahrhundert barock umgestaltet und im Jahre 1769 von Tassilo Zöpf mit neuen Altären versehen.

Die Klosterkirche St. Martin wurde im Jahre 1659 von einem unbekannten Baumeister errichtet, unter dem Fußboden im Chor der Kirche befinden sich die sterblichen Überreste des Klostergründers Graf von Valley und der seligen Herluca. Unterhalb der Empore an der linken Kirchenwand eine gotische Holzplastik der Seligen. Auf der anderen Seite aus der früheren Kirche ein dreiteiliges Altarbild mit der heiligen Sippe aus dem Jahre 1500. Bemerkenswerte Plastiken: die vier abendländischen Kirchenväter am Hochaltar. Noch kurz vor der Säkularisation ließen die Chorherren von Bernried für die Altäre neue Bilder malen.

Nach der Säkularisation kam das Kloster in Privatbesitz. Im Jahre 1949 übernahmen es die Missionsbenediktinerinnen von Tutzing und richteten eine Haushaltungsschule für Mädchen ein. Die frühere Klosterkirche St. Martin ist heute Pfarrkirche von Tutzing. Die ehemalige Pfarrkirche Mariä Himmelfahrt dagegen steht wieder im Mittelpunkt alljährlicher Wallfahrten. Das Gnadenbild ist eine holzgeschnitzte Pietà, die der Legende nach im 15. Jahrhundert bei der Klostermauer aus dem See angespült worden sein soll. Die Gläubigen bauten an dem Fundort eine Kapelle. Höhepunkt der Wallfahrt war im 17. Jahrhundert.

Die Wallfahrt der Neuzeit begann im Jahre 1949. Seitdem findet jedes Jahr am Vorabend von Mariä Himmelfahrt die berühmt gewordene Bernrieder Lichterprozession statt. In der Kapelle wird dabei, festlich geschmückt, das Bild der »liab woanet Frau« ausgestellt. Kloster- und Wallfahrtskirche werden festlich beleuchtet.
Mehr über Tutzing: Tour 2, Seite 25.

Einkehr am Weg

Bahnhofsgaststätten – in Tutzing, direkt am S-Bahnhof.
Gaststätte Ilkahöhe – auf der Ilkahöhe. Terrasse, schöne Aussicht.
Zum Bauerngirgl – in Unterzeismering. Bayerische Küche, eigene Metzgerei. Kleiner, schattiger Garten. Eigener Badestrand.
Andechser Hof – in Tutzing. Garten. Eigene Metzgerei.
Seehof – in Tutzing. Terrassenrestaurant, Strandcafé, ganzjährig geöffnet. Garten.
Café am See – am Seeufer in Bernried. Garten-Terrasse.
Hotel am See – mit Café, Restaurant, Hallenbad, Sauna, in Bernried, Hauptstraße.
Drei Rosen – Am Rathaus in Bernried. Eigene Metzgerei.
Mehr über Tutzing: Tour 2, Seite 25.

Mit der S 1 nach Kreuzstraße 9

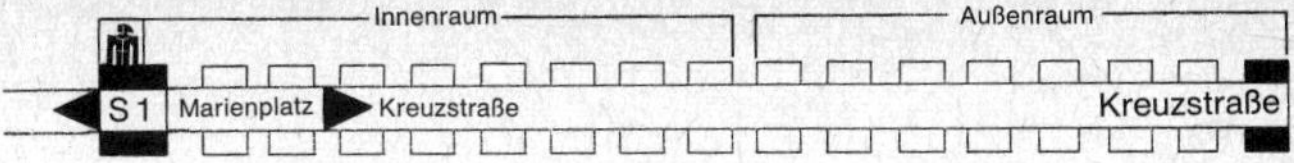

Abfahrt
in München, Marienplatz

Marienplatz	Hohbr. an	Hohbr. ab	Kreuzstraße
7.03	7.29	7.32 (nur So)	7.54
9.03	9.29	9.32	9.54
11.03	11.29	11.37	11.59

Rückfahrt
in Kreuzstraße

Kreuzstraße	Hohbr. an	Hohbr. ab	Marienplatz
16.29	16.51	16.58	17.25
17.38	18.13	18.18	18.45
19.29 (nur So)	18.51	18.58	19.25
18.58 (Bus)	19.33	19.38	20.05
20.18	20.53	20.58	21.25
22.18	22.53	22.58	23.25

Der Fahrplan gilt Samstag, Sonntag und Feiertag.
Hin- und Rückfahrt: Umsteigen in Hohenbrunn, Fahrzeit ca. 65 Minuten.
Weitere Fahrzeiten im amtlichen Fahrplan.
Fahrpreise für die Hin- und Rückfahrt: München–Kreuzstraße und zurück = zweimal 5 Zonen.
Mehrfahrtenkarte zweimal 2,10 Mark. Kinder zweimal 0,60 Mark. Hunde zweimal 0,60 Mark.

Wälder schwammen auf der Mangfall

Einmal, es war im vergangenen Jahrhundert, mußte die Mangfall viele Jahre hindurch den »Leichenträger« so mancher vorher noch waldreichen Landschaft spielen. Schuld daran waren die

Rosenheimer, die aus ihrer Saline damals für den Preis ungeheurer Holzabschläge aus den Waldungen der Umgebung ein Geschäft machen konnten. Ganze Wälder schwammen dabei als Flöße die Mangfall hinunter nach Rosenheim. Das begann genau am 18. Juli des Jahres 1810, als die Saline eröffnet wurde. Jährlich wurden in der Saline an die 250 000 Zentner Salz gewonnen, eine beträchtliche Menge. Die Sole war mit einer Rohrleitung aus Traunstein hierher gebracht worden. Doch bei dieser beachtlichen Produktionsleistung war auch der Holzverbrauch gewaltig. Nicht weniger als 15 Forstämter waren in die Holzbeschaffung eingeschaltet. 22 000 Klafter mußten die Forstbeamten pro Jahr schlagen lassen und auf dem Fluß via Rosenheim schikken. In sechs Holzöfen wurde es dort im Salinenbereich aufgeklaftert.
So wurde die Mangfall für manche waldreiche Landschaft zum »Leichenträger«, für die aufblühende Stadt Rosenheim zur »Goldader«.

Wandern

Route: *Vom Bahnhof Kreuzstraße über Hohendilching hinunter ins Mangfalltal und über Kleinhöhenkirchen, Grubmühle, Hohendilching zurück zum Bahnhof Kreuzstraße – 10 km. Die Tour können nur wandergeübte ältere Kinder mitgehen.*

Am Bahnhof Kreuzstraße halten wir uns rechts, überqueren die Bahnlinie und wandern, der Straße nach Valley folgend, den Biberg hinauf. Bald lichtet sich der Wald ein wenig – wir sind schon fast auf dem höchsten Punkt – da zweigt links der Weg nach Hohendilching ab. Ihm folgen wir, und nach etwa einer halben Stunde haben wir das Dorf erreicht. Wir gehen die erste Straße hinter dem gelben Schild nach links, dann wieder nach rechts und stehen plötzlich vor der Kirche. An der Kirchenmauer vorbei führt hier ein Weg steil hinunter ins Mangfalltal.
Nur etwa 300 Meter gehen wir talwärts und zweigen dann, die letzten Bauernhöfe hinter uns lassend, nach links ab. Ein Wegweiser zeigt hier die Richtung Kleinhöhenkirchen an. Zwischen fetten Weiden hindurch wandern wir der Mangfall zu und kommen dann zu einem schmalen Holzsteg. Er ermöglicht uns den

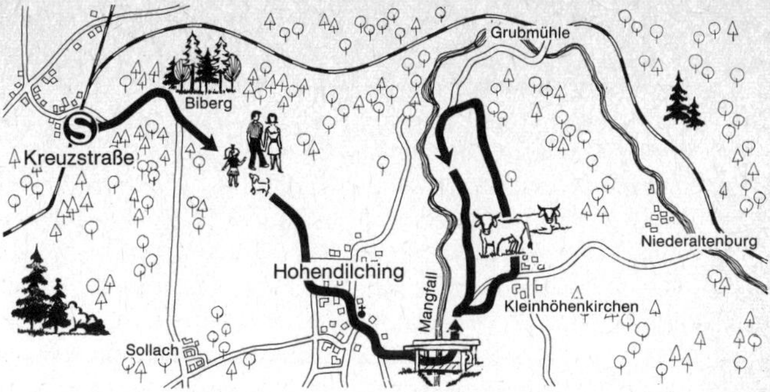

Übergang über den an dieser Stelle schon beachtlich breiten Fluß. Nach links führt uns hier ein wunderschöner Wanderweg etwa über 500 Meter direkt am Flußufer entlang. Wo der Wald beginnt, folgen wir der Kurve nach rechts und kommen über die Anhöhe nach Kleinhöhenkirchen. Hier führt uns beim Gasthaus ein Weg nach Grubmühle. Dort biegen wir nach links in Richtung Hohendilching ab. Von dort wandern wir auf dem gleichen Weg zum Bahnhof zurück, auf dem wir gekommen sind.

Auf dem Weg vom Tegernsee zum Inn

Die Mangfall kommt aus dem Tegernsee – sie ist der natürliche Abfluß dieses Sees, den sie bei Gmund verläßt. Sie fließt in ihrem ersten Abschnitt nach Norden und speist recht großzügig eine Reihe Mühlen, Papierfabriken und Sägewerke, die an ihrem Ufer angesiedelt wurden. Bei Thalham, kurz vor dem Taubenberg, nimmt die Mangfall den Fluß Schlierach auf – den natürlichen Abfluß des Schliersees. Durch das Gebiet der Münchner Quellwasserversorgung fließt sie nach Norden und wendet sich dann ganz plötzlich bei Grub nach Osten und wenig später nach Südosten um. Von oben grüßt auf dem Weg dahin das einstige Kloster Weyarn, die moderne Mangfall-Autobahnbrücke überspannt das tiefe Tal in 68 Meter Höhe mit einer Länge von 319 Meter. Ein einzigartiges Verkehrsbauwerk.
Hier sind wir auch in jenem Gebiet zwischen der Mangfall und der Leitzach – sie mündet bei Westerham in die Mangfall –, in dem eine moorreiche Moränenlandschaft den Fluß begleitet. Sie

ist überreich an herrlichen Aussichtspunkten. Man kann sie gar nicht alle nennen. Sie bieten sich ganz plötzlich und unvermittelt beim Wandern an. Naturschönheiten wechseln mit alten Kapellen und Kirchen. Es ist uraltes Kulturland, das wir durchwandern, und eine Landschaft von hohem Reiz für jene Wanderer, die beschauliche und stille Wege suchen.
Und immer wieder sehen wir die Vitalität des Gebirgsflusses bestätigt: Hat er schon die Schlierach und die Leitzach in sich aufgenommen, führen ihm auch noch die Glonn, der Jenbach und der Kaltenbach ihre Wasser zu. Als respektabler Fluß passiert die Mangfall schließlich Bad Aibling und dann gibt es für sie ein Ende: nahe Rosenheim mündet sie in den Inn.

Das Knie war nicht immer da

Die Mangfall ist schon ein recht merkwürdiger Fluß, vielleicht der merkwürdigste aller größeren Alpenvorlandflüsse. Obwohl im Alpenvorland das allgemeine Oberflächengefälle von Süden nach Norden zu verläuft, durchbricht die Mangfall, ihren eigenen Weg suchend, bei Grub eine Hügelkette im rechten Winkel nach Osten und schwenkt dann abermals, jetzt nach Südosten, um schließlich wieder aufs Gebirge zuzufließen – wenn man will: bergauf.
Die Geologen haben sich des interessanten Phänomens angenommen und haben festgestellt: Das war nicht immer so. Etwa 30 000 Jahre dürften vergangen sein, seitdem die Mangfall, am Ende unserer S-Bahnlinie, bei Kreuzstraße ein kräftiges Knie bildet. Vorher floß sie, wie es ganz natürlich ist, nach Norden. Bei Grub erkennt man, wenn man es weiß, ein etwa 500 Meter breites und zehn Meter tiefes Tal, das in nördliche Richtung führt.
Dieser Eigensinn des Flusses hat seinen Grund in seiner recht komplizierten Entwicklung am Westrand des seinerzeitigen würmeiszeitlichen Inngletschers. Während er sich nämlich im Osten mit dem Chiemseegletscher zu einer riesigen Eismasse verschmolzen hatte, blieb im Westen zwischen ihm und dem Isargletscher eine eisfreie Zone nördlich und südlich des Taubenberges bestehen.
Langsam drang der Inngletscher vor und schob die Leitzach, die Schlierach und die Mangfall in den freien Raum. Der freilich wurde zwischen Eismassen und Taubenberg immer kleiner, so

daß nur noch eine schmale Öffnung als Ausweiche für den Weg nach Norden übrigblieb. Erst nördlich von Weyarn konnten die Wassermassen das mitgeführte Geröll wenigstens teilweise abladen. Viel Platz gab es aber auch hier nicht, weil vom Westen her ein weiterer Fluß kam – er schuf später den Teufelsgraben –, auf dem die Schottermassen aus dem Isargletscher herantransportiert wurden. Folge: Die Mangfall wurde gegen die Moränen des Inngletschers gedrängt.
Am Ende der Eiszeit wurde endlich das Stammbecken des Inngletschers wieder frei, so daß sich nun die Mangfall umkehrte und in die tiefergelegene Rinne abfloß. Mehrmals verschwand das Eis, kam aber immer wieder, so daß im Laufe von Zig-Jahrtausenden jene wildromantische Landschaft entstand, die wir heute so bewundern. So ist zum Beispiel auch jener Höhenzug entstanden, den wir auf unserer Wanderroute zwischen Kleinhöhenkirchen und Niederaltenburg überwinden müssen.

Wissenswert – Sehenswert

Hohendilching – Kirche St. Andreas aus dem Jahr 1640. Sehr schöner Talblick vom Friedhof aus.
Kleinhöhenkirchen – Eine alte Bauernwallfahrt. Die Marienkirche wurde im Jahre 1770 vollendet. Sie gehörte einst zum Kloster Weyarn.
Altenburg – Das Schloß entstand als Burg im 13. Jahrhundert. Es gehörte einmal den Reichsfreiherren von Maxlrain-Hohenwaldeck.
Grubmühle – Hier endet das tiefeingeschnittene Trockental des Teufelsgrabens.
Mehr über das Mangfallgebiet: Tour 3, Seite 29, Tour 16, Seite 99.

Einkehr am Weg

Gasthof Kreuzstraße – in Kreuzstraße. Terrasse, bayerische Küche.
Gasthaus Hohendilching – in der Ortsmitte von Hohendilching. Kleiner, schattiger Garten.
Gasthaus Kleinhöhenkirchen – in der Ortsmitte von Kleinhöhenkirchen, hübsche Terrasse.
Gasthaus Wünsam – in Grub. Gepflegter Garten.

10 Mit der S 6 nach Starnberg

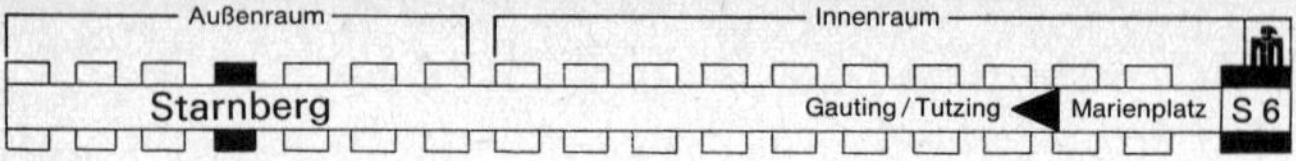

Abfahrt in München, Marienplatz			Rückfahrt in Starnberg		
5.29	6.09	6.49	16.43	17.23	18.03
7.29	8.09	8.49	18.43	19.23	20.03
9.29	10.09	10.49	20.43	21.23	22.03
11.29	12.09	12.49	22.43	23.23	0.03

Der Fahrplan gilt Samstag, Sonntag und Feiertag.
Die Züge fahren alle 40 Minuten, Fahrzeit ca. 40 Minuten.
Weitere Fahrzeiten im amtlichen Fahrplan.
Fahrpreise für die Hin- und Rückfahrt: München–Starnberg und zurück = zweimal 4 Zonen.
Mehrfahrtenkarte zweimal 2,10 Mark. Kinder zweimal 0,30 Mark. Hunde zweimal 0,30 Mark.

Mit Kanonen über den See

Es war ein aufregendes Ereignis, als 1851 das erste Schiff, ein Raddampfer, auf dem Starnberger See auf Fahrt geschickt wurde. Wie wenn man in den Krieg ziehen wollte oder damit ein Sinken verhindern könnte, hatte der Dampfer vorne drei schwere Kanonen postiert, hinten allerdings wehte recht friedlich die weißblaue Flagge. Der pechschwarze Schornstein war mit der Königskrone geschmückt. Das Schiff hatte drei Masten. Es war 33 Meter lang und 4,6 Meter breit und trug den Namen des damaligen Königs »Maximilian«. Mit Recht; denn Maximilian war es, der im Jahre 1849 die Bildung einer See-Schiffahrts-Aktiengesellschaft genehmigte. Sein Vorgänger, König Ludwig I., stand einem solchen Plan noch negativ gegenüber.
Am Ende unserer Wandertour machen wir eine kleine Fahrt auf dem Starnberger See. Deshalb soll die Geschichte der Schiffahrt auf dem bekanntesten der oberbayerischen Seen kurz aufgerollt werden.

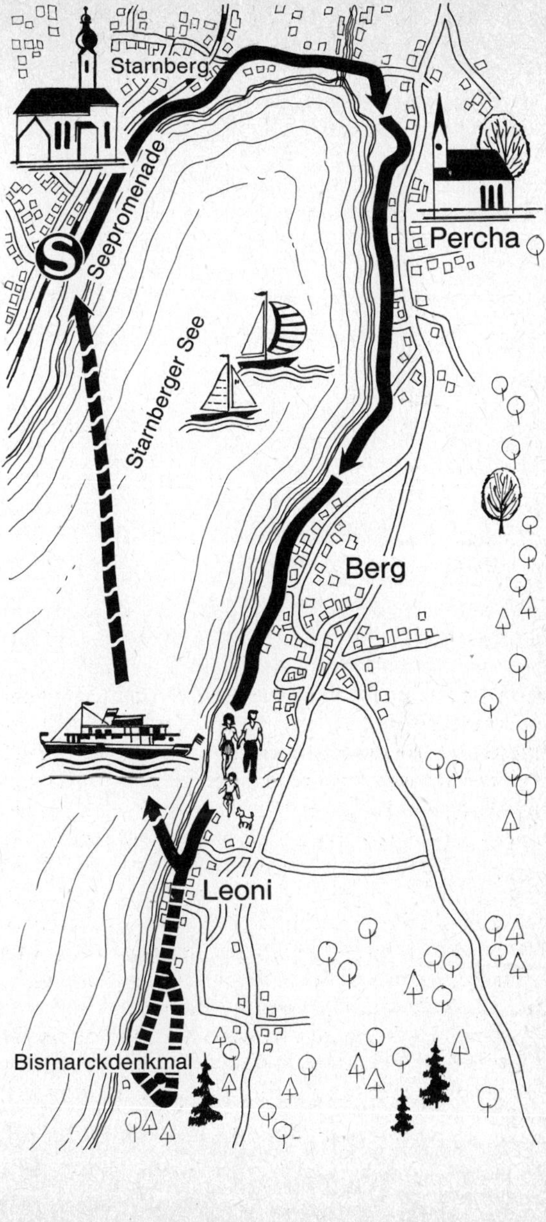

Starnberg
Seepromenade
Percha
Starnberger See
Berg
Leoni
Bismarckdenkmal

Diese Geschichte begann mit einem Mann namens Ulrich Himbsel, seines Zeichens Reeder und Kapitän (er starb im Jahre 1860 und liegt in Aufkirchen begraben). Fünfzig Jahre alt, kämpfte Himbsel 1837 gegen viele Widerstände für die Schiffahrt auf dem Starnberger See – übrigens auch für die Eisenbahnlinie München–Starnberg.
Nach der »Maximilian« im Jahre 1851 mit ihrem Fassungsvermögen von 300 Personen folgte im Jahre 1872 die »Ludwig« (bis 1936) und 1878 die »Bavaria«, ein stattliches Schiff, das Lorenz Gedon künstlerisch ausgestattet hatte. Sie tat bis 1940 ihren Dienst. Die Heckfigur, den bayerischen Wappenlöwen, stellte man zur Erinnerung am Südende der Starnberger Seepromenade auf.
Im Jahre 1886 war es die »Wittelsbach«, die mit einem Fassungsvermögen von 800 Personen bis 1950 eingesetzt wurde. 1890 folgte die »Luitpold« – tausend Passagiere – (bis 1954). Dann kam die Revolution von 1918 und die fürstlichen Namen verschwanden. Aus der »Luitpold« wurde die »München«, aus der »Wittelsbach« die »Starnberg« und aus der »Ludwig« die »Tutzing«.
Das erste Motorschiff auf dem See war 1926 die »Leoni«. Sie faßte nur 120 Passagiere und diente dem Berufsverkehr zwischen Starnberg und dem Ostufer. 1937 stach die neue »Tutzing« mit 250 Personen erstmals in See und 1948 die »Bayern«. Sie wurde für 600 Personen gebaut. 1955 wurde sie von der »Seeshaupt« mit einem Fassungsvermögen von 1200 Personen überholt. 1961 wurde die »Berg« (170 Personen) in Dienst gestellt.
Die großen Rundfahrten werden heute mit der »Bayern« und mit der »Seeshaupt« durchgeführt.

Wandern

Route: *Vom Bahnhof Starnberg über Percha, Berg nach Leoni, mit dem Schiff zurück nach Starnberg – 10 km. Die Tour ist auch für Kinder geeignet.*

Wir verlassen den S-Bahnhof Starnberg durch die Unterführung und gehen nach links zur Seepromenade. Wir folgen ihr nach Norden und biegen rechts in den Luitpoldweg ab. Über die Ne-

pomukbrücke erreichen wir den Schiffsbauerweg. Hier gehen wir rechts weiter, zweigen in den Uferweg ab und wandern nun am Ostufer des Starnberger Sees entlang bis nach Berg. Durch den Schloßpark gehen wir zur Votivkapelle und weiter bis nach Leoni.
Wenn wir Zeit haben, wandern wir noch etwa zwei Kilometer weiter und machen einen kurzen Abstecher zum Bismarckdenkmal, von dem wir eine schöne Aussicht haben.
Von Leoni aus fahren wir mit dem Schiff zurück nach Starnberg.

Der Starnberger See

Der Starnberger See ist 21 Kilometer lang, bis zu 5 Kilometer breit und bis zu 123 Meter tief. Die Uferlänge beträgt 49 Kilometer, die Wasserfläche 5700 Hektar, die Höhe über Normalnull 584 Meter.
Im Winter gefriert der See nur selten zu. Tausende durchziehender und überwinternder Wasservögel stellen sich in den kalten Monaten hier ein.
In der fischwirtschaftlichen Rangskala liegt die Renke an erster Stelle, es folgt der Aal. Die Raubfische sind vertreten durch Zander und Barsch, zu ihnen gesellen sich Hecht und Waller. Neuerdings werden auch wieder Krebsfänge gemeldet.
Der Starnberger See ist in seiner ganzen Fläche Landschaftsschutzgebiet. Es reicht im Westen noch weit in das Hinterland hinein.
Etwa die Hälfte des Seeuferzuges ist zugänglich. Längere offene Uferstücke liegen südlich von Ambach, im Ortsgebiet von Bernried und südlich daran anschließend sowie zwischen Niederpöking und Garatshausen. Neue Uferteile sollen erschlossen werden.
Im Jahre 1928 erprobte Max Valier seinen Raketenschlitten auf dem vereisten Starnberger See. Ein Jahr danach, im Jahre 1929, »landete« auf dem See das Riesenwasserflugzeug DO X.
Seit dem Jahre 1969 besteht der Verein »Freier Zugang zu den Seen«.

Wissenswert – Sehenswert

Starnberg – Würmgau-Heimatmuseum, nur 100 Meter von der Seepromenade entfernt, täglich geöffnet. Eintritt: eine Mark. Holzbau aus dem 16. Jahrhundert, interessante Innenräume. – Alte Pfarrkirche St. Josef, in den Jahren 1764 bis 1766 an der Stelle des ehemaligen Sommerhauses für die Gäste der prunkvollen Seefeste des Hofes erbaut. Hochaltar mit der Heiligen Familie, einem der reifsten Schnitzwerke von Ignaz Günther. Der Rokokobau, heute das Wahrzeichen von Starnberg, gilt als eine der besten Lösungen des alpenländischen Dorf-Kirchenbaues.
Percha – Alte Kirche St. Valentin, Ende des 15. Jahrhunderts, Votivbilder und gotische Glastafeln. Neue Kirche südlich des Ortes.
Haarkirchen – Kleine Kirche St. Peter mit Zwiebelturm. Typisch ländlich. Innen Figuren in der Art des Mörlbacher Meisters um 1500: Petrus und Paulus, auf Konsolen »rassige« zwölf Apostel.
Berg – Schloß, erbaut im Jahre 1640; 1851 und 1949 verändert. Jetzt Wohnsitz des Erbprinzen Albrecht von Bayern. Im Jahre 1876 fügte König Ludwig II. eine neugotische Kapelle an. Ausgedehnter Schloßpark von Kurfürst Ferdinand Maria, von König Maximilian I. erweitert. – Kirche St. Johann Baptist, spätromanisch, schönes Holzrelief »Marientod« mit Aposteln aus dem 15. Jahrhundert.
Votivkapelle – An der Uferböschung in neuromanischem Stil im Jahre 1900 von Architekt Julius Hofmann zum Gedenken an den tragischen Tod von König Ludwig II. am 13. Juni 1886 errichtet. Fresken von August Spiess.
Leoni – Benannt nach dem Hofopernsänger Leoni, der hier in seiner im Jahre 1824 errichteten Villa die Münchner Künstlerwelt zu Gast hatte. Eigentlich heißt der Ort Assenbuch.

Staatliche Seeschiffahrt
(Sommerfahrplan)

Starnberg–Leoni–Starnberg: täglich 9.30 – 12.15 – 18.15. Fahrzeit: 45 Minuten.

Starnberg–Leoni: 8.50 (täglich bis 3. September) – 9.30 – 11.00 – 12.15 – 13.35 – 15.00 – 16.40 – 18.15. Fahrzeit: 22 Minuten.
Leoni–Starnberg: 9.52 – 11.32 (täglich bis 3. September) – 12.37 – 13.54 – 16.04 – 18.02 – 18.37 – 19.25. Fahrzeit: 23 Minuten.

Rundfahrten
Starnberg–Seeshaupt–Starnberg: 8.50 – 11.00 – 13.35 – 15.00 – 16.40. Fahrzeit: rund drei Stunden.
Tanzfahrt jeden Samstag von Mai bis September um 20.00 Uhr ab Starnberg.

Fahrpreise:
Kleine Rundfahrt Starnberg–Leoni–Starnberg: 3,00 Mark. Große Rundfahrt Starnberg–Seeshaupt–Starnberg: 1. Klasse 7,00 Mark – 2. Klasse 6,00 Mark. Kinder von 4 bis 10 Jahren zahlen halben Fahrpreis. Die Fahrkarten werden auf den Schiffen ausgegeben.
Stand der Preisangaben und Fahrzeiten: Sommer 1972.

Einkehr am Weg

Bayerischer Hof – am Bahnhofsplatz in Starnberg. Fischerstuben.
Deutsches Haus – an der Kaiser-Wilhelm-Straße in Starnberg.
Münchner Hof – an der Maximilianstraße in Starnberg. Garten.
Zur Sonne – an der Hanfelder Straße in Starnberg. Garten. Eigene Metzgerei.
Staltacher Hof – an der Josef-Jägerhuber-Straße in Starnberg. Ruhige Lage.
Starnberger Alm – an der Schloßbergstraße in Starnberg.
Tutzinger Hof – am Tutzinger-Hof-Platz in Starnberg.
Unterbräu – an der Possenhofener Straße in Starnberg. Balkan- und jugoslawische Spezialitäten. Garten.
Gasthof Brückenwirt – in Percha. Garten.
Strand-Hotel »Schloß Berg« – in Berg. Eigener Badestrand. Garten. Tennisplatz.

11 Mit der S 6 nach Gauting

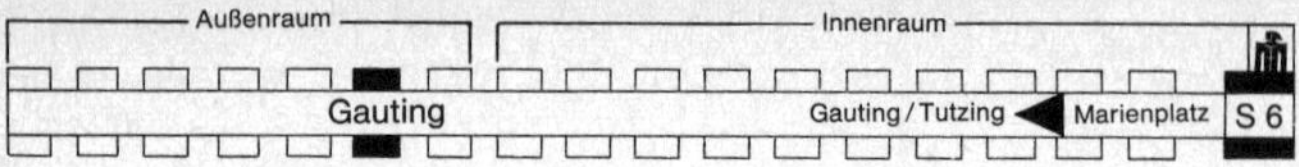

Abfahrt in München, Marienplatz			**Rückfahrt** in Gauting		
			alle 20 Minuten		
5.29	5.49	6.09	16.31	16.51	17.11
6.29	6.49	7.09	17.31	17.51	18.11
7.29	7.49	8.09	18.31	18.51	19.11
8.29	8.49	9.09	19.31	19.51	20.11
9.29	9.49	10.09			
10.29	10.49	11.09	alle 40 Minuten		
			20.51	21.31	22.11
			22.51	23.31	0.11

Der Fahrplan gilt Samstag, Sonntag und Feiertag.
Die Züge fahren alle 20 bzw. 40 Minuten, Fahrzeit ca. 30 Minuten.
Weitere Fahrzeiten im amtlichen Fahrplan.
Fahrpreise für die Hin- und Rückfahrt: München–Gauting und zurück = zweimal 3 Zonen.
Mehrfahrtenkarte zweimal 1,50 Mark. Kinder zweimal 0,30 Mark. Hunde zweimal 0,30 Mark.

»Die Landschaft ist ein Paradies«

Fünfunddreißig Meter tief reichen im Gebiet zwischen Königswiesen und Leutstetten die würmeiszeitlichen Schotterlager, einst von riesigen Gletschern aus dem Gebirge hierher transportiert. Bis auf acht Meter und weniger fallen diese Lager im Gebiet von Gräfelfing ab, wo der Schotter abgebaut, gequetscht und Tag für Tag in alle Himmelsrichtungen an die Baustellen gefahren wird.
Hier jedoch, wo das Tal der Würm gerade noch für eine schmale Straße Platz ließ, donnern kaum schwerbeladene Lastwagen

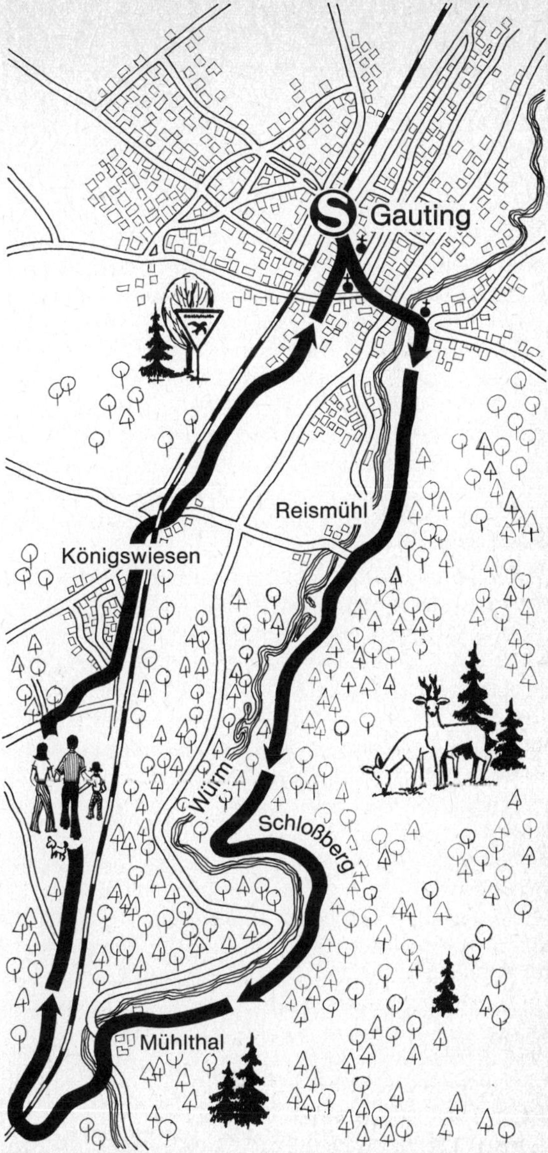
Gauting
Reismühl
Königswiesen
Würm
Schloßberg
Mühlthal

durch die noch ursprünglich gebliebene Landschaft. Nirgends sind von Menschenhand Wunden in den Moränenkamm geschlagen, um das begehrte Baumaterial auszubeuten; denn das gesamte Gebiet des Würmtaldurchbruchs mit den alten Buchenwäldern, der ursprünglichen reichen Vegetation und der selten artenreichen Fauna, wurde in weiser Voraussicht unter Landschaftsschutz gestellt. »Die Landschaft ist ein Paradies, reich an Wäldern, bringt Wein hervor und hat Eisen, Gold, Silber und Purpur im Überfluß«, so schrieb einst im achten Jahrhundert der gelehrte Freisinger Bischof Arbeo. Man trank damals, wie zu hören ist, Wein. Das Bier gab es zwar schon, aber es spielte offenbar als Volksgetränk noch nicht die Rolle von heute.
Eine gepflegte und »kultivierte« alte Landschaft ist das Würmtal. In ihr haben noch heute die Feststellungen des einstigen bayerischen Geschichtsschreibers Aventinus ihre Gültigkeit: »In den Wäldern gibt es Hirsche, Gemsen und jegliches Wildbret in Menge« (die Gemsen ausgenommen).
Und dann stelle man sich, oben am Bahnhof Mühltal soeben aus dem Zug gestiegen, den Blick ins Tal gerichtet, vor: Bis hierher reichte einmal der Würmsee, bevor der kleine Fluß gleichen Namens den Durchbruch schaffte und der Spiegel des Sees damals beinahe schlagartig um elf Meter fiel.

Wandern

Route: *Vom Bahnhof Gauting über Reismühle, Mühltal, Königswiesen zurück zum Bahnhof Gauting – 10 km. Die Tour können auch ältere wandergeübte Kinder mitmachen.*

Vom Bahnhof Gauting gehen wir über die Bahnhofstraße zur Ortsmitte, überqueren die Würm und wandern dann noch ein kurzes Stück die Münchener Straße weiter. Bei der St.-Benedikt-Kirche biegen wir nach rechts in die Leutstettener Straße ein. An der Würm entlang – wir überqueren sie nicht – kommen wir über die Reismühle, am Gschößlberg vorbei, zum Forsthaus Mühltal.
Ein kurzes Stück wandern wir hier die Teerstraße entlang und schwenken dann rechts in die Straße nach Obermühltal ein.
Wenn wir die Bahn unterquert haben, halten wir uns rechts und

gehen an der Kurve des Weges geradeaus weiter. An der Bahn entlang kommen wir nach Königswiesen. Dort gehen wir unter der Bahn hindurch und biegen gleich wieder nach links in das kräftig ansteigende Sträßchen ein. Der Weg führt uns direkt in das Ortszentrum von Gauting.

Schloß Leutstetten wird zugänglich

Um das Schloß mit Gut von Leutstetten gab es 1971 einigen Wirbel. Der Planegger Baron von Hirsch hatte es für einen beträchtlichen Geldbetrag gekauft, worauf es im Hause Wittelsbach Ärger gegeben haben soll. Immerhin: Die Prinzen Ludwig und Rasso – Ludwig betreibt eine Pferdezucht in Leutstetten, Rasso bewirtschaftet das Gut Rieden – machten von ihrem Vorkaufsrecht Gebrauch und annullierten den Kauf des Barons von Hirsch. So wurde das hübsche Landschloß für die Wittelsbacher gerettet.

Die Zukunft des Schlosses ist auch bereits entschieden: Nachdem es einige Zeit unbewohnt war, soll es jetzt wieder möbliert und der Öffentlichkeit zugänglich gemacht werden. Das Schloß hat eine interessante Vorgeschichte: Um das Jahr 1316 wurde die Karlsburg auf dem nahen Karlsberg – es muß nach alten Beschreibungen eine imposante Anlage gewesen sein – im Krieg zwischen Ludwig dem Bayern und seinem Bruder Rudolf zerstört. 250 Jahre später, im Jahre 1565, errichtete Hans Urmüller, Hofkämmerer von Herzog Albrecht V., aus den Quadersteinen der alten Burg das Schloß Leutstetten. 1875 kaufte Prinz Ludwig, ab 1913 König von Bayern, das Schloß und machte daraus ein Mustergut. Nach 1945 bewohnte es im Sommer Prinz Rupprecht. Er starb am 2. August 1955. Prinz Albrecht und Prinz Franz waren dann Eigentümer des Schlosses mit dem rund 450 Hektar großen Besitz, zu dem auch das Gut Schwaige gehört.

Wissenswert – Sehenswert

Gauting – Gotische Frauenkirche aus dem Jahre 1465, Hochaltar mit schöner, spätgotischer Madonna aus dem 15. Jahrhundert. Gute Figuren aus der Werkstatt von Johann Baptist Straub.

– Pfarrkirche St. Benedikt, ursprünglich 15. Jahrhundert, in den Jahren 1934/35 neu gebaut. Sehr schöne Glasgemälde von Johann Kistenfeger, um 1500. – Gauting ist die älteste Siedlung des Würmtales. 753 bereits in einer Schenkung an das Kloster Wessobrunn urkundlich erwähnt. Heute die größte Gemeinde des Würmtales. 1855 hatte der Ort 527 Einwohner. Die älteste Einwohnerliste aus dem Jahre 1430 sagt, daß Gauting damals von 26 Familien bewohnt war. – Aus altem karolingischem Königshof hervorgegangen, als Schnittpunkt zweier bedeutender Straßen in der Römerzeit wichtiger Handelsplatz. Alter Ortskern befand sich an den Ufern der Würm. Hier wurden auch Reste eines römischen Bades ausgegraben. 600 nach Christus gründeten Bajuwaren eine völlig neue Siedlung.

Reismühle – Ehemals »Reichsmühle«. Hier soll nach der Sage Pippins Sohn Karl der Große geboren worden sein. – Nördlich der Reismühle befand sich in römischer Zeit von 15 bis 488 nach Christus eine stattliche Niederlassung, als »Bratananium« bezeichnet, mit großem Terra-Sigillata-Lager. Reiche Funde.

Leutstetten – Auf dem Karlsberg soll im Jahre 742 Karl der Große geboren worden sein. Noch sechs andere Stätten (und auch die Länder Frankreich, Belgien und Deutschland), darunter auch Reismühle, nehmen diesen Titel für sich in Anspruch. – Ort Leutstetten schon 800 urkundlich erwähnt, ehemals agilolfingischer Besitz. – Karlsberg, einst karolingischer Besitz. Früher stand hier eine Burg, die nur über eine Hochbrücke zu erreichen war. Mauern und Türme bewehrten sie. Heute sind nur noch einige Steintrümmer und Erdwälle zu sehen. – Kirche St. Alto, erbaut zwischen 1480 und 1490, am linken Seitenaltar kostbares Hochrelief des Pfingstwunders von Erasmus Grasser. – Wirtshaus von Leutstetten: Interessantes Wirtshausschild mit drachentötendem Ritter in einem Kahn, darunter der Wirtshausstern mit Putten. Moritz von Schwind hat das Schild in sein Bild »Die Hochzeitsreise« komponiert, heute in der Schackgalerie in München.

Mühltal – Würmtaldurchbruch der schönste Teil des Würmtales. Bis hierher reichte einst der Starnberger See. – An der Brücke nach Obermühltal links: Das Giebelhaus war eine der beiden Mühlen, die schon zu Zeiten Kaiser Ludwigs des Bayern erwähnt werden. Die zweite Mühle steht noch und ist in Betrieb (neben dem Forsthaus im Tal). – Nach der ehemaligen Mühle Rund-

turm, »beim Kapeller«: Dies war um 1736 eine Eremitage, heute ist, mit angebautem Haus, darin eine Försterei. In einer Nische in der Fassade steht eine Tonfigur der Diana, von Prinzessin Irmingard gestaltet und als Hauszeichen gestiftet.
Königswiesen – Die Häuser des ehemaligen kleinen Ortes kamen 1865 an die Forstverwaltung und wurden abgerissen. Nur die Kirche blieb stehen. St. Ulrichskirchlein, spätgotisch, um 1500, mit zwiebeltürmigem Dachreiter, im Chor Wandmalereien.
Mehr über das Mühltal: Tour 6, Seite 44, Tour 21, Seite 127.

Einkehr am Weg

Bahnhofsgaststätte – am Bahnhof in Gauting.
Gasthof zum Bären – an der Pippinstraße in Gauting. Eigene Metzgerei. Garten.
Eiscafé Roma – an der Bahnhofstraße in Gauting.
Café Krapf – an der Bahnhofstraße in Gauting. Schattiger Garten.
Gasthof Würmbad – an der Grubmühlerfeldstraße in Gauting (bei der Kreuzung mit der Starnberger Straße).
Gasthof zur Post – an der Münchner Straße in Gauting. Schattiger Garten.
Gasthof Münchner Berg – an der Straße nach Neuried. Terrasse.
Bei Mario (ehemals Gautinger Hof) – Starnberger Straße. Italienische Spezialitäten.
La Tavernetta – Münchner Straße. Fischspezialitäten.
Forsthaus Mühltal – beliebte Ausflugsgaststätte im Mühltal. Große Terrasse.
Gasthaus Obermühltal – am S-Bahn-Haltepunkt Mühltal. Schattiger Garten, Terrasse.

12 Mit der S 10 nach Ebenhausen

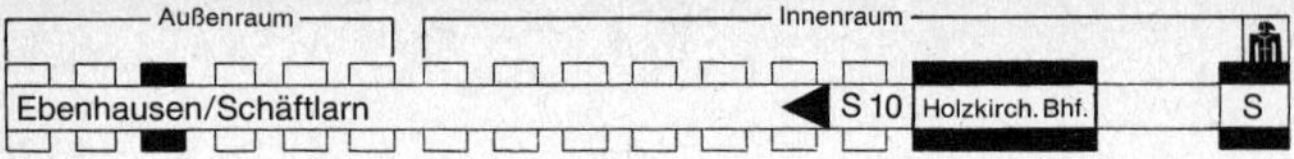

Abfahrt in München Holzkirchner Bahnhof		Rückfahrt in Ebenhausen	
5.32		14.46	
6.32	alle 60 Minuten	15.46	alle 60 Minuten
7.32	bis 23.32	16.46	bis 22.46
8.32		17.46	
9.32		18.46	

Der Fahrplan gilt Samstag, Sonntag und Feiertag.
Die Züge fahren alle 60 Minuten. Fahrzeit ca. 40 Minuten.
Die Züge fahren nur vom beziehungsweise bis zum Holzkirchner Bahnhof. Zusätzliche Züge am Samstag.
Weitere Fahrzeiten im amtlichen Fahrplan.
Fahrpreise für die Hin- und Rückfahrt: München-Ebenhausen und zurück = zweimal 4 Zonen.
Mehrfahrtenkarte zweimal 2,10 Mark. Kinder zweimal 0,30 Mark. Hunde zweimal 0,30 Mark.

Zur lustigen Tirolerin

Viele Namen und Attribute hat die Isar, der vitalste und »bayerischste« aller Alpenflüsse, im Lauf der Jahrhunderte und Jahrtausende schon bekommen. Die Römer sprachen von der »Reißenden«, die Kelten sahen in ihr die »Ungebändigte, die Wilde«, wir nennen den interessanten Flußlauf eine »Tochter der Berge«, die »grüne Isar« oder, ihrer Abstammung wegen, eine »lustige Tirolerin ...«
Unsere kleine Wanderung führt vom Bahnhof Ebenhausen hin zu einem der schönsten Aussichtspunkte hinein in das tiefe Tal, über die Pupplinger Au im Osten nach Wolfratshausen im Süden. Im Norden erkennen wir die engste Stelle des Tales bei Klo-

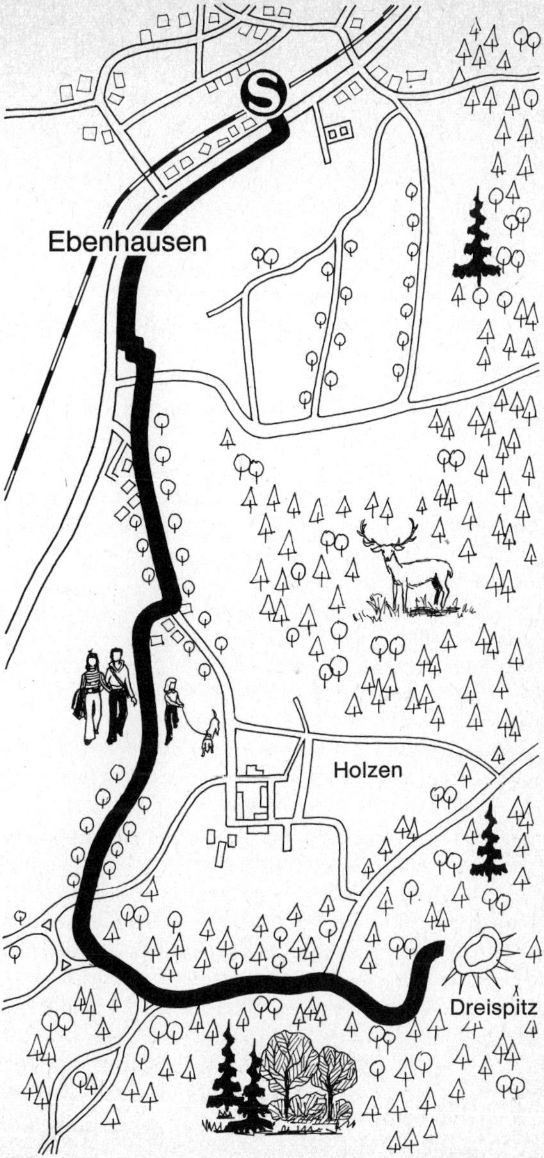
S
Ebenhausen
Holzen
Dreispitz

ster Schäftlarn. Eine reizvoll herbe Landschaft ist das Isartal bis heute geblieben, obwohl der Fluß, der dem Tal seinen Namen gab, längst nicht mehr wild oder gar ungebändigt ist.
Am ehesten wird die Isar ihrem Namen noch bei Kloster Schäftlarn gerecht. Dort, beim Bruckenfischer, wird das Tal eng und kantig, ungemütlich beinahe. Die Landschaft ist in ihrer Ursprünglichkeit hier noch am besten erhalten. Dabei ist sie gar nicht so alt. Vor 20 000 Jahren noch – geologisch gesehen keine lange Zeit – gab es in der Umgebung von Wolfratshausen einen riesigen Gletscher mit einem Durchmesser von etwa 100 Metern. Aus der mächtigen Eiszunge quollen Schmelzwasser und schütteten im Lauf von Jahrzehnten und Jahrhunderten die Schotterebene vor München auf. Eine Isar, die nach München floß, gab es damals noch nicht. Erst später gelang es der »Tochter der Berge«, sich durch den aus Deckenschotter und Nagelfluh bestehenden Endmoränenzug zu graben und ein kanonartiges tiefes Tal zu bilden.

Wandern

Route: *Von Ebenhausen über Holzen zum »Dreispitz« und zurück – 2,5 km. Die Tour können auch kleinere Kinder mitmachen.*

Vom S-Bahn-Haltepunkt Ebenhausen gehen wir links auf dem Gehsteig längs der Ortsdurchfahrt (Bundesstraße 11) südwärts in Richtung Icking.
Am Ende des Gehweges wandern wir links aufwärts zum Waldrand, wo bei einer Wegtafel unser Pfad beginnt und sich in dem schmalen Waldstreifen neben der Bundesstraße hinzieht. Wenn wir ihn verlassen, kreuzen wir einen Fahrweg (den »Rodelweg«), passieren eine vor uns liegende kleine Grünfläche und kommen am Anfang der nördlichen Zufahrtsallee zum Gut Holzen.
Wir folgen der Kastanienallee etwa 400 Meter weit und biegen dann kurz vor dem Transformatorenturm in einen nach rechts führenden Fahrweg ein, der sich zwischen Gartenzäunen in leichter Steigung nach links biegt, zur Rechten eine Garage liegen läßt und schließlich nach dem Passieren einer Waldparzelle auf die Felder hinaustritt. Hier beginnt eine schöne alte Lindenallee, durch die wir weitergehen, bis sich an ihrem südlichen Ende un-

ser Pfad am Rande einer alten Kiesgrube steil hinuntersenkt zu einem Sträßchen, das von Icking her durch die südliche Zufahrtsallee zum Gut Holzen führt.
Bei einer alten Kastanie überqueren wir das Sträßchen und gehen am Waldrand (oder einige Meter innerhalb desselben) weiter, bis wir an einer Wegtafel wieder auf einen Fahrweg treffen. Wir wenden uns bei der Tafel nach rechts und erreichen nach etwa 40 Metern ein von drei Fahrwegen begrenztes, mit Birken bestandenes Geländedreieck, den »Dreispitz«, mit schöner Aussicht nach Süden.
Für den Rückweg wählen wir die gleiche Route.
(Ein Wandervorschlag des Isartalvereins)

Die Pupplinger Au – ein Geschenk der Isar

Das Naturschutzgebiet der Pupplinger Au ist ein Geschenk der Isar an die Bewohner des Oberlandes und insbesondere an die Münchner. Sie hat die reiche Flora an Alpenblumen und anderen Alpengewächsen einst aus dem Gebirge hierher gebracht und an den unzähligen Kiesbänken abgeladen.
Auf dem östlichen Ufer der Isar erstreckt sich die Pupplinger Au zwischen Wolfratshausen und Icking. In einer Länge von 14 Kilometern und einer Breite von 4,5 Kilometern wurde die Au vom Landratsamt Wolfratshausen zum Naturschutzgebiet erklärt. Heute sieht man die urtümliche, überaus wertvolle Landschaft durch den Ansturm der Erholungssuchenden gefährdet. Staatliche Stellen werden angerufen, um diese Landschaft auch für zukünftige Generationen zu erhalten. Seitdem der Münchner Architekt Gabriel von Seidl im Jahre 1900 den Isartalverein gegründet hatte, kaufte der Verein 16 Naturschutzgebiete mit mehr als 20 Hektar Fläche auf.
Im vorigen Jahrhundert waren es die Maler, die Münchens Landschaft hier, im letzten Stück der Ur-Isar, zu entdecken begannen. Maler wie Edmund Schleich, Hagemeister, Haider oder Wenglein und Pietzsch – sie liebten diese Landschaft und den herrlichen Blick nach Süden bis hinein zur Benediktenwand und hinauf zur Zugspitze.
Da wandert man in Waldstrecken, springt über Tümpel, entdeckt abenteuerliche Gestalten von Wacholderbüschen, seltene

Schmetterlinge flattern zwischen forellenfrischen Bächen und lassen sich auf vermoosten Baumstämmen nieder. Da sehen wir Pflanzen, die Botaniker als Raritäten ansehen: Gipskraut, Alpenleinkraut, Silberwurz und Steinbrech gehören zu ihnen. Der Blumenfreund wird bisweilen auch vom Frühlingsenzian überrascht, von der rundblättrigen Felsenbirne, er findet den Seidelbast, den so seltenen Frauenschuh, die Alpenrebe oder verschiedene Orchideenarten. Und das Schöne an alledem: Es wächst und wuchert in einem einzigartigen Wildgarten, und dazu noch so nahe vor der Millionenstadt München.

In Tirol geboren – in Bayern aufgewachsen

In Tirol ist sie geboren, unsere »grüne Isar«, doch sehr früh schon verläßt sie ihr Heimatland, um sich, ein kurzes Stück auf österreichischem, dann aber voll auf bayerischem Boden zu entfalten. Recht ungeordnet und ungezügelt – so, als wüßte sie nicht recht, was sie eigentlich will – beginnt sie im Tirolerischen, hoch oben im Karwendel. Überschalljoch, Spekkarspitze: Geriesel, Geplätscher, hier ein kleines Rinnsal, dort ein Wassergerinne auf steinigem Boden – eine Isar ist das noch nicht. Lafatscherbach nennt sie sich etwas schamhaft zuerst, dann aber, nach einem Gefälle von 900 Metern, kräftig und vital geworden – einige Zuflüsse haben sich ihr inzwischen anvertraut – ist sie endlich da, die Isar. Aus mehreren Quellbächen hat sie sich bei Scharnitz stattlich herausgemacht und betritt nun bei Mittenwald bayerischen Boden. Sie erreicht bei Bad Tölz die Hochebene und schlängelt und windet sich auf Bayerns Metropole München zu. Dort freilich wird sie etwas schwächer. Der Mensch, der Industriemensch, macht ihr zu schaffen. So fließt sie, ein bißchen »alt« geworden, bei Deggendorf in die Donau.

283 Kilometer legt sie auf dem Weg vom Karwendel bis zur Donau zurück. 1500 Meter Gefälle überwindet sie dabei und sie speist unterwegs zahlreiche Elektrizitätswerke mit ihrer Wasserkraft. Die Hauptmasse des Wassers am Oberlauf wird bei Wallgau durch den Obernachstollen in den Walchensee geleitet. Es gelangt durch den Walchensee und Kochelsee in die Loisach und mit ihr bei Wolfratshausen wieder in die Isar zurück.

Bei dem durch Ludwig Ganghofer bekannt gewordenen Ge-

birgsdorf Fall wird die Isar im Sylvensteinspeicher aufgestaut. Acht Jahre lang, von 1950 bis 1958, wurde daran gebaut. Sein Vorzug: Die Niederwasser der Isar sind seitdem kräftig aufgebessert worden. Ein anderer guter Nebeneffekt: Die einst bis nach München gefürchteten Hochwasser bleiben großenteils aus. Vor dem Bau des Speichers nämlich hatten sich jedes Jahr regelmäßig im Frühjahr nach der Schneeschmelze riesige Wassermassen gebildet, die sich ungehindert bis nach München wälzen konnten. Jetzt fängt der Stausee einen Großteil der Hochwasser ab und gibt den Wasservorrat erst langsam, nach und nach, im Laufe des Jahres an die Isar ab.
Die einst Wilde, die Reißende ist heute gebändigt, und doch hat das Isartal nichts von seiner ursprünglichen Schönheit und Ausstrahlung verloren. Der Wanderer und der Naturfreund empfinden den Fluß als heiter, fröhlich, jugendlich. Die wohl schönsten Attribute, die man einem Flußlauf geben kann.
Mehr über das Isartal: Tour 15, Seite 95, Tour 17, Seite 104, Tour 19, Seite 115.

Einkehr am Weg

Gasthof zur Post – an der Wolfratshauser Straße in Ebenhausen.
Zum Ratskeller – Weinstube, Café, Grillrestaurant an der Starnberger Straße in Hohenschäftlarn.
Gastwirtschaft Schlee – an der Bahnhofstraße in Hohenschäftlarn.

13 Mit der S 2 nach Sauerlach

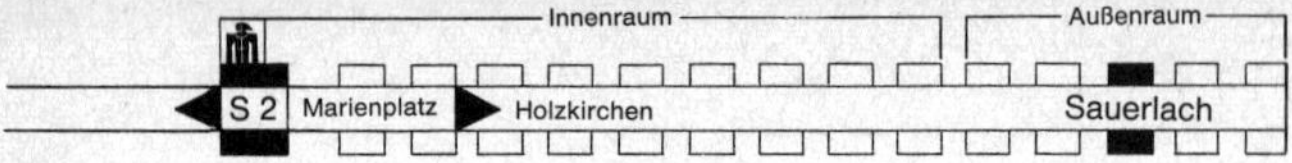

Abfahrt
in München, Marienplatz

Marienplatz	Deishf. an	Deishf. ab	Sauerlach
6.33	6.59	7.03	7.07
7.13	7.39	7.43	7.47
7.53	8.19	8.23	8.27
8.33	8.59	9.03	9.07
9.13	9.39	9.43	9.47

Rückfahrt
in Sauerlach

Sauerlach	Deishf. an	Deishf. ab	Marienplatz
20.18	20.24	20.27	20.55
20.58	21.04	21.07	21.35
21.38	21.44	21.47	22.15
22.18	22.24	22.27	22.55
22.55	23.00	23.07	23.35

Der Fahrplan gilt Samstag, Sonntag und Feiertag.
Hin- und Rückfahrt: Umsteigen in Deisenhofen, Fahrzeit ca. 35 Minuten.
Weitere Fahrzeiten im amtlichen Fahrplan.
Fahrpreise für die Hin- und Rückfahrt: München–Sauerlach und zurück = zweimal 4 Zonen.
Mehrfahrtenkarte zweimal 2,10 Mark. Kinder zweimal 0,30 Mark. Hunde zweimal 0,30 Mark.

Wir wandern durch den Forst

Wir wollen wieder einmal die Lungen durchblasen und frische, reine Luft atmen: Wir wandern durch den Forst... diesmal durch den, der Deisenhofener heißt.
Ausgangspunkt für die Wandertour ist der hübsche Ort Sauer-

lach mit seiner leuchtend hellen Kirche und den einladenden Wirtshäusern. Zwischen bebauten Feldern hindurch haben wir bald den Wald erreicht, einen gepflegten Forst. Die Wege sind übersichtlich angelegt, wir können uns kaum verlaufen, zumal Hinweisschilder immer wieder die Richtung angeben.

In den letzten Jahren wurde das Gelände rund um die uralte St. Annakapelle hübsch angelegt. Bänke bieten sich an, und wenn wir eine Brotzeit eingepackt haben, können wir sie hier auspakken und uns für den Weitermarsch stärken. Abfallkörbe stehen bereit, so daß niemand das Papier frei in der Gegend liegen lassen muß.

Wenn wir ein wenig Phantasie haben, können wir uns an diesem idyllischen Plätzchen leicht die einstige Gestalt des Waldes vorstellen. Fichten und Kiefern gab es kaum, dafür umsomehr Buchen und Eichen. Der Wald war allerdings mit dichtem Unterholz versehen. Wilde Tiere gab es in großen Mengen: Der Wald war zu jener Zeit noch recht gefährlich. Heute ist er nahezu nur

noch eine »Holzfabrik«, wenngleich man mehr und mehr auch seine wichtige Funktion als Erholungswald erkennt. Im Programm Freizeit und Erholung hat die Bayerische Staatsregierung ein Langzeitprogramm aufgestellt, nach dem unter anderem auch die nahen Forste rund um München ausgebaut werden sollen. Dazu gehören vor allem Radl- und Wanderwege, Waldlehrpfade, Ruheplätze und Parkmöglichkeiten an den Waldrändern.
1900 Hektar groß ist der Deisenhofener Forst noch heute. Im Vergleich dazu: Höhenkirchner Forst 2900 Hektar, Hofoldinger Forst 3000 Hektar, Grünwalder Forst 2400 Hektar, Perlacher Forst 1500 Hektar, Forstenrieder Park 3900 Hektar und Forst Kasten 1200 Hektar.

Wandern

Route: *Vom Bahnhof Sauerlach durch den Deisenhofener Forst zur St. Annakapelle, St. Ulrichskapelle über Lanzenhaar zurück nach Sauerlach – 7 km. Die Tour ist nicht schwierig, auch Kinder können mitgehen.*

Vom Bahnhof Sauerlach aus gehen wir zur Münchner Straße, folgen dieser rechts (Gehweg), biegen in die Schmiedstraße links ein – hier kommen wir an einem sehr alten bayerischen Holzhaus vorbei –, gehen am Vorfahrtszeichen etwa 150 Meter nach links und biegen in die Deisenhofener Straße ein. An der Abzweigung gehen wir den Stauchartinger Weg geradeaus weiter.
Der Weg führt uns bald in den Deisenhofener Forst direkt zur kleinen Waldlichtung an der St. Annakapelle. Ein erholsames Fleckchen wurde hier mit viel Liebe und Sorgfalt geschaffen. Bänke laden in der friedlichen Stille zum Verweilen ein.
An der Kapelle zieht sich unser Weg – nach einem halben Kilometer biegen wir halb rechts ab – unter der Bahn hindurch zur St. Ulrichskapelle. Der hübsche Bau ist von Lärchen umgeben und fast ganz eingewachsen.
Wir verlassen jetzt den Wald und wandern nach Lanzenhaar weiter und an der B 13 (Tegernseer Landstraße) auf einem eigenen Fußgängerweg zurück nach Sauerlach. (Nur bei ruhiger Verkehrslage zu empfehlen.)
Wer den Verkehr scheut, nimmt folgende Route: Bei der St. Ulrichs-Kirche rechts etwa 250 Meter am Waldrand entlang, dann halbrechts durch einen Ausläufer des Deisenhofener For-

stes. Die Richtung beibehaltend erreichen wir schließlich über freies Feld den Ausgangspunkt unserer Tour in Sauerlach.

Wir kreuzen eine Römerstraße

Römerstraßen findet man allenthalben in unserer Gegend. Sie tauchen plötzlich mitten im Gelände auf, auf freiem Feld, in Wäldern, auf Wiesen – oft aber auch als noch benützte Straßen, mit einem Teerbelag versehen.
Bisweilen ist es auch ein Gedenkstein, der uns an eine solche Straße erinnert. Eine solche? *Die* Römerstraße im Süden Münchens verband die Städte Salzburg und Augsburg miteinander. Es gab Verbindungsstraßen und Zufahrtswege. Diese bedeutendste der einstigen Römerstraßen, teilweise heute noch benützt, kreuzen wir auf unserer Wanderung, wenn wir von der St. Ulrichskapelle aus wieder auf die vielbefahrene Straße zwischen Haching und Sauerlach gestoßen sind. Hier gehen wir südwärts durch Lanzenhaar. An der Waldbausiedlung Sauerlach macht der Fußweg eine Ausbuchtung nach links: Hier steht ein kleiner Obelisk, und noch deutlich können wir lesen, daß hier einmal die Straße von Juvavum (Salzburg) nach Augusta Vindelicorum (Augsburg) kreuzte. Nach Osten zu führte sie von hier aus weiter über Otterloh, Hofolding und Kleinhelfendorf. Gegen Westen können wir den Verlauf dieser Straße über Laufzorn, Grünwald, Buchendorf und in der Gegend von Gauting noch gut verfolgen. In Gauting wird die einstige Römerstraße – mit Teerdecke – noch heute benützt. Vor 2000 Jahren angelegt, diente die Straße vor allem als Heerstraße. Aus den Garnisonen entlang der Straße marschierten die römischen Kohorten nach Augsburg oder Salzburg.
Von dieser wichtigsten südbayerischen Straße sagte Aurelius Victor im vierten Jahrhundert n. Chr., daß man auf ihr bequem vom Schwarzen Meer bis nach Gallien (Frankreich) reisen könne.
Gut erkennt man noch heute entlang der Römerstraßen bisweilen die Aushubgruben zu beiden Seiten, aus denen Militär- und Arbeiterkolonnen das Material für die ursprünglich wohl zwei Meter hohe und an der Basis zehn Meter breiten Straßen entnommen haben.
Von Schottland bis nach Afrika reichte das große römische Stra-

ßennetz. Mehr als 100 000 Kilometer konnte man auf ihnen zu jener Zeit fahren. Die noblen Römer reisten bequem, wenn sie beispielsweise nach Augsburg fuhren. Sie saßen in gefederten Wagen mit gepolsterten Sesseln. Mit allerlei Spielen vertrieben sie sich unterwegs die Zeit. Auf Klapptischen konnten sie schreiben oder auch kleine Mahlzeiten einnehmen. Besonders gut gestellte Römer fuhren in Spezialwagen, in denen es Aktenständer gab und Schreibtische. Unterwegs diktierten sie ihren Sekretären. Nachdem sie im Jahre 15 v. Chr. das Land südlich der Donau erobert hatten, gehörte es ein halbes Jahrtausend lang zum römischen Reich. In den Orten, die wir auf unserer Tour durchwandern, hatten sich die Römer angesiedelt. Zahlreiche Funde aus der Zeit der römischen Kaiser von Trajan bis Kaiser Probus, 98 bis 282 n. Chr., geben Zeugnis vom Leben jener Zeit im Hachinger Tal.

Wissenswert – Sehenswert

St. Annakapelle – Bis um das Jahr 1800 stand hier auf der Waldlichtung das Dorf Staucharding. Dann fielen die Häuser der Aufforstung zum Opfer, nur das Kirchlein durfte stehenbleiben. Am 26. Juli, dem Anna-Tag, hielten die Bauern aus der Umgebung in früheren Jahren einen feierlichen Umritt, ähnlich dem Leonhardiritt.

St. Ulrichskirchlein – bei Lanzenhaar. Die kleine von Lärchen umgebene Kirche stammt aus dem 15. Jahrhundert. Der achtekkige Spitzturm ist mit Schindeln gedeckt. In dem gewölbten Chor steht ein Hochaltar aus dem Jahre 1650.

Sauerlach – Der Ort wird bereits im 8. Jahrhundert urkundlich erwähnt. Seit dem 11. Jahrhundert war er Edelsitz. Die Pfarrkirche St. Andreas wurde Mitte des 18. Jahrhunderts errichtet, der Erweiterungsbau ist neueren Datums.

Einkehr am Weg

Gasthaus Neuwirt – in Sauerlach, Bahnhofstraße. Schöner großer Garten, schattig.

Zum Glaslwirt – in Sauerlach, Von-Aystetter-Straße. Abseits und ruhig gelegen.

Café Babl – in Sauerlach am Ortweg, etwa 100 Meter von der Eisenbahnbrücke entfernt. Kleiner gepflegter Garten.

Mit der S 5 nach Herrsching **14**

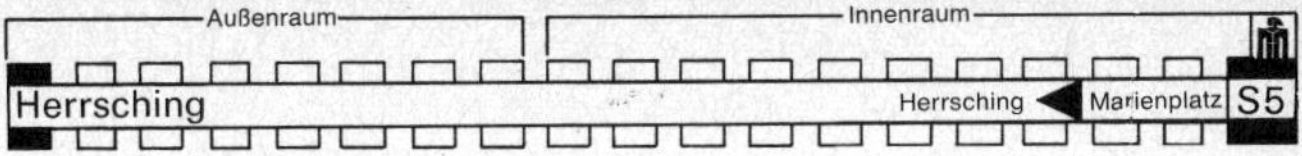

Abfahrt in München, Marienplatz			Rückfahrt in Herrsching		
6.59	7.39	8.19	10.36	11.16	11.56
8.59	9.39	10.19	12.36	13.16	13.56
10.59	11.39	12.19	14.36	15.16	15.56
12.59	13.39	14.19	16.36	17.16	17.56
14.59	15.39	16.19	18.36	19.16	19.56
16.59	17.39	18.19	20.36	21.16	21.56

Der Fahrplan gilt Samstag, Sonntag und Feiertag.
Die Züge fahren alle 40 Minuten, Fahrzeit ca. 55 Minuten.
Weitere Fahrzeiten im amtlichen Fahrplan.
Fahrpreise für die Hin- und Rückfahrt: München–Herrsching und zurück = zweimal 6 Zonen.
Mehrfahrtenkarte zweimal 3,30 Mark, Kinder zweimal 0,60 Mark. Hunde zweimal 0,60 Mark.

Zum verschwundenen Dorf

Nur ein einfacher Gedenkstein, von Waldpflanzen überwuchert, erinnert noch daran, daß einmal auf halber Höhe zwischen Wartaweil und Erling der Weiler Ramsee stand. Sechs stattliche Bauernhöfe zählte er und 40 Einwohner lebten hier. Da brach ein Brand aus und äscherte den größten Teil der Siedlung ein. Im Jahre 1860 kaufte der Bayerische Staat die letzten beiden Höfe, riß sie ab und forstete das ganze Gelände auf. Die kleine Kirche blieb zunächst stehen, bis auch sie im Jahre 1864 der Spitzhacke zum Opfer fiel.
Ein Gedenkstein wurde gesetzt, vor mehr als 100 Jahren, um die nachfolgenden Generationen an die einstige Siedlung zu erinnern.

Auf dem Weg zum Ramsee-Denkmal kommen wir am Schlößchen Mühlfeld mit seiner charakteristischen alten Mauer vorbei. Herzog Wilhelm V. hatte es im Jahre 1597 den Benediktinern geschenkt. Es diente den Mönchen von Andechs daraufhin als Sommeraufenthalt. Heute befindet sich das Schloß in Privatbesitz.

Wandern

Route: *Vom Bahnhof Herrsching am See entlang, vorbei am Schloß Mühlfeld, durch den Wald zum Ramsee-Denkmal, zurück nach Herrsching – 12 km. Auch für größere Kinder möglich.*

Am Bahnhofsplatz in Herrsching, den wir nach Verlassen des S-Bahn-Zuges betreten, gehen wir die Straße »Landungssteg« bis zur Seestraße, auf ihr nach rechts zum See hinunter, folgen links der Seepromenade in südlicher Richtung, vorbei am ehemaligen Seebad Schlamp und am Seglerhafen (!) und erreichen nach gut einem Kilometer das Gelände von Schloß Mühlfeld. Der Durchgang, früher gesperrt, bringt uns zur vielbefahrenen Mühlfelder Straße, die am Ostufer des Sees entlang nach Weilheim führt. Vor uns sehen wir am Wald die Straße nach Andechs, die in einer kräftigen Steigung in Erling schließlich den höchsten Punkt erreicht.
Doch zurück zu unserem Standpunkt, dem Schloß Mühlfeld. Wir überqueren die Straße und gehen etwa 200 Meter in südlicher Richtung. Nach links zweigt hier, von den Viehweiden mit Drahtzäunen abgegrenzt, ein Weg ab, auf dem wir weitergehen, der aber nach etwa einem Kilometer plötzlich aufhört. An dieser Stelle wandern wir nach rechts quer durch den Wald, etwa 500 Meter, und erreichen so die Ramsee-Höhenstraße. Ihr folgen wir nach links in der gleichen Richtung, in der wir vorher gegangen sind. Nach einem halben Kilometer treffen wir auf eine Abzweigung. Wir bleiben auf dem rechts weiterführenden Weg und kommen direkt zum Ramsee-Denkmal.
Am Denkmal ändern wir die Richtung: Wir halten jetzt nach Osten (links) zu. Nach der kleinen Brücke kreuzt eine Querstraße. Den eingeschlagenen Weg beibehaltend, erreichen wir bald eine Stelle, an der sich sechs Straßen und Wege kreuzen. Wir

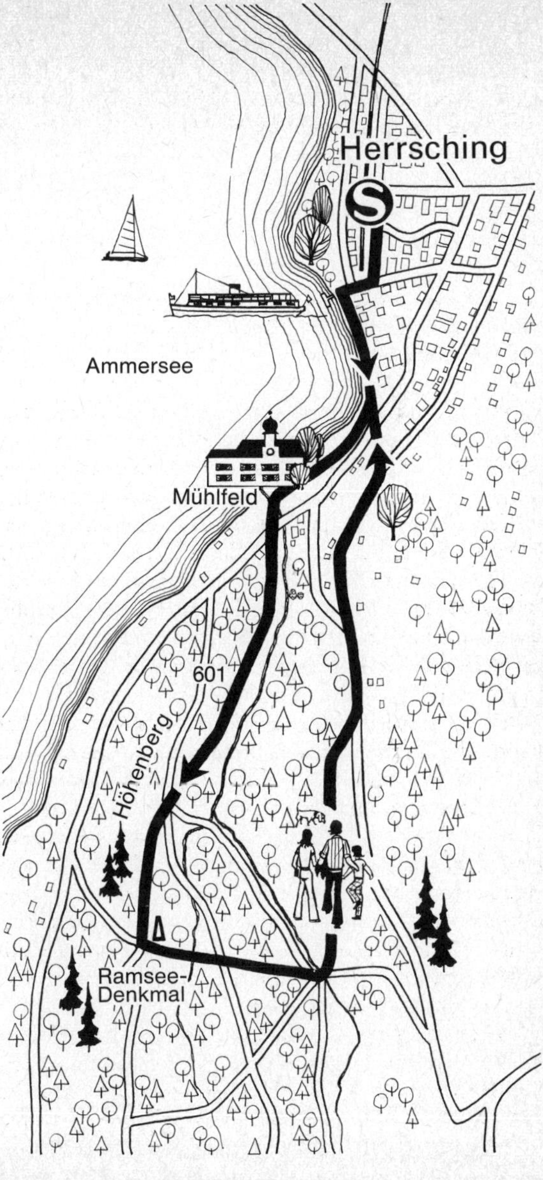
Herrsching
Ammersee
Mühlfeld
601
Höhenberg
Ramsee-
Denkmal

lassen die erste, links abzweigende Straße liegen und folgen dem ebenfalls links abzweigenden Waldweg, gleich daneben.
Nach gut einem Kilometer stoßen wir auf die Andechser Straße. Ihr folgen wir talabwärts etwa 400 Meter. Dann überqueren wir die Fahrbahn und gehen auf der Panoramastraße (Achtung: Bei der Kurve links weitergehen!), die Mühlfelder Straße überquerend, hinunter zum See. Über die Seepromenade, die Seestraße und die Straße »Landungssteg« kommen wir wieder zum Ausgangspunkt unserer Tour, zum S-Bahnhof Herrsching.

Staatliche Seeschiffahrt

(Sommerfahrplan)

Schiffe in Richtung Dießen:
8.40 Uhr: Herrsching – Dießen – St. Alban – Riederau – Herrsching. Fahrzeit: 64 Minuten.
10.02 Uhr: Herrsching – Riederau – St. Alban – Dießen – St. Alban – Riederau – Herrsching. Fahrzeit: 85 Minuten.
11.35 Uhr, nur an Sonntagen und Feiertagen, Herrsching – Riederau – St. Alban – Dießen – Herrsching. Fahrzeit: 70 Minuten.
12.20 Uhr: Herrsching – Riederau – St. Alban – Dießen – St. Alban – Riederau – Herrsching. Fahrzeit: 97 Minuten.
14.05 Uhr: Herrsching – Dießen – St. Alban – Riederau – Herrsching. Fahrzeit: 66 Minuten.
14.30 Uhr, nur an Sonntagen und Feiertagen, Herrsching – Dießen – Herrsching. Fahrzeit: 65 Minuten.
15.20 Uhr: Herrsching – Dießen – St. Alban – Riederau – Herrsching. Fahrzeit: 73 Minuten.
16.42 Uhr: Herrsching – Riederau – St. Alban – Dießen – St. Alban – Riederau – Herrsching. Fahrzeit: 89 Minuten.
17.30 Uhr, nur an Sonntagen und Feiertagen, Herrsching – Riederau – Dießen – Herrsching. Fahrzeit: 63 Minuten.
19.02 Uhr: Herrsching – Dießen – St. Alban – Riederau – Herrsching. Fahrzeit: 66 Minuten.
Schiffe in Richtung Stegen:
9.45 Uhr: Herrsching – Holzhausen – Utting – Breitbrunn – Schondorf – Buch – Stegen. Fahrzeit: 70 Minuten.
11.35 Uhr: Herrsching – Holzhausen – Utting – Breitbrunn – Schondorf – Buch – Stegen. Fahrzeit: 71 Minuten.

15.50 Uhr, nur Sonntag und Feiertag, Herrsching – Breitbrunn – Buch – Stegen. Fahrzeit: 34 Minuten.
14.05 Uhr: Herrsching – Holzhausen – Utting – Breitbrunn – Schondorf – Buch – Stegen. Fahrzeit: 72 Minuten.
15.43 Uhr: Herrsching – Breitbrunn – Buch – Stegen. Fahrzeit: 45 Minuten.
16.39 Uhr: Herrsching – Utting – Schondorf – Stegen. Fahrzeit: 56 Minuten.
18.15 Uhr: Herrsching – Holzhausen – Utting – Breitbrunn – Schondorf – Buch – Stegen. Fahrzeit: 70 Minuten.
18.45 Uhr, nur Sonntag und Feiertag, Herrsching – Utting – Schondorf – Stegen. Fahrzeit: 55 Minuten.
20.09 Uhr: Herrsching direkt nach Stegen. Fahrzeit: 45 Minuten.

Fahrpreise für Rundfahrten:
Nördliche Rundfahrt; Herrsching – Stegen – Herrsching: 5,00 Mark.
Südliche Rundfahrt, Herrsching – Dießen – Herrsching: 3,50 Mark.
Kombinierte Rundfahrt: 6,50 Mark.
Kinder von vier bis zehn Jahren zahlen halben Fahrpreis.
Stand der Zeitangaben und Fahrpreise: Sommer 1972.

Ein Paradies der Vögel

Der Ammersee liegt im Gebiet des ehemaligen Ammersee-Gletschers, des westlichsten und zugleich größten Zweigbeckens des Isar-Gletschers. Der heutige See füllt den tiefstgelegenen zentralen Teil dieses Zweigbeckens aus und ist von Moränenwällen umgeben. Darüber hinaus bestimmen weite Verlandungsflächen im Norden und Süden des Sees das Bild der Ammerseelandschaft. Große Waldgebiete und landwirtschaftlich genutzte Flächen überziehen die Höhen westlich und östlich des Sees.
Von den früher am Ammerseeufer und den umliegenden Höhen verbreiteten Pflanzengesellschaften sind heute nur noch an wenigen Stellen geringe Restbestände erhalten geblieben. Es sind dies insbesondere die wertvollen Röhrichtzonen auf den Verlandungsflächen im Süden und Norden des Sees, südwestlich von Lochschwab und im Bereich des Röthelmooses nördlich von Dießen. Das gesamte Ammerseegebiet spielt für die Vogelwelt

eine bedeutende Rolle. Vor allem sind das Süd- und das Nordufer der Lebensraum für eine artenreiche Brutvogelwelt. Im Winter, wenn die Buchten des Sees zufrieren, weichen die Vögel auf die offene Seefläche aus. Dann rasten oft mehr als 30 000 Schwimmvögel auf dem Ammersee.
Für die Fischerei ist im Ammersee die Renke der bedeutendste Fisch. Ihr folgt an zweiter Stelle der Aal. Berufs- und Sportfischer schätzen daneben vor allem die Brachse, den Hecht, Zander, Schleie und Karpfen.
Mehr über das Ammerseegebiet: Tour 1, Seite Seite 19, Tour 7, Seite 49, Tour 20, Seite 121.

Einkehr am Weg

Strandhotel Seehof – am Kurpark in Herrsching. Café-Terrasse am See.
Gasthof Zur Post – das älteste Gasthaus in Herrsching, zentral gelegen, schattiger Biergarten. Eigene Metzgerei.
Haus Seewinkel – direkt am See in Herrsching. Eigener Badestrand mit Steg und Liegewiese. Ruhige Lage am Kurpark. Geöffnet von Mai bis September.
Café Promenade – am See in Herrsching. Große Terrasse, ganzjährig geöffnet. Restaurant und Café für Anspruchsvolle.

Mit der S 10 nach Wolfratshausen 15

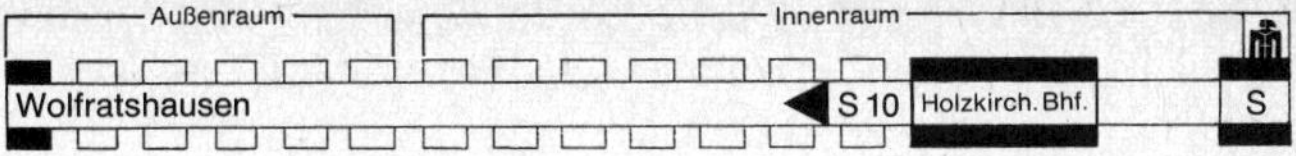

Abfahrt in München Holzkirchner Bahnhof		Rückfahrt in Wolfratshausen	
5.32		14.35	
6.32	alle 60 Minuten	15.35	alle 60 Minuten
7.32	bis 23.32	16.35	bis 22.35
8.32		17.35	
9.32		18.35	

Der Fahrplan gilt Samstag, Sonntag und Feiertag.
Die Züge fahren alle 60 Minuten, Fahrzeit ca. 50 Minuten.
Die Züge fahren nur vom bzw. bis zum Holzkirchner Bahnhof.
Weitere Fahrzeiten im amtlichen Fahrplan.
Fahrpreise für die Hin- und Rückfahrt: München–Wolfratshausen und zurück = zweimal 5 Zonen.
Mehrfahrtenkarte zweimal 2,10 Mark. Kinder zweimal 0,60 Mark.

Rastplatz auf dem Weg nach Süden

Den Ortskern von Wolfratshausen bildet heute wie ehedem die Marktstraße. Seit urdenklichen Zeiten gilt sie als wichtiger Rastplatz auf dem Weg nach Italien. Ein Rastplatz, der wegen seiner hervorragenden Gastlichkeit gerühmt wurde und wird.
Städtebaulich reizvoll ist Wolfratshausen in diesem seinem alten Kern. Die Häuser mit den buntbemalten Fassaden und den weit ausladenden Dächern verraten die nahe Verwandtschaft mit dem Baustil im Isarwinkel.
Neben der sehenswerten Stadtpfarrkirche und dem Rathaus breiten sich Gasthöfe in einladender Behäbigkeit zwischen schmalbrüstigen Häusern aus. Ein Bild, das Geborgenheit ausstrahlt und zum Verweilen einlädt. Heute ist die Straße ein lebendiges Einkaufszentrum geworden. Aus dem weiten Umkreis kommen die Landbewohner »in die Stadt«, um sich mit den le-

bensnotwendigen und auch den nicht so notwendigen Dingen einzudecken.

Wie die Jahresringe um den Baum schmiegen sich die neueren Stadtviertel um den alten Ortskern: Die Behörden- und Schulstadt mit dem Bahnhof als Endhaltepunkt der Münchner S-Bahn, Eigenheimsiedlungen und Wohnanlagen. Grünanlagen und Baumbestände durchziehen die Stadt und leiten in eine großartige Alpenlandschaft über. Am südlichen Horizont, oft zum Greifen nahe, die Alpenkette mit der Zugspitze, Deutschlands höchstem Berg. Getrost darf man Wolfratshausen als ein Zentrum für Wanderer bezeichnen. Ein ganzes Netz von Wanderwegen erschließt das bäuerliche Land mit seinen Weiden, Hochmooren, Weihern und Seen, mit schmucken Dörfern, prächtigen Kirchen und Klöstern. Stattliche Bauernhöfe auf beherrschenden Höhen künden von der vielhundertjährigen Geschichte freien Bauerntums im bayerischen Oberland. Als besonderes Erlebnis gelten die Floßfahrten, die von Wolfratshausen aus auf der Isar veranstaltet werden. Dabei geht es meist recht feucht-fröhlich zu. Alte Uferwirtshäuser werden gern angesteuert, und so mancher verläßt eine solche Wasserfahrt im Seemannsgang.

Wandern

Route: *Ein Bummel durch die Stadt, über Weidach, Nantwein zurück zum Bahnhof. Die Tour können auch Kinder mitmachen.*

Vom Bahnhof Wolfratshausen wandern wir zunächst auf der Sauerlacher Straße stadtauswärts. Am Eichenweg biegen wir rechts ab zum Märchenwald (im Winter geschlossen). Über die Kräuter- und Margaritenstraße erreichen wir die Königsdorfer Straße. Auf einem Rad- und Fußweg kommen wir wieder stadteinwärts, überqueren die Loisach und folgen der Hauptstraße. Am Obermarkt gehen wir links die Humplgasse hinauf, besuchen die St. Andreaskirche am Marienplatz und die Dreifaltigkeitskirche. Wir gelangen wieder auf die Münchner Straße zurück und erreichen nach wenigen Minuten die Weidach-Mühle. Hier führt uns die Brücke über die Loisach. Wir gehen unter der Bahn hindurch und biegen dann rechts in den Weidacher Mühlweg ein. Über die Straße »Flußkanal« kommen wir auf die Bahnhofstraße und zum S-Bahnhof zurück.

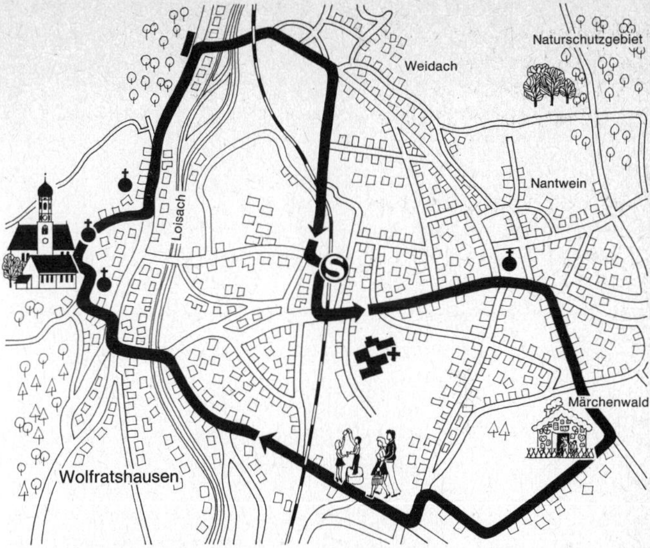

Wolfratshausen auf altem Seegrund

In der Kreisstadt Wolfratshausen – im Jahre 1961 wurde ihr das Stadtrecht verliehen – befinden wir uns auf uraltem Seegrund. In der Urzeit nämlich hatte ein mächtiger Moränenriegel nördlich von Wolfratshausen der Isar den Weg versperrt. Im weiten Talgrund von Wolfratshausen stauten sich die Schmelzwasser und es entstand ein weit ausgedehnter See, der Wolfratshauser See. Von dem Ort selbst gab es damals noch keine Spur. Erste Ansiedlungen wurden an den nördlichen Hängen entdeckt.
Im Laufe von Jahrtausenden sägte sich das Wasser langsam durch das Bergmassiv, und eines Tages hatte es die Isar geschafft: Sie durchbrach die Sperre und schoß nun gegen Norden. Die letzte große Barriere auf ihrem Weg zur Donau war überwunden.
Der Wolfratshauser See sank nun allmählich ab. Noch heute kann man die Terrassen an den östlichen Uferhängen erkennen. Ihrer verkehrsgünstigen Lage verdankt Wolfratshausen seine reiche geschichtliche Vergangenheit. Schon zur Zeit der Agilolfinger wurde die Stadt urkundlich erwähnt. Um 1100 gründete Graf Otto von Dießen-Andechs eine Burg. Geblieben davon ist

heute nur noch der Burgplatz (auf dem Schloßberg). Im 12. und im 13. Jahrhundert wurde die Burg mehrmals zerstört. Einzelne Reste waren bis zum Jahre 1734 erhalten geblieben.
Nach dem Aussterben der Andechser kam Wolfratshausen im Jahre 1248 an die Herzöge von Bayern. Im 13. Jahrhundert entwickelte sich dann die zwischen Steilhang und Loisach eingeengte Straßensiedlung.
Im Jahre 1312 erhielt der Ort das Marktrecht. Straße und Flößerei sicherten ihm Wohlstand auf lange Zeit.

Wissenswert – Sehenswert

St. Andreas – Dreischiffige Hallenkirche aus dem Jahre 1484; barockisiert. Hochaltar von Lukas Herle (1661) mit vier großen, leicht gewundenen, weinlaubumrankten Säulen in weiß-goldener Fassung. Figuren von Kaspar Niederreiter. Gemälde »Kreuzigung des heiligen Andreas« von Adam Griesmann, Ölbild »Marienleben« an der Westempore von Kaspar Albrecht. Die Kreuzigungsgruppe schnitzte im Jahre 1770 Paul Rempl.
Bürgerhäuser – Fortentwicklung des im Isarwinkel heimischen Bauernhauses. Behäbige Wirtshäuser erinnern an die Einkehr der Handelsleute und Isarflößer.
Dreifaltigkeitskirchlein – Auf dem Kalvarienberg, im Jahre 1715 erbaut.
Märchenwald – Ein Erlebnis für Kinder und Erwachsene. Größter mechanischer Märchenwald in Europa. Rundgang etwa zwei Stunden. Vom Bahnhof an beschildert. Im Winter geschlossen).
Mehr über das Isartal: Tour 12, Seite 78, Tour 17, Seite 104, Tour 19, Seite 115.

Einkehr am Weg

Alte Post – am Obermarkt in Wolfratshausen.
Humplbräu – am Obermarkt in Wolfratshausen.
Café Wirth – am Obermarkt in Wolfratshausen.
Grüner Baum – in Weidach.
Gasthaus Zur Linde – in Nantwein.
Schusterwirt – in Nantwein.

Mit der S 1 nach Kreuzstraße 16

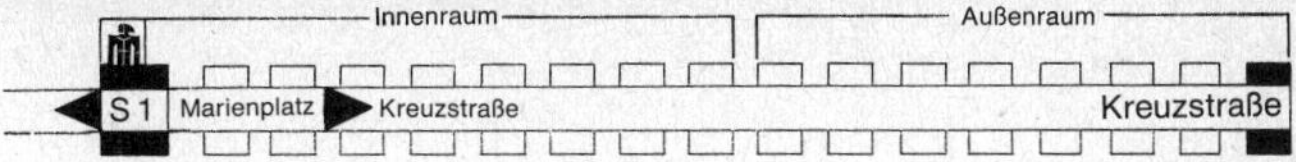

Donnersbergerbr. 9^{36}

Abfahrt
in München, Marienplatz

Marienplatz	Hohbr. an	Hohbr. ab	Kreuzstraße
7.03	7.29	7.32 (nur So)	7.54
9.03	9.29	9.32	9.54
11.03	11.29	11.37	11.59

Rückfahrt
in Aying

Aying	Hohbr. an	Hohbr. ab	Marienplatz
16.37	16.51	16.58	17.25
17.13	17.27	17.38	18.05
17.55	18.13	18.18	18.45
18.37 (nur So)	18.51	18.58	19.25
19.15 (Bus)	19.33	19.38	20.05
20.35	20.53	20.58	21.25

Der Fahrplan gilt Samstag, Sonntag und Feiertag.
Hin- und Rückfahrt: Umsteigen in Hohenbrunn, Fahrzeit 50 Minuten.
Weitere Fahrzeiten im amtlichen Fahrplan.
Fahrpreise für die Hinfahrt: München–Kreuzstraße = 5 Zonen. Mehrfahrtenkarte 2,10 Mark. Kinder 0,60 Mark. Hunde 0,60 Mark.
Fahrpreise für die Rückfahrt: Aying–München, Marienplatz = 4 Zonen.
Mehrfahrtenkarte 2,10 Mark. Kinder 0,30 Mark. Hunde 0,30 Mark.

Urwüchsige Landschaft und süffiges Bier

In dieser Wanderung ist alles »drin«: eine herrlich urwüchsige Landschaft mit steilen Höhen und tiefen Tälern, mit saftigen Wiesen und schroffen Felsen, ein schöner »langer« Wald zum Ausschnaufen mit ebenen, gepflegten Wegen und schließlich, am Ende, eine bekannte Brauerei, in der wir uns von den Anstrengungen der Tour bei einer Brotzeit und einem kühlen Bier wieder munter machen können.
Wir fahren zum S-Bahnhof Kreuzstraße. Mitten in der freien Natur steigen wir aus dem Zug. Die Luft ist gut hier draußen. Bis ins Tal herunter reichen die dunklen Wälder. Darüber ein (hoffentlich) blauer Himmel. Man kann verstehen, daß sich viele Maler in vergangenen Jahrzehnten und Jahrhunderten in diese Gegend verliebten.
Gleich zu Beginn unseres Weges müssen wir uns ein wenig anstrengen. Über das geteerte Sträßchen geht es hinauf zum Gasthof Kreuzstraße. Es ist sicher etwas zu früh, hier schon einzukehren, es sei denn, wir haben uns das Frühstück bis jetzt aufgehoben. Dann freilich läßt sich hier in aller Gemütlichkeit rasten.
Nur ein paar Schritte sind es noch, dann haben wir den Wald erreicht, den Hofoldinger Forst. Die Wege sind gut erkennbar und gepflegt. Wir können uns kaum verlaufen. Und sind wir dennoch einmal vom richtigen Weg abgekommen: Die Ruhe nicht verlieren. Wenn die Richtung in etwa stimmt, kommen wir auch so an unser Ziel. Die Wege haben nämlich »System«. Da wird der Wald schon wieder lichter, die Sonne dringt durch, wir haben wieder freies Feld erreicht.
Wenn wir Hunger und Durst haben, legen wir einen Gang schneller zu; denn weit ist es nicht mehr nach Aying mit seiner alten Brauerei, der Schänke und dem Bierstüberl. Ist es warm, können wir dort im Freien sitzen, ist es kühl, setzen wir uns in die gemütliche Wirtsstube. Zu essen und zu trinken gibt's dort immer etwas.
In Aying können wir den Tag gut sein lassen. Noch spät am Abend bringt uns ein Bus nach Hohenbrunn, wo wir dann mit der S-Bahn nach München zurückfahren können.

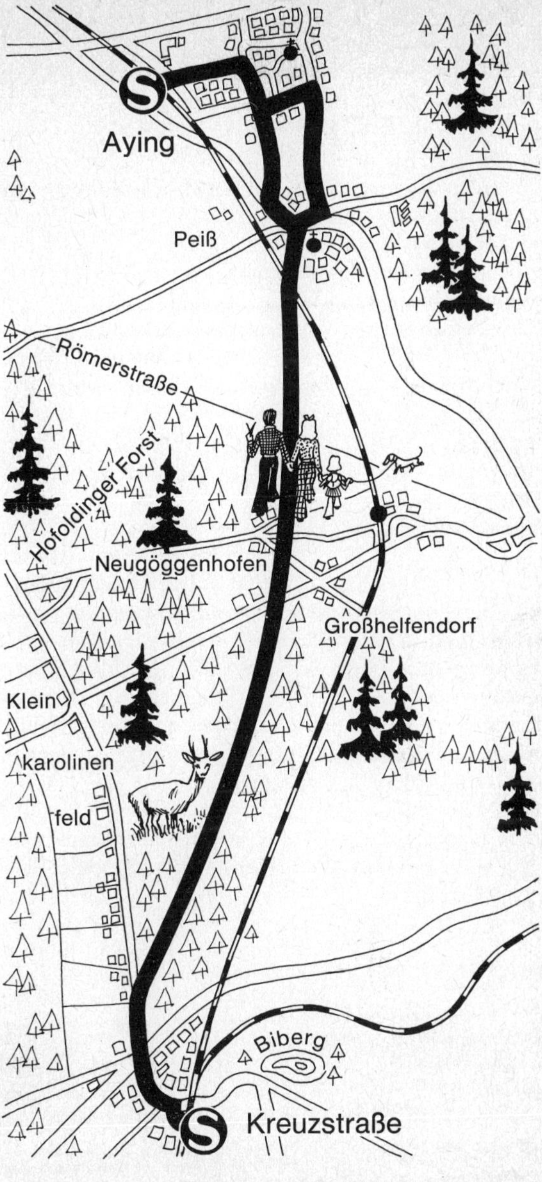

Aying
Peiß
Römerstraße
Hofoldinger Forst
Neugöggenhofen
Großhelfendorf
Klein
karolinen
feld
Biberg
Kreuzstraße

Wandern

Route: *Vom Bahnhof Kreuzstraße durch den Hofoldinger Forst über Neugöggenhofen, Peiß nach Aying – 7 km. Die Tour ist auch für größere Kinder geeignet.*

Wir verlassen die Endstation der S 1 am Bahnhof Kreuzstraße, gehen ein paar Meter nach rechts, dann links die Teerstraße hinauf zum Gasthaus Kreuzstraße. Hier können wir eine erste Rast einlegen und uns für den Fußmarsch nach Aying rüsten.
Nachdem wir die Hauptstraße überquert haben, führt unser Wanderweg auf dem geschotterten Fahrsträßchen am Waldrand vorbei zunächst in Richtung Kleinkarolinenfeld. Doch schon nach etwa 400 Metern biegen wir, gleich nach dem Ortsschild, rechts in den schattigen Waldweg – verboten für Autos und Motorräder – ein. Der Weg befindet sich in gutem Zustand, so daß die nächsten drei Kilometer ein erholsamer Waldspaziergang werden.
Nach etwa einer Stunde Gehzeit kommen wir an dem Ort Neugöggenhofen vorbei. Die Richtung beibehaltend, leitet uns der Weg nun über freies Land nach Peiß. Unmittelbar am neuen S-Bahn-Haltepunkt überqueren wir die Bahnlinie und wandern die Anhöhe hinauf, bis wir auf die Rosenheimer Straße treffen.
Wollen wir nun auf dem kürzesten Weg nach Aying kommen, gehen wir etwa 50 Meter links und dann auf der rechts abzweigenden Straße nach Aying. Die grasbewachsenen Randstreifen der Straße sind so breit, daß wir auf ihnen bequem den einen Kilometer nach Aying zurücklegen können.
Wer noch ein wenig länger wandern will, nimmt folgende Route: Rosenheimer Straße nach rechts weitergehen, dann links Richtung Kaltenbrunn und gleich wieder links in den Fußweg nach Aying einbiegen.

Wissenswert – Sehenswert

Peiß – Die St. Nikolauskirche von Peiß ist warscheinlich im Jahre 1365 erbaut worden.
Kleinkarolinenfeld – Die Kolonie an der Landstraße nach Holzkirchen wurde im Jahre 1802 mit 15 Häusern, jeweils 200 Meter

voneinander entfernt, gegründet. Benannt ist die Gründung nach der Königin Karoline von Bayern.

Aying – Sehenswert auf dem Friedhof die Lamberti-Kapelle aus dem 15. Jahrhundert.

Aus der Ayinger Ortsgeschichte – In Vagen bei Bruckmühl soll einst das Stammschloß des Geschlechtes der Fagana gestanden haben. Aus diesem Haus ließ sich eines Tages ein Edler namens Aygo hiernieder. Von ihm wird der Name abgeleitet. Die Pfarrei Aying wird zum ersten Mal im Jahre 780 erwähnt.

Mehr über Aying: Tour 4, Seite 34.

Auf der Mangfall wurden im vergangenen Jahrhundert ganze Wälder transportiert. In Rosenheim wurde die Salzproduktion betrieben, und der Bedarf an Heizmaterial war ungeheuer. In riesigen Mengen wurde das Holz geschlagen. – Der Fluß kommt aus dem Tegernsee. Er ist dessen natürlicher Abfluß. Als respektabler Fluß passiert die Mangfall Bad Aibling und mündet bei Rosenheim in den Inn.

Mehr über das Mangfallgebiet: Tour 3, Seite 29, Tour 9, Seite 61.

Einkehr am Weg

Gasthof Kreuzstraße – in Kreuzstraße. Terrasse. Bayerische Küche.

Gasthof Zur Post – an der Rosenheimer Landstraße in Peiß. Sehr altes, traditionsreiches Gasthaus. Schattiger Garten.

Gasthof Zum Neuwirth – an der Rosenheimer Landstraße in Peiß.

Brauerei und Gasthaus Aying – in der Ortsmitte an der Bräuhausgasse. Bräustüberl und Schänke. Großer schattiger Garten. Weitere Sitzmöglichkeiten im Freien.

Café Steinberger – an der Unteren Dorfstraße in Aying.

Bahnhofsgaststätte – am Bahnhof in Aying.

17 Mit der S 12/22 nach Großhesselohe

Abfahrt in München Holzkirchner Bahnhof			**Rückfahrt** in Buchenhain	
9.58	10.38	11.17	20.57	
11.58	12.38	13.17	21.57	alle 60 Minuten
13.58	14.38	15.17	22.57	
15.58	16.38	17.17	23.57	

Der Fahrplan gilt Samstag, Sonntag und Feiertag.
Die Züge fahren alle 60 Minuten, Fahrzeit für die Hinfahrt 19 Minuten, für die Rückfahrt 29 Minuten.
Die Züge fahren nur vom bzw. bis zum Holzkirchner Bahnhof.
Weitere Fahrzeiten im amtlichen Fahrplan.
Fahrpreise für die Hin- und Rückfahrt: München–Großhesselohe = 2 Zonen.
Mehrfahrtenkarte 0,90 DM. Kinder 0,30 DM. Hunde 0,30 DM. – Baierbrunn–München, Holzkirchner Bahnhof = 3 Zonen. Mehrfahrtenkarte 1,50 Mark. Kinder 0,30 Mark. Hunde 0,30 Mark.

Den Flößern aufs Handwerk geschaut

Sie mußten schon tollkühne und abenteuerliche Gestalten gewesen sein, die Männer, die da bei Wind und Wetter auf der ungezügelten, reißenden Isar mit ihren Holzflößen flußabwärts fuhren. Von Sonne, Wind und Wasser war ihre Haut gegerbt, zäh und sehnig waren ihre Körper, ihre Arme sahen jenen knorrigen Stämmen gleich, die sie den Fluß hinuntersteuerten.
Die Flößerei als Gewerbe gab es auf der Isar vom 13. Jahrhundert an. Sie hörte fast ganz im Ende des 19. Jahrhunderts auf, als die

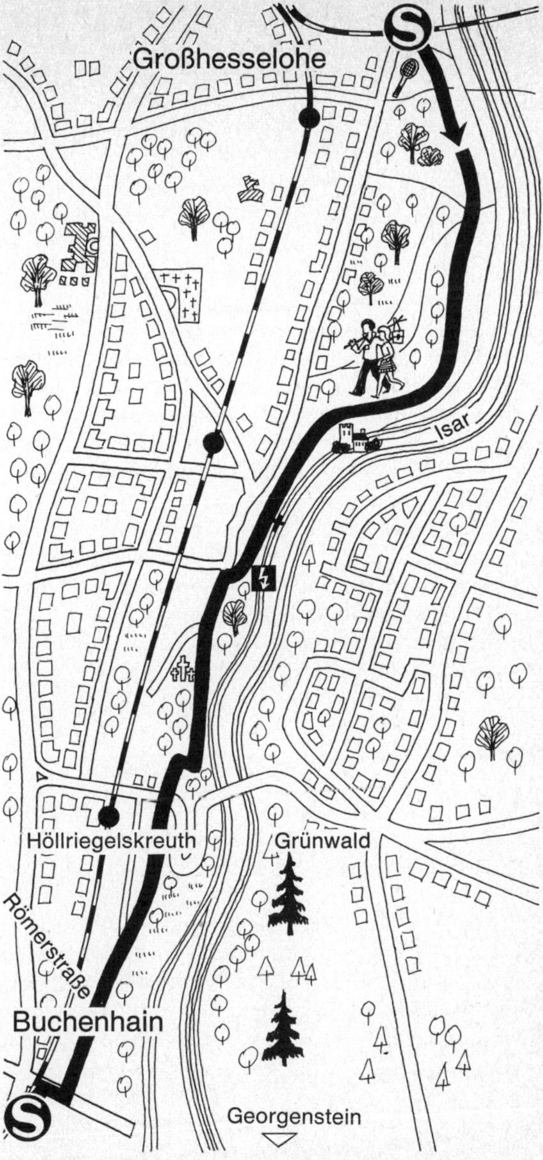
Großhesselohe
Isar
Höllriegelskreuth
Grünwald
Römerstraße
Buchenhain
Georgenstein

Eisenbahn (1891) gebaut wurde. Heute gibt es sie wieder: als Vergnügungsattraktion. Wer mitmachen will, muß wissen, daß dies mitunter eine feuchte und oft genug auch lautstarke Angelegenheit ist. Auf dem Floß wird kräftig musiziert, gesungen und getrunken. Die Flößer üben ihr Handwerk nur noch im Nebenberuf aus.
Doch noch einmal einen Blick zurück in die Vergangenheit, als die Flößerei noch ein lebensgefährliches Unternehmen war. Viele Sagen und Geschichten gibt es darüber. Der Schleusenwärter und Wasserbaumeister Martin Achleitner ließ bei Thalkirchen vor mehr als 100 Jahren an der rauhen Isar eine Kapelle bauen und erfüllte damit ein Gelübde seines Vaters, der dies »aus Dankbarkeit und für die Rettung aus Wasser- und Felssturzgefahr« versprochen hatte.
Immer wieder kamen Flößer bei ihrer Arbeit auf dem Fluß ums Leben. Und auch andere Menschen. In München stürzte am 13. September 1813 die Steinerne Isarbrücke ein, um halb sieben Uhr am Abend geschah das Unglück, das von der Urgewalt des Flusses aus damaligen Zeiten zeugt. Zweihundert Menschen, die neugierig auf der Brücke gestanden hatten, wurden in die reißenden Fluten gerissen, nur die Hälfte konnte gerettet werden.
Wenn wir auf der Großhesseloher Brücke in Richtung München schauen, können wir rechts unten im Tal die kleine »Marienklause« des Martin Achleitner erkennen.

Wandern

Route: *Vom Staatsbahnhof Großhesselohe über Höllriegelskreuth nach Buchenhain, Baierbrunn – 7 km. Die Tour können auch Kinder mitmachen.*

Der Fußweg für unsere Wanderroute beginnt am Staatsbahnhof in Großhesselohe und verläuft zunächst am Hochuferrand – östlich der Tennisanlagen – in südlicher Richtung, quert den Garten der Waldwirtschaft Großhesselohe, und zieht sich dann dicht an der Hochuferkante bis zur Burg Schwaneck hin. Die Burg umgehen wir westlich.
Kurz darauf erreichen wir, vorbei an den Terrassen-Gaststätten »Bürgerbräu« und »Rabenwirt«, das Zentrum des Villenortes

Pullach. Sehenswert ist vor allem die ganz an den Steilhang hinausgebaute Pfarrkirche mit ihrem charakteristischen Zwiebelturm. Von dem sie rings umgebenden alten Friedhof genießt man einen schönen Blick auf das Isartal, auf Grünwald und bei schönem Wetter auf die Gebirgskette.
Der Weg führt dann am Künstlercafé »Habenschaden« vorbei und folgt der Habenschadenstraße, bis er am südlichen Ortsende wieder an das Hochufer hinaustritt. Wir passieren zur Linken die gut gestaltete Kriegergedächtniskapelle von Pullach, kurz darauf zur Rechten ein steinernes Gedenkbrünnlein und das Denkmal für Professor Gabriel von Seidl, den Begründer des Isartalvereins. Im Wald hinter dem Denkmal befinden sich mehrere prähistorische Grabhügel.
Nach einigen hundert Metern überquert unser Weg beim Café »Waldeck« die Straße Höllriegelskreuth-Grünwald unweit vom Bahnhof Höllriegelskreuth. Dann zieht er sich an der Hangkante weiter und kreuzt die alte Römerstraße, die einst unterhalb der Grünwalder »Römerschanze« die Isar überquerte, den Uferhang emporstieg und durch den Forstenrieder Park westwärts weiterführte.
An einem abgezäunten Industriegelände wird unser Weg etwas westwärts gegen die Bahnlinie zu abgedrängt, schwenkt jedoch nach dem Passieren der Anlage wieder links zum Hochufer hinaus und läuft dort weiter, bis er den Aussichtspunkt »Georgensteinblick« des Isartalvereins (Ruhebänke, Parkplatz, Spielwiese, Rundwandertafel) neben der Bundesstraße 11 und damit seinen Endpunkt erreicht.
Vom »Georgensteinblick« längs der B 11 gehen wir etwa 400 Meter zum S-Bahn-Haltepunkt Buchenhain. (Ein Wandervorschlag des Isartalvereins).

Wissenswert – Sehenswert

Staatsbahnhof Großhesselohe – Großhesselohe besitzt zwei Bahnhöfe, nämlich den kurz vor der Großhesseloher Brücke gelegenen »Staatsbahnhof« an der Bundesbahnstrecke München–Holzkirchen und den Bahnhof an der ehemaligen Isartalbahnstrecke München–Bichl/Kochel. Nachdem die frühere Isartalbahn stillgelegt und durch einen Bahnbusbetrieb ersetzt wurde, kann man vom ehemaligen »Isartalbahnhof Großhesselohe« aus nur noch zum Holzkirchner Bahnhof in München gelangen, beziehungsweise von diesem ins Isartal hinausfahren.

Großhesseloher Brücke – Im Jahre 1960 gründlich überholt, überspannt die Brücke das Isartal. 270 Meter lang und 30 Meter hoch. Von der Brücke aus prächtiger Blick auf die Stadtsilhouette von München.

Menterschwaige – war früher ein Dorf und hieß Harthausen. 1012 als Harthusun erwähnt. In alter Zeit stand hier ein herzogliches Jagdschloß. 1783 Rittersitz, 1803 nur noch eine Schwaige (Gutshof). Führte nach den jeweiligen Besitzern die Namen: Marquartsreuth, Nockherschwaige und zuletzt Menterschwaige.

Burg Schwaneck – Die dicht am Isarsteilufer stehende Burg wurde von Friedrich Gärtner 1842/44 im Stile einer mittelalterlichen Ritterburg mit Zugbrücke, Ringmauer, Bergfried, Hauskapelle St. Hubertus als romantischer Wohnsitz für den Bildhauer Ludwig Schwanthaler erbaut. Im Jahre 1902 umgebaut und erweitert. Heute eine der meistbesuchten Jugendherbergen der Bundesrepublik.

Hl. Geist in Pullach – Eine um 1500 entstandene spätgotische Kirche mit charakteristischem Turm auf der Westseite. Reiche Ausstattung mit Resten der früher barockisierten Kirche. Im Schrein des Hochaltars Darstellung des Pfingstwunders aus dem Ende des 15. Jahrhunderts. Die Gemälde an den Außenseiten der Flügel sind neuen Datums, jene an den Innenseiten sind alt. Im Altarraum hl. Leonhard (Ende 15. Jahrhundert) und hl. Katharina (Anfang 16. Jahrhundert). – An der südlichen Außenmauer große Kreuzigungsgruppe mit Maria und Johannes (um 1500). Im Altarraum an der Ostwand zwei Altargemälde: Die Steinigung des hl. Stephan und die Marter des hl. Veit, wahrscheinlich von Jan Polack (1489).

Römerschanze – Sie liegt etwa zwei Kilometer südlich von Grünwald auf einem das Isartal beherrschenden Vorsprung des Hochufers. Eigentlich handelt es sich um eine Befestigung zum Schutze der Straße Salzburg–Augsburg, wahrscheinlich auf der Grundlage einer keltischen Ringburg. Der Durchmesser der Anlage beträgt etwa 170 Meter. Vier tiefe konzentrische Gräben und Wälle bis zu vier Metern Höhe sind gut erhalten. Eingang zur Anlage von Süden her.

Georgenstein – Ein mächtiger Nagelfluhfelsen, 9 Meter hoch, der sich einst vom Steilufer unterhalb der Römerschanze löste und in das Flußbett der Isar herabrollte. Bei niedrigem Wasserstand kann man ihn ersteigen, bei Hochwasser bilden sich dort gefährliche Strudel. Mit Ausnahme des »Michael-Steines« nördlich des Georgensteines haben mehrere Felsblöcke bei ihrem Absturz über den Hang das Flußbett nicht erreicht und sind in den unteren Partien des Hangwaldes liegen geblieben, so zum Beispiel am Römerschanzen-Hangweg.
Klettergarten – Ein Nagelfluhhang mit eingeschlossenen Felsblöcken im Isartal bei Baierbrunn. Wird von den Bergsteigern, vor allem aus München, zum Training benützt.
Baierbrunn – Von der Konradshöhe, an der Stelle einer alten Burg auf dem Steilufer der Isar, prächtiger Blick auf das Flußbett und die Bergkette im Hintergrund. – Alte Kirche St. Peter und Paul, spätgotisch, 1709 umgestaltet, kräftige Turmzwiebel, Hochaltar aus der ersten Hälfte des 18. Jahrhunderts, alte Ikonenmalerei, neue Pfarrkirche mit markantem Turm nördlich auf der Höhe.
Georgensteinblick – Aussichtspunkt neben der Bundesstraße 11 in Buchenhain mit mehreren Ruhebänken, kleinem Parkplatz und Spielwiese, im Jahre 1967 vom Isartalverein erworben. Schöner Blick auf das Tal und den Georgenstein.
Mehr über das Isartal: Tour 12, Seite 78, Tour 15, Seite 95, Tour 19, Seite 115.

Einkehr am Weg

Gaststätte Staatsbahnhof – mit Kiosk. Am Staatsbahnhof in Großhesselohe.
Bürgerbräu-Terrassen – an der Heilmannstraße in Pullach. Gartenterrasse mit schöner Aussicht auf das Isartal.
La Belle Epoque – französisches Restaurant an der Dr.-Carl-von-Linde-Straße in Höllriegelskreuth.
Waldgaststätte Buchenhain – in Buchenhain.
Gasthaus Georgenstein – an der Wolfratshauser Straße in Baierbrunn.
Gasthaus Isarblick – in Baierbrunn.
Gasthaus Zur Post – an der Wolfratshauser Straße in Baierbrunn. Eigene Metzgerei.

18 Mit der S 1 nach Höhenkirchen

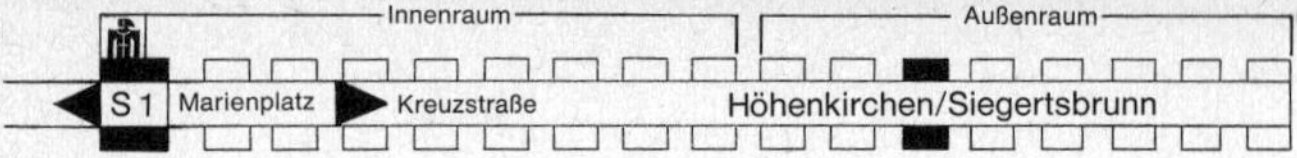

Abfahrt
in München, Marienplatz

Marienplatz	Hohbr. an	Hohbr. ab	Höhenkirchen
6.23	6.49	6.56 (nur So)	7.01
7.03	7.29	7.32 (nur So)	7.37
7.23 (nur Sa)	7.49	7.57	8.02
8.23	8.49	8.56	9.01
9.03	9.29	9.32	9.37
10.23	10.49	10.57	11.02
11.03	11.29	11.37	11.42
12.23	12.49		

Rückfahrt
in Höhenkirchen

Höhenkirchen	Hohbr. an	Hohbr. ab	Marienplatz
18.45 (nur So)	18.51	18.58	19.25
19.25 (Bus)	19.33	19.38	20.05
20.45	20.53	20.58	21.25
21.25 (Bus)	21.33	21.38	22.05
22.45 (Bus)	22.53	22.58	23.25
23.25 (Bus)	23.33	23.38	0.05

Der Fahrplan gilt Samstag, Sonntag und Feiertag.
Hin- und Rückfahrt: Umsteigen in Hohenbrunn, Fahrzeit ca. 40 Minuten.
Rückfahrt: Busverbindung bis Hohenbrunn, ab dort S-Bahn.
Weitere Fahrzeiten im amtlichen Fahrplan.
Fahrpreise für die Hin- und Rückfahrt: München–Höhenkirchen und zurück = zweimal 3 Zonen.
Mehrfahrtenkarte zweimal 1,50 Mark. Kinder zweimal 0,30 Mark. Hunde zweimal 0,30 Mark.

Zur Wallfahrtskirche des hl. Leonhard

Wer vor 100 Jahren zum hl. Leonhard nach Siegertsbrunn pilgerte, bekam als Andenken eine Wallfahrtsmünze – man nannte sie den »Gnadenpfennig«. Diese achteckige, dünne Münze war geweiht und man sollte sie zum Schutz vor Unheil bei sich tragen. Dieser alte Brauch ist heute nicht mehr lebendig. Dennoch kommen alljährlich viele Wallfahrer nach St. Leonhard, um den bayerischen Volksheiligen zu verehren und ihn um Schutz zu bitten. Die Wallfahrt von Siegertsbrunn muß eine sehr große Bedeutung gehabt haben. Im Jahre 1710 liest man von Pilgern, die sogar bis aus Bamberg hierher gekommen waren.
Mit Pferden läßt sich der Tag des heiligen Leonhard heute kaum noch feiern, weil es fast keine Pferde mehr im Ort gibt. Statt dessen wird der feierliche Umzug am Leonhardisonntag mit geschmückten Festwagen, Traktoren und Autos durchgeführt.
Bei dieser Tour können wir uns Zeit lassen. In Höhenkirchen wie in Siegertsbrunn gibt es allerlei Interessantes aus der Geschichte zu berichten. Einige Zeugnisse alter Zeit sind noch heute vorhanden. Gute und gastliche Einkehr finden wir in beiden Orten. Wir brauchen für diese Tour deshalb nicht in aller Frühe aufzubrechen. Wir können auch am Sonntagnachmittag »schnell einmal« nach Siegertsbrunn fahren, dort ein wenig spazierengehen, die Leonhardikirche besuchen und uns dann bei einer behaglichen Kaffeepause gütlich tun. Wer früh aufbricht, hat den Vorteil, daß der Betrieb noch nicht so groß ist.

Wandern

Route: *Vom Bahnhof Höhenkirchen/Siegertsbrunn zur Wallfahrtskirche St. Leonhard und zurück zum Bahnhof – 2 km. Der Spaziergang ist auch für kleinere Kinder möglich.*

Am Bahnhof in Höhenkirchen folgen wir der nach Siegertsbrunn führenden Bahnhofstraße, später Münchner Straße, in östlicher Richtung. Bequeme Gehwege lassen aus dieser Wanderung einen gemütlichen Spaziergang werden. Im Ort Siegertsbrunn begegnen wir bald einem in Holz geschnitzten Hinweisschild, das uns den Weg zur Wallfahrtskirche St. Leonhard zeigt.

Linker Hand sehen wir die Pfarrkirche von Siegertsbrunn, der wir einen Besuch machen.
An der Wallfahrtskirche führt rechts ein Feldweg beinahe schnurgerade zum Bahnhof Höhenkirchen/Siegertsbrunn zurück.

»Durch Vorbitte behüt worden«

Der hl. Leonhard gilt in Altbayern seit etwa dem 11. Jahrhundert als der volkstümlichste Heilige. Man nennt ihn sogar den »bayerischen Herrgott«; die bajuwarischen Bauern riefen in ihrer Not den »Hartl« oder den »Liendl« an.
Der Heilige starb im 6. Jahrhundert. Am 6. November wird sein Todestag begangen. Dieser Tag gehört zu den großen bäuerlichen Festen des Kirchenjahres. Doch Leonhard wird nicht nur an diesem Tag gefeiert. Die Siegertsbrunner begehen ihr Leonhardifest an Kiliani, dem zweiten Sonntag im Juli. Weitere Leonhardifesttage sind über das ganze Jahr verteilt.
Wenn wir die kleine, hübsch renovierte Wallfahrtskirche besuchen, fällt uns als erstes die große Zahl der Votivgaben auf, die beide Kirchenwände bedecken. Darunter sind Hufeisen, Bilder von Tieren, Höfen und Bauern, Wachskerzen mit Widmungen, und dazu sind auch immer die unglücklichen Vorkommnisse genau beschrieben. So liest man auf einem dieser Bilder: »Anno 1746 verlobt der ehrbare und bescheidene Stephan Obermaier, Hueber von Perlach, und Maria, seine Hausfrau, ihre reudigen Roß und Küh allhero zu dem hl. Leonhard mit einem gewissen Gelübde und der Ehrentafel. Ist ihnen durch Vorbitte des hl. Leonhard behüt worden.«
Die heutige Kirche stammt aus dem Jahre 1460. Damals wurde sie an der Stelle eines einfachen Holzbaues in gotischem Stil errichtet. Den Auftrag zum Bau der neuen Kirche hatte Herzog Sigismund von Bayern gegeben, der gleiche, der auch die Frauenkirche von München errichten ließ.
Im Glockenhaus sieht man noch die ursprüngliche spätgotische Gestaltung des Innenraumes. Im Jahre 1592 war der Andrang bei den Wallfahrten so groß geworden, daß man an die Kirche einen Saalbau anfügen mußte. 17 Jahre danach erfolgte die erste gründliche Restaurierung. Dabei ging der gotische Stil fast ganz verloren.

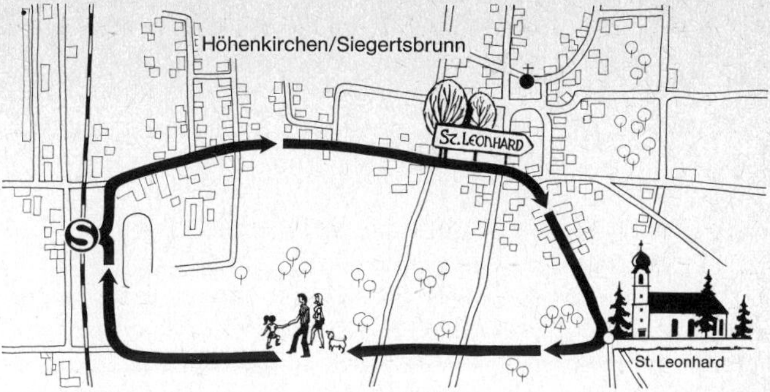

Am 17. August des Jahres 1769 schlug der Blitz in den hohen Spitzturm ein und das ganze Langhaus der Kirche brannte aus. Da taten sich die Wallfahrer zusammen und spendeten so viel Geld, daß der Bau in den Jahren von 1785 bis 1793 wieder vollkommen hergestellt werden konnte. Die Arbeiten gelangen hervorragend. Der Hofmaler Augustin Demmel schuf zu dieser Zeit das Chorfresko, das den hl. Leonhard als hilfreichen Menschen darstellt. 1793 wurde das Deckenfresko vom letzten Rokokomaler Christian Winck fertiggestellt. Es zeigt Leonhard unter den Seligen im Himmel. Die sieben großen Tafelbilder, die das Leben des Heiligen darstellen, stammen aus dem 17. Jahrhundert.

Wissenswert – Sehenswert

Höhenkirchen – Ursprünglich hieß der Ort »Marchwartsbrunn«, weil ein Mann gleichen Namens im achten Jahrhundert den lebensnotwendigen Brunnen bauen ließ. Dieser Brunnen ist heute noch zu sehen: Er gehört zum Brunnhof gegenüber der Pfarrkirche. Er ist 32,75 Meter tief und hat einen Durchmesser von zwei Metern. Mit großen Tuffsteinquadern sind die Wände ausgemauert. Ursprünglich dürfte der Brunnen Mittelpunkt des Ortes gewesen sein.

In der gleichen Zeit dürfte auch schon die erste Kirche von Höhenkirchen entstanden sein. Sie bestand aus Holz und war etwa fünf Meter breit und 7,5 Meter lang. Sie stand an der gleichen Stelle wie die heutigen Pfarrkirche. Als die heutige Kirche in den

Jahren 1963 bis 1965 restauriert wurde, kamen verkohlte Teile dieser alten Kirche zum Vorschein. Sie war durch Brand zerstört worden.
Um das Jahr 1470 wurde das herzogliche Jägermeisteramt von Schloß Grünwald nach Höhenkirchen verlegt. Sitz war das Schloßanwesen, Rosenheimer Straße 11.
Der »Alte Wirt« in Höhenkirchen ist über 500 Jahre alt. Zwischen 1690 und 1701 war er die einzige Taverne in der Pfarrei Hohenbrunn, zu der damals sechs Dörfer zählten. Hier kehrten oft hohe Persönlichkeiten ein. Alle bedeutenden Hochzeiten wurden hier gehalten.
Die große Eiche an der Straßenkreuzung Münchner Straße/Bahnhofstraße und Rosenheimer Straße/Holzapfelstraße erinnert an den Friedensschluß von 1871, nach dem deutsch-französischen Krieg, an dem auch vier Höhenkirchner Bürger teilgenommen hatten. Die Gemeinde ließ ihnen zu Ehren damals die Eiche pflanzen.
Siegertsbrunn – Die Pfarrkirche St. Peter wurde im Jahre 1681 vollendet. Vorher stand an der gleichen Stelle eine gotische Kirche. 1952 wurde die Kirche innen renoviert.
Der Gründer von Siegertsbrunn war der Edle Sigiho. Er mußte zunächst einen Brunnen bohren lassen, um eine Ansiedlung zu ermöglichen. Der Ortsname leitet sich davon ab.
Im Jahre 1868 erlegte der Fürst Löwenstein den letzten Hirsch in dieser Gegend. Am Ausgang des Forstes in Richtung Oberpframmern wurde aus diesem Anlaß für ihn ein Denkmal errichtet.

Einkehr am Weg

Hauserwirt – in Höhenkirchen, Rosenheimer Straße. Kleine Terrasse.
Zum alten Wirt – in Höhenkirchen, an der Ecke Münchner Straße/Rosenheimer Straße. Schattiger Garten.
Bahnhofsgaststätte – in Höhenkirchen, Bahnhofstraße.
Filmstüberl – in Höhenkirchen, Bahnhofstraße.
Zum alten Wirt – in Siegertsbrunn, Egmatinger Straße 1. Terrasse, überdacht.
Gasthaus Inselkammer – in Siegertsbrunn, an der Hohenbrunner Straße. Kleiner Gartenbetrieb.

Mit der S 10 nach Höllriegelskreuth 19

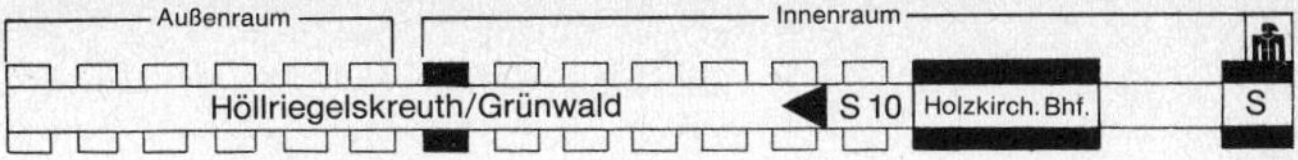

Abfahrt in München Holzkirchner Bahnhof		Rückfahrt in Ebenhausen	
5.32		14.46	
6.32	alle 60 Minuten	15.46	alle 60 Minuten
7.32	bis 23.32	16.46	bis 22.46
8.32		17.46	
9.32		18.46	

Der Fahrplan gilt Samstag, Sonntag und Feiertag.
Die Züge fahren alle 60 Minuten, Fahrzeit für die Hinfahrt 28 Minuten, für die Rückfahrt 37 Minuten.
Die Züge fahren nur vom bzw. bis zum Holzkirchner Bahnhof.
Weitere Fahrzeiten im amtlichen Fahrplan.
Fahrpreise für die Hin- und Rückfahrt: München–Höllriegelskreuth = 2 Zonen. Mehrfahrtenkarte 0,90 DM. Kinder 0,30 DM. Hunde 0,30 DM. –
Ebenhausen–München, Marienplatz = 4 Zonen.
Mehrfahrtenkarte 2,10 Mark. Kinder 0,30 Mark. Hunde 0,30 Mark.

In die uralte Isarlandschaft

Uraltes, geschichtsträchtiges Land durchwandern wir bei dieser Tour: Die Germanen, die Kelten, die Römer – sie hinterließen hier im Isartal und auf den Höhenzügen ihre Spuren. Wir begegnen ihnen in Bauwerken, deren Steine, Wälle und Gräben Geschichte erzählen.
Wir blättern Jahrhunderte zurück und bestaunen die Schöpfungen spätbarocker Baumeister und – wir bewundern die urtümliche Landschaft des »bayerischsten« aller Flüsse, der Isar. Am Anfang unserer Wanderung steht die Burg von Grünwald, in der einst politische Häftlinge gefoltert wurden und die dann 250 Jahre lang ein höchst gefährliches Dasein hatte: Im Burgfried war

ein Pulvermagazin untergebracht. Hundert Jahre lang hatten hier auch die oberbayerischen Jägermeister ihren Sitz.
Unten im Tal die Isar, die vor 20 000 Jahren noch nicht hier floß – erst später durchbrach sie die Moränenriegel bei Wolfratshausen und schnitt sich fast kanonartig in die Landschaft ein. 283 Kilometer legt der Fluß seitdem vom Ursprung im Karwendel bis zur Mündung in die Donau zurück. Und er überwindet dabei ein Gefälle von 1500 Metern. Sein Name ist keltischen Ursprungs, die »Schnelle, die Reißende, die Ungebändigte« könnte man ihn übersetzen. Heute freilich sind die Wassermassen gebändigt, nur noch an wenigen Stellen – so am Ende unserer Tour, bei Schäftlarn – kann man den Fluß in seiner ursprünglichen Eigenart erleben.
Ein Edelstein in der Krone des bayerischen Spätbarock bildet den Höhepunkt unseres Ausflugs: die Klosteranlage Schäftlarn. Berühmte Namen sind mit diesem Bauwerk verbunden. Doch auch hier reicht die Geschichte viel weiter zurück. Das erste Kirchlein wurde von Benediktinermönchen schon im 8. Jahrhundert an einer Furt der Isar errichtet.
Über den Steilhang wandern wir nach einer Stärkung beim Brukkenfischer oder im Klosterstüberl hinauf nach Hohenschäftlarn, wo wir mit der Bahn die Rückfahrt antreten.

Wandern

Route: *Vom S-Bahnhof Höllriegelskreuth über Grünwald, Mühlthal nach Kloster Schäftlarn – 10 km. Auch für größere Kinder geeignet.*

Wir gehen vom Bahnhof in Höllriegelskreuth zunächst die Dr.-Carl-von-Linde-Straße in Richtung Isartal und biegen an der Kurve links in den Fußweg ab. Auf ihm gelangen wir hinunter zur Grünwalder Brücke. Wir überqueren die Isar und nehmen dann den Fußweg zum Grünwalder Schloß (beschildert). Über die Rathausstraße kommen wir schließlich zum Marktplatz.
Hier wandern wir in südlicher Richtung weiter auf der Straße »An der Eierwiese« bis zu ihrem Ende beim Schwestern-Erholungsheim des Roten Kreuzes. Dort beginnt bei einer Wegtafel der vom Isartalverein mit gelben Dreiecken markierte Georg-

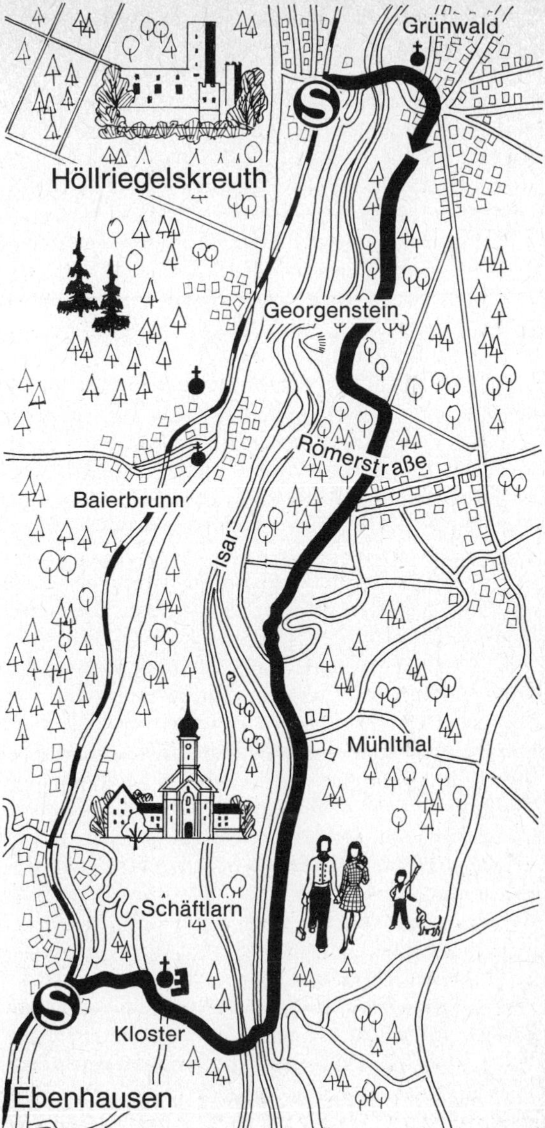
Grünwald
Höllriegelskreuth
Georgenstein
Römerstraße
Baierbrunn
Isar
Mühlthal
Schäftlarn
Kloster
Ebenhausen

Proebst-Weg. Er führt links am Schwesternheim vorbei zunächst als Feldweg am Ende der Eierwiese unterhalb einer flachen Geländewelle bis zum Waldrand. Von hier ab verläuft er als Naturpfad im Wald, erreicht nach einer kleinen Steigung den Hochuferrand und folgt diesem bis kurz vor die Römerschanze.
Dann wendet sich der Georg-Proebst-Weg nach halblinks und führt in gerader Richtung südwärts durch den Wald, bis er – die Römerschanze rechts liegen lassend – wieder an die Steilabbrüche des Hochufers hinaustritt. Dort öffnen sich bei einigen Ruhebänken besonders eindrucksvolle Ausblicke auf das Isartal und das gegenüberliegende Hochufer bei Baierbrunn mit dem Zwiebelturm der neuen Kirche. Bald darauf verläßt der Weg das Hochufer und führt auf einem Forstweg, dem »Fuchswegl-Geräumt«, ein kurzes Stück geradeaus, zweigt dann nach halbrechts ab, überquert eine größere, mit Birken und Föhren bepflanzte Waldlichtung, von der aus sich noch einmal eine umfassende Aussicht bietet, und erreicht nach kurzem Verlauf durch Jungwald ein Sträßchen, den Mühlweg.
Auf diesem Sträßchen gehen wir nach rechts weiter, überqueren nach etwa 200 Metern die uralte Römerstraße, die sich hier zum Isarübergang absenkte, und kommen nach weiteren 300 Metern zu verstreut liegenden Häusern, den letzten Ausläufern der Frundsberg-Siedlung von Straßlach.
Gegenüber dem hier gelegenen Café »Rosenhäusl« zweigt unsere Wanderroute bei einer Wegtafel des Isartalvereins vom Fahrweg nach halbrechts ab und führt – links eine baufällige ehemalige Jagdhütte – jetzt wieder als Fußweg in südwestlicher Richtung durch den Wald, überquert nach etwa 500 Metern eine Forststraße und erreicht in gleichbleibender Richtung, zuletzt nach rechts abschwenkend, das »Horn«, einen markanten Geländevorsprung an der Einmündung des Mühltales in das Isartal. Von hier aus bietet sich ein schöner Ausblick auf das jenseits der Isar gelegene Kloster Schäftlarn.
Vom »Horn« aus fällt der Steig steil in einigen Kehren, zuletzt über einige Stufen, gegen Süden ab und kreuzt ein Forststräßchen, den Gossner-Weg. Kurz nach einer kleinen Waldwiese vereinigt sich unser Weg bei einem Baum (Wegtafeln) mit dem von rechts herkommenden Georgensteinweg. Gemeinsam leiten uns beide Wege zur nahen Siedlung Mühltal – etwa 400 Meter sind zu gehen – mit Gastwirtschaft und einem Kraftwerk der

Isar-Amper-Werke. Der Weg nach Kloster Schäftlarn verläuft nun entlang des Stausees und des Werkkanals unterhalb des Weilers Epolding weiter nach Süden, bis er bei einem Trafoturm den Kanal überschreitet und zum »Bruckenfischer« an die Isarbrücke hinunterleitet.
Von da aus gelangen wir über die Brücke und durch die schöne alte Allee in etwa 15 Minuten zum Kloster Schäftlarn.
Über den Fußsteig, der bei der Klosterkirche über Stufen steil den Hang hinaufführt, erreichen wir in 15 bis 20 Minuten die S-Bahn-Station Ebenhausen/Schäftlarn.
(Ein Wandervorschlag des Isartalvereins).

Wege, Straßen und Plätze im Isartal

Georg-Proebst-Weg – Benannt nach dem Gh. Kommerzienrat Georg Proebst (1855–1950), Direktor des Bürgerlichen Brauhauses München und später Vorstandsmitglied der Münchner Löwenbrauerei. Er war vom Jahre 1914 bis zu seinem Tode Schatzmeister des Isartalvereins.
Römerschanze – Sie liegt etwa zwei Kilometer südlich von Grünwald auf einem das Isartal beherrschenden Vorsprung des Hochufers.
Georgenstein – Ein mächtiger Nagelfluhfelsen, der sich einst vom Steilufer unterhalb der Römerschanze löste und ins Flußbett der Isar herabrollte.
Tölzer Straße – Unweit der Straße »An der Eierwiese«, am Waldfriedhof, Start und Ziel des Einerstraßenfahrens der Radfahrer bei den Spielen der XX. Olympiade München 1972.
Mehr über das Isartal: Tour 12, Seite 78, Tour 15, Seite 95, Tour 17, Seite 104.

Wissenswert – Sehenswert

Grünwald – Existiert schon im 8. Jahrhundert als »Gruoninwalde« (Zu dem grünen Walde). Schon in römischer Zeit befand sich hier ein Wachturm. Burg: Ursprüngliche Anlage von Herzog Ludwig dem Strengen (1293). Übernahm Reste römischer Anlagen, so Brunnen (heute noch zu sehen), der bis zur Talsohle reicht. 1319 bis 1410: Sitz der oberbayerischen Jägermeister, später Gefängnis für politische Häftlinge (Kellergewölbe und Foltergericht). 1602 bis 1857 Pulvermagazin im Burgfried. 1860 ging das Schloß in Privatbesitz über. Damals zählte Grünwald nur 200 Einwohner. Älteste Teile der Anlage im Südwesteck. Während die Burg nicht besichtigt werden kann, darf man auf den Turm steigen, herrliche Fernsicht.

Mühlthal – Hier wurden die Reste der ältesten bayerischen Kirche gefunden.

Kloster Schäftlarn – Eine der gelungensten Schöpfungen des bayerischen Rokoko. Baumeister: François Cuvilliés und Johann Anton Gunetzrhainer. Innenausstattung: Johann Baptist Zimmermann. Altäre: Johann Baptist Straub. Die Geschichte in Stichworten: Im 8. Jahrhundert bauen benediktinische Mönche die erste kleine Kirche an der Furt. 1140: Bischof Otto von Freising übergibt das Kloster dem Orden der Prämonstratenser, die es bis zur Säkularisation weiterführen. 1599: Schäftlarn wird Abtei. 1733: Hofbaumeister Cuvillés beginnt den Neubau der Klosteranlagen. Gunetzrhainer vollendet das Werk. 1866: König Ludwig I. kauft das Kloster und übergibt es dem Orden der Benediktiner. Die Mönche richten ein Knabeninstitut ein, aus dem sich das heutige Gymnasium entwickelte.

Einkehr am Weg

La Belle Epoque – französisches Restaurant an der Dr.-Carl-von-Linde-Straße in Höllriegelskreuth.

Brückenwirt – an der Grünwalder Isarbrücke in Höllriegelskreuth. Floßanlegestelle. Garten, Terrasse.

Alter Wirt – am Marktplatz in Grünwald.

Bosna – Balkan-Restaurant in der Knackenau in Grünwald.

Römerschanze – an der Dr.-Max-Straße in Grünwald. Garten.

Schloßhotel Grünwald – an der Zeillerstraße in Grünwald.

Tiroler Alm – am Gasteigweg in Grünwald.

Bruckenfischer – in Dürnstein am Isarübergang.

Klosterstüberl – in Unterschäftlarn.

Gasthof Zur Post – an der Wolfratshauser Straße in Ebenhausen.

Zum Ratskeller – Weinstube, Café, Grillrestaurant an der Starnberger Straße in Hohenschäftlarn.

Gastwirtschaft Schlee – an der Bahnhofstraße in Hohenschäftlarn.

Mit der S 5 nach Herrsching 20

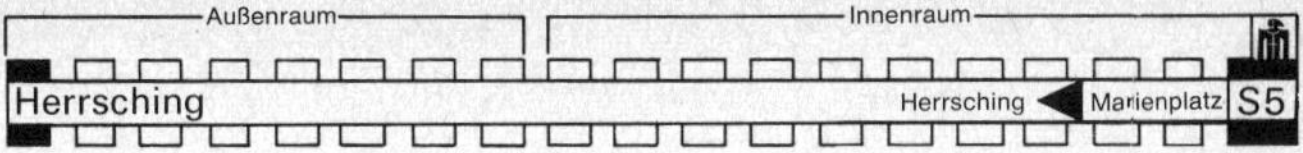

Abfahrt in München, Marienplatz			Rückfahrt in Herrsching		
6.59	7.39	8.19	10.36	11.16	11.56
8.59	9.39	10.19	12.36	13.16	13.56
10.59	11.39	12.19	14.36	15.16	15.56
12.59	13.39	14.19	16.36	17.16	17.56
14.59	15.39	16.19	18.36	19.16	19.56
16.59	17.39	18.19	20.36	21.16	21.56

Der Fahrplan gilt Samstag, Sonntag und Feiertag.
Die Züge fahren alle 40 Minuten, Fahrzeit ca. 55 Minuten.
Weitere Fahrzeiten im amtlichen Fahrplan.
Fahrpreise für die Hin- und Rückfahrt: München–Herrsching und zurück = zweimal 6 Zonen.
Mehrfahrtenkarte zweimal 3,30 Mark. Kinder zweimal 0,60 Mark. Hunde zweimal 0,60 Mark.

Unter Landschaftsschutz

Das Landratsamt Starnberg hat das gesamte Gebiet zwischen Ammersee und Wörthsee unter Landschaftsschutz gestellt. Dies bedeutet unter anderem auch: Im Wald und insbesondere am Ostufer des Ammersees ist das Aufstellen von Zelten und das Abstellen von Wohnwagen nicht erlaubt.
Wie notwendig diese Maßnahme wurde, konnte man vor dieser behördlichen Anordnung augenscheinlich erleben: Abfälle aller Art verunzierten das Seeufer. Zelte und Wohnwagen machten ein Wandern am Ufer nahezu unmöglich. Das ist jetzt schlagartig anders geworden. Vor allem, seit das Landratsamt Landsberg am Lech am 1. Juli 1972 für das Seengebiet Bestimmungen nach dem Landesstraf- und Verordnungsgesetz festgesetzt hat, die unter anderem speziell das Aufstellen von Zelten und Wohnwagen auf staatlichem Grund am See verbieten. Gegen Verstöße werden

hohe Strafen angedroht. Autos dürfen im Uferbereich nicht abgestellt werden.
Auch der Gutsherr von Rieden hat sich eingeschaltet: Im Benehmen mit den Behörden ließ er alle gutseigenen Waldwege mit Schlagbäumen versehen.
Man ist dabei, ein landschaftlich sehr wertvolles Gebiet dem Zugriff des modernen Massen-Ausflugwesens mit allen seinen nachteiligen Auswirkungen wieder zu entziehen – für den, der hier Erholung sucht. Herrschings Bürger, gastfreundlich und hilfsbereit, veranstalteten im März 1972 eine Reinigungs-Aktion. An 850 Metern des Ufers wurden dabei nicht weniger als vier Lastwagen mit Abfällen, die andere liegengelassen hatten, beladen. Das Ammersee-Ostufer ist in diesem Teil wieder ein richtiges Naherholungsgebiet geworden.
Mehr über Herrsching und den Ammersee: Tour 1, Seite 19, Tour 7, Seite 49, Tour 14, Seite 89.

Wandern – Spazierengehen

Route 1: *Vom Bahnhof Herrsching an der Erlöserkirche vorbei zum Kurpark. Spaziergang, auch für kleinere Kinder geeignet.*

Wir verlassen die S 5 am Endpunkt der Strecke in Herrsching. Wenn wir aus der Bahnhofshalle treten, halten wir uns links. Nach etwa 20 Metern kommen wir an eine Fußgängerunterführung. Am Ende der Röhre gehen wir den Weg nach links, an der Erlöserkirche vorbei, zur Madeleine-Ruoff-Straße. Auf der anderen Straßenseite, links am Brückengeländer, folgen wir dem Gebotsschild »Fußgänger«. Der Weg führt direkt in den Kurpark und an den See. Vor allem in den frühen Vormittagsstunden wie auch in den späten Nachmittagsstunden ist das Schlendern und Bummeln an der Seepromenade sehr erholsam.
Nach Norden (rechter Hand) reicht der Seeweg etwa einen Kilometer, nach Süden (links) etwa zwei Kilometer. Zum Ausruhen wie zum Umhergehen, zum Bootfahren oder Baden, zum Einkehren oder zu einer See-Rundfahrt gibt es hier reichlich Möglichkeiten.

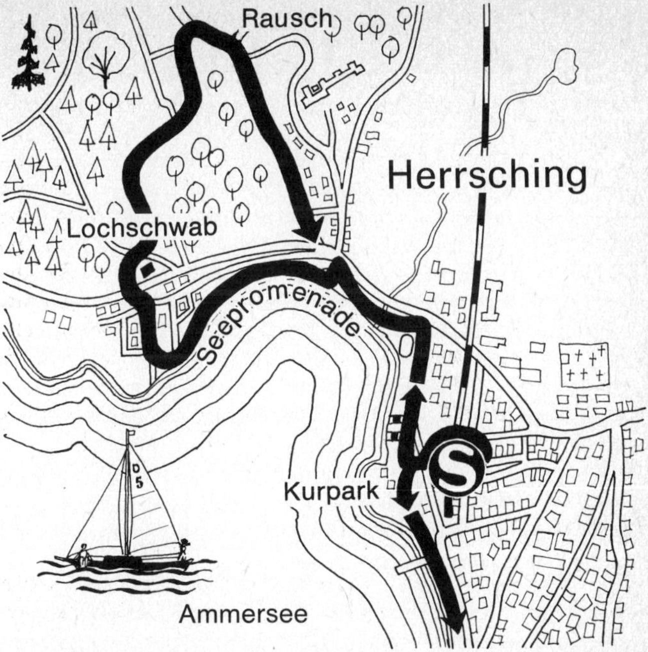

Route 2: *Vom Bahnhof Herrsching über die Alte Rieder Straße zur nördlichen Seepromenade, an der Bäuerinnenschule vorbei durch den Rieder Wald nach Rausch, zurück nach Lochschwab und zum Bahnhof Herrsching – 10 km. Auch für ältere Kinder. Feste Schuhe. Variation dieser Route: Spaziergang vom Bahnhof aus zum Rhein-Main-Donau-Segelhafen. Daran können auch kleinere Kinder teilnehmen.*

Wir verlassen den Bahnhof Herrsching und wenden uns am Bahnhofsplatz, wie bei Route 1, wiederum nach links, gehen durch die Unterführung, dann den Weg nach links bis zur Madeleine-Ruoff-Straße. Hier haben wir zwei Möglichkeiten:
Wenn wir nur spazierengehen wollen, folgen wir dem Fußweg, den wir rechts auf der anderen Straßenseite beschildert sehen. Nach wenigen Schritten erreichen wir freies Ufergelände. Wir befinden uns unmittelbar an der Taucherschule.

Möglichkeit zwei: unsere eigentliche Wandertour. Wir folgen von der Erlöserkirche aus rechts der Madeleine-Ruoff-Straße (Gehweg) und wenden uns am Sportplatz nach links, wo wir auf die Alte Rieder Straße treffen. Den Holzzaun gehen wir entlang bis zu dessen Ende. Wir folgen dem Weg, der zum See führt und haben bald wieder das Ufer erreicht. Hier ist die Seepromenade im Ausbau, es ist deshalb auch weniger Betrieb als im Kurpark. Am See entlang schlendern wir etwa einen halben Kilometer bis zur Franz-Zell-Straße (zur Zeit Ende der Baustelle). Wir verlassen die Promenade nach rechts, gehen die genannte Straße entlang, halten uns an der Kurve links und stehen nach wenigen Minuten an der Rieder Straße. Sehen wir links das Telefonhäuschen der Deutschen Bundespost, sind wir richtig. Auf der anderen Straßenseite erkennen wir linker Hand das Hinweisschild zur Bäuerinnenschule des Bayerischen Bauernverbandes. Dieser Richtung folgen wir. Hinter dem Schulgelände knickt der Weg nach rechts ab. Wir wandern auf ihm zunächst wieder in Richtung Herrsching, überqueren die Alfred-Ploetz-Straße und wenden uns bei der Adolf-Sturm-Straße nach links. Wir wandern zweieinhalb Kilometer durch die friedlich anmutende Landschaft des Rieder Feldes, dann sind wir in dem kleinen Ort Rausch. Von hier bietet sich ein sehr schöner Blick auf Andechs und den Ammersee. Wir gehen die Dorfstraße nach rechts hinunter und verlassen diese nach etwa 200 Metern bei der großen Kurve rechts, um dem Fußweg nach Lochschwab zu folgen.
Bei der Wegabzweigung nach etwa 500 Metern gehen wir rechts weiter. Im Herrschinger Ortsteil Lochschwab stoßen wir wieder auf die Rieder Straße. Wir überqueren sie und gehen der Alten Rieder Straße entlang auf dem Weg zurück, den wir gekommen sind.

Staatliche Seeschiffahrt *(Sommerfahrplan)*

Schiffe in Richtung Dießen:
8.40 Uhr: Herrsching – Dießen – St. Alban – Riederau – Herrsching. Fahrzeit: 64 Minuten.
10.02 Uhr: Herrsching – Riederau – St. Alban – Dießen – St. Alban – Riederau – Herrsching. Fahrzeit 85 Minuten.
11.35 Uhr, nur an Sonntagen und Feiertagen, Herrsching – Riederau – St. Alban – Dießen – Herrsching. Fahrzeit: 70 Minuten.

12.20 Uhr: Herrsching – Riederau – St. Alban – Dießen – St. Alban – Riederau – Herrsching. Fahrzeit 97 Minuten.
14.05 Uhr: Herrsching – Dießen – St. Alban – Riederau – Herrsching. Fahrzeit: 66 Minuten.
14.30 Uhr, nur an Sonntagen und Feiertagen, Herrsching – Dießen – Herrsching. Fahrzeit: 65 Minuten.
15.20 Uhr: Herrsching – Dießen – St. Alban – Riederau – Herrsching. Fahrzeit: 73 Minuten.
16.42 Uhr: Herrsching – Riederau – St. Alban – Dießen – St. Alban – Riederau – Herrsching. Fahrzeit: 89 Minuten.
17.30 Uhr, nur an Sonntagen und Feiertagen, Herrsching – Riederau – Dießen – Herrsching. Fahrzeit: 63 Minuten.
19.02 Uhr: Herrsching – Dießen – St. Alban – Riederau – Herrsching. Fahrzeit: 66 Minuten.
Schiffe in Richtung Stegen:
9.45 Uhr: Herrsching – Holzhausen – Utting – Breitbrunn – Schondorf – Buch – Stegen. Fahrzeit: 70 Minuten.
11.35 Uhr: Herrsching – Holzhausen – Utting – Breitbrunn – Schondorf – Buch – Stegen. Fahrzeit: 71 Minuten.
15.50 Uhr, nur Sonntag und Feiertag, Herrsching – Breitbrunn – Buch – Stegen. Fahrzeit: 34 Minuten.
14.05 Uhr: Herrsching – Holzhausen – Utting – Breitbrunn – Schondorf – Buch – Stegen. Fahrzeit: 72 Minuten.
15.43 Uhr: Herrsching – Breitbrunn – Buch – Stegen. Fahrzeit: 45 Minuten.
16.39 Uhr: Herrsching – Utting – Schondorf – Stegen. Fahrzeit: 56 Minuten.
18.15 Uhr: Herrsching – Holzhausen – Utting – Breitbrunn – Schondorf – Buch – Stegen. Fahrzeit: 70 Minuten.
18.45 Uhr, nur Sonntag und Feiertag, Herrsching – Utting – Schondorf – Stegen. Fahrzeit: 55 Minuten.
20.09 Uhr: Herrsching direkt nach Stegen. Fahrzeit: 45 Minuten.

Fahrpreise für Rundfahrten:
Nördliche Rundfahrt, Herrsching – Stegen – Herrsching: 5,00 Mark.
Südliche Rundfahrt, Herrsching – Dießen – Herrsching: 3,50 Mark.
Kombinierte Rundfahrt: 6,50 Mark.
Kinder von vier bis zehn Jahren zahlen halben Fahrpreis.

Einkehr am Weg

Strandhotel Seehof – am Kurpark in Herrsching. Café-Terrasse am See.
Gasthof Zur Post – das älteste Gasthaus in Herrsching, zentral gelegen, schattiger Biergarten. Eigene Metzgerei.
Haus Seewinkel – direkt am See in Herrsching. Eigener Badestrand mit Steg und Liegewiese. Ruhige Lage am Kurpark. Geöffnet von Mai bis September.
Café Promenade – am See in Herrsching. Große Terrasse, ganzjährig geöffnet. Restaurant und Café für Anspruchsvolle.
Klostergaststätte – auf dem Berg von Kloster Andechs. Bierstüberl, Terrasse, Garten.
Café Klosterblick – in Erling.
Gasthaus Zur Post – in Erling, Ortsmitte.

Mit der S 6 nach Gauting 21

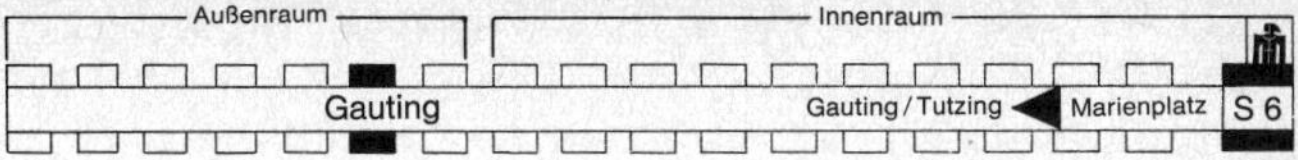

Abfahrt in München, Marienplatz			Rückfahrt in Gauting		
			alle 20 Minuten		
5.29	5.49	6.09	16.31	16.51	17.11
6.29	6.49	7.09	17.31	17.51	18.11
7.29	7.49	8.09	18.31	18.51	19.11
8.29	8.49	9.09	19.31	19.51	20.11
			alle 40 Minuten		
9.29	9.49	10.09	20.51	21.31	22.11
10.29	10.49	11.09	22.51	23.31	0.11

Der Fahrplan gilt Samstag, Sonntag und Feiertag.
Die Züge fahren alle 20 bzw. 40 Minuten, Fahrzeit ca. 30 Minuten.
Weitere Fahrzeiten im amtlichen Fahrplan.
Fahrpreise für die Hin- und Rückfahrt: München–Gauting und zurück = zweimal 3 Zonen.
Mehrfahrtenkarte zweimal 1,50 Mark. Kinder zweimal 0,30 Mark. Hunde zweimal 0,30 Mark.

Zum Waldlehrpfad an der Römerstraße

Daß es den Waldlehrpfad an der Römerstraße gibt, ist den Gautingern zu verdanken. Sie schlossen sich zu einer Bürgerinitiative zusammen und setzten sich für die Schaffung dieser neuen Erholungseinrichtung ein. Im Spätherbst 1970 wurde der Pfad mit viel Prominenz eingeweiht, darunter der Minister für Landwirtschaft und Forsten, Hans Eisenmann, sowie Landtagspräsident Rudolf Hanauer. Die Bläser vom Jägerverein München spielten auf, und die Kinder der Gautinger Volksschule sangen. Und Dr. Theo Deiglmayr vom Schutzverband Kreuzlinger Forst berichtete von der Mühe, die es gekostet hat, diesen Waldlehrpfad anzulegen.

Fast unüberwindbar scheinende Schwierigkeiten waren zu bewältigen. So bestand der Plan, ein Bundeswehrlazarett im Forst zu errichten. Der Schutzgemeinschaft gelang es, diese Absicht zu verhindern. Gegen den Bau einer Autobahn durch den Forst setzt sich Landtagspräsident Hanauer schon seit vielen Jahren leidenschaftlich ein.
Eine Jugendgruppe wurde gegründet, deren Aufgabe es nicht nur ist, den Waldlehrpfad zu pflegen, sondern auch die Vorbereitungen für einen weiteren solchen Wanderweg bei Stockdorf zu treffen.

Wandern

Route: *Vom Bahnhof Gauting über die Römerstraße zum Waldlehrpfad Kreuzlinger Forst und zurück – 6 km. Diese Wanderung können auch Kinder mitmachen.*

Wenn wir den S-Bahnhof Gauting verlassen haben, gehen wir links durch die Bahnunterführung und folgen der Pippinstraße geradeaus bis fast zum Ortsende. Schon sehen wir die ersten Bäume des Kreuzlinger Forstes, da biegen wir nach links in die Tassilostraße und wenig später nach rechts in die Römerstraße ein. Nach etwa einem halben Kilometer finden wir den Beginn des Waldlehrpfades. Wir folgen dem gekennzeichneten Weg und wandern dann zum Bahnhof Gauting zurück.

Pläne für einen Erholungswald

Der Kreuzlinger Forst zwischen Gauting und Planegg ist jährlich das Ziel von einer halben Million Besuchern. Bei der »Internationalen Messe für Forst- und Holztechnik« im Jahre 1970 wurde auf dem Münchner Messegelände in einer Sonderschau die Schutzfunktion dieses stadtnahen Forstes in zahlreichen Graphiken und Modellen aufgezeigt.
»Die mannigfaltigen Wohlfahrtswirkungen dieses Waldes sollen allen Bevölkerungsschichten in den Ballungsräumen südlich von München zugute kommen«, wurde erklärt. Und weiter: »Deshalb ist die Bayerische Staatsforstverwaltung bemüht, der Öf-

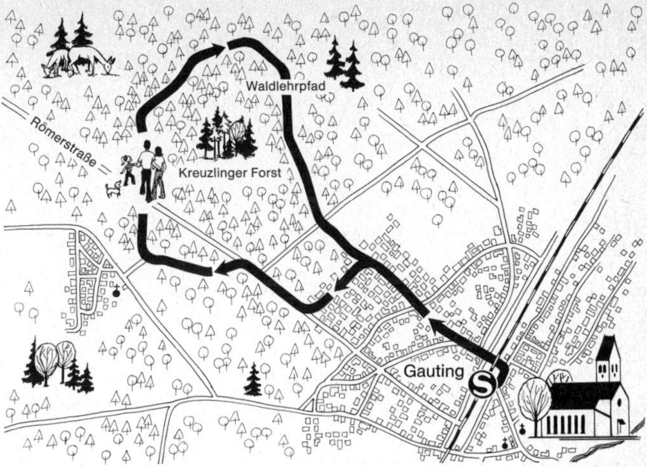

fentlichkeit den Wald als Erholungsgebiet immer mehr zugänglich zu machen.« Ein Modell zeigte einen ersten Entwurf für den Endausbau. Danach sind in den Randzonen 24 große Parkplätze geplant, von denen bereits zwei fertiggestellt sind. Nördlich von Gauting ist ein Kinderzentrum mit einer Lehrschau »Waldarbeit und Waldlehrpfade« vorgesehen. Diese Schau dürfte sicherlich das Ziel von Schulklassen und interessierten Eltern mit ihren Kindern werden. Auch ein Spiel- und Sportzentrum bei Gauting soll geschaffen werden. Nach diesem Plan soll der kleine Ort Fronloh ein »Ausflugsschwerpunkt« werden.

In den Wanderzonen des Kreuzlinger Forstes will man, wenn die Pläne verwirklicht werden sollen, die Randzonen parkartig auflockern und die Forstzone in der Mitte mit erholungswirksamen Mischbeständen bepflanzen.

Wann alle diese Projekte einmal realisiert sein werden, läßt sich nicht sagen. »Das steht in den Sternen«, meint der Vorsitzende der Schutzgemeinschaft Kreuzlinger Forst, Dr. Theo Deiglmayr. Hierfür sind nämlich erhebliche Geldmittel erforderlich. Und die Bayerische Staatsforstverwaltung hat als vordringliche Aufgaben die Waldreinigung und den Ausbau von Parkplätzen zu bewältigen.

Römische Kohorten durchzogen den Forst

Wenn wir vom Gautinger Bahnhof herausgewandert sind und am Beginn des Waldlehrpfades stehen, befinden wir uns auf historischem Boden. Unter der heutigen Teerstraße liegt die einstige Römerstraße. Hier marschierten die römischen Kohorten aus der nahen Garnison Bratananium (Gauting) nach Augusta Vindelicorum (Augsburg) oder südöstlich nach Juvavum (Salzburg). Dieses antike Straßenstück von Gauting nach »ad ambre« (Schöngeising) gehört zu den am besten erhaltenen römischen Militärstraßen Deutschlands.
Mehr über Römerstraßen: Tour 13, Seite 84.

Einst ein riesiger Urwald

Auch der Kreuzlinger Forst hat seine Geschichte. Beginnen wir bei der Gegenwart. Der Wald wird heute Zug um Zug »umgebaut«. In der Nähe der Großstadt gelegen, hat er künftig auch eine Erholungsfunktion zu erfüllen. Das soll vor allem dadurch ermöglicht werden, daß der Fichtenwald mit dem standortgerechteren Mischwald durchsetzt wird. Freilich: Holzerzeugung für Papier, Möbel und Hausbau bleiben weiterhin die primären Aufgaben.
Drehen wir das Rad der Geschichte ganz weit zurück bis in die ersten Jahre der Besiedlung durch die Bajuwaren, so etwa um 450: Da war der Kreuzlinger Forst noch Teil eines riesigen Urwaldgebietes, nahezu unzugänglich – bis auf eine Ausnahme: die Römerstraße. Diese Heerstraße verlief mitten durch den Wald und stellte die großen Verbindungen zwischen Schwarzem Meer und Frankreich her.
Etwa 250 Jahre, nachdem die Römer das Land verlassen und die Bajuwaren sich seßhaft gemacht hatten (um 700), werden größere Teile des Waldes gerodet, die Besiedlung schreitet fort. Das gesamte Gebiet des Kreuzlinger Forstes gehört zum Gau der Huosi (zwischen Isar und Lech) und zum Schloß Hausen. Im Mittelalter formt sich der Kreuzlinger Forst langsam zu seiner heutigen Gestalt. Die großen Waldrodungen nehmen ein Ende, die Waldverteilung entspricht etwa der heutigen.
Mehr über die Geschichte des Waldes: Tour 13, Seite 84.

Wissenswert – Sehenswert in Gauting

Frauenkirche, gotisch, aus dem Jahre 1465, Hochaltar mit schöner, spätgotischer Madonna aus dem 15. Jahrhundert.
Pfarrkirche St. Benedikt, ursprünglich 15. Jahrhundert, in den Jahren 1934/35 neu gebaut. Sehr schöne Glasgemälde von Johann Kistenfeger, um 1500.
Ortsgeschichte: Älteste Siedlung des Würmtales. 778 bereits urkundlich erwähnt. Heute die größte Gemeinde des Würmtales.
Mehr über Gauting: Tour 11, Seite 72.

Einkehr am Weg

Bahnhofsgaststätte – am Bahnhof in Gauting.
Gasthof Zum Bären – an der Pippinstraße in Gauting. Eigene Metzgerei. Garten.
Eiscafé Roma – an der Bahnhofstraße in Gauting.
Café Krapf – an der Bahnhofstraße in Gauting. Schattiger Garten.
Gasthof Würmbad – an der Grübmühlerfeldstraße in Gauting (bei der Kreuzung mit der Starnberger Straße).
Gasthof Zur Post – an der Münchner Straße in Gauting. Schattiger Garten.

22 Mit der S 1 nach Freising

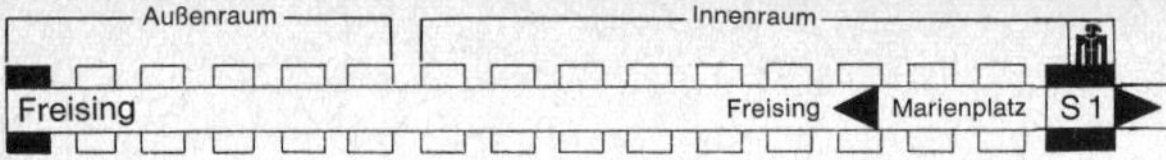

Abfahrt in München, Marienplatz			Rückfahrt in Freising		
6.05	6.45	7.25	12.22	13.02	13.42
8.05	8.45	9.25	14.22	15.02	15.42
10.05	10.45	11.25	16.22	17.02	17.42
12.05	12.45	13.25	18.22	19.02	19.42
14.05	14.45	15.25	20.22	21.02	21.42
16.05	16.45	17.25	22.22	23.02	23.42

Der Fahrplan gilt Samstag, Sonntag und Feiertag.
Die Züge fahren alle 40 Minuten, Fahrzeit ca. 41 Minuten.
Weitere Fahrzeiten im amtlichen Fahrplan.
Fahrpreise für die Hin- und Rückfahrt: München–Freising und zurück = zweimal 6 Zonen.
Mehrfahrtenkarte zweimal 3,30 Mark. Kinder zweimal 0,60 Mark. Hunde zweimal 0,60 Mark.

In die älteste Stadt an der Isar

Freising ist die älteste Stadt an der Isar. Und es gibt noch einige weitere Superlative zu berichten: So erstellte die Kirche von Freising das älteste deutsche Güterverzeichnis, das älteste Buch deutscher Sprache kommt aus Freising, auf dem Domberg erklang das erste deutsche Kirchenlied, der erste Frührenaissancebau Altbayerns steht auf dem Freisinger Domberg, auf dem Weihenstephaner Berg befindet sich die älteste Brauerei der Welt, die älteste landwirtschaftliche Lehranstalt Deutschlands hat in ihrer unmittelbaren Nachbarschaft ihren Sitz, und: Den echten »Obazdn« gibt es auch nur in Weihenstephan.
Das soll erläutert werden: Nicht nur die Geschichte der Domstadt Freising, sondern die bayerische Geschichte überhaupt, reicht hier bis in uralte Wurzeln zurück. Schon im frühen achten Jahrhundert stand auf dem Domberg eine Burg der Agilolfinger. Herzog Grimoald rief im Jahre 720 den fränkischen Wanderbi-

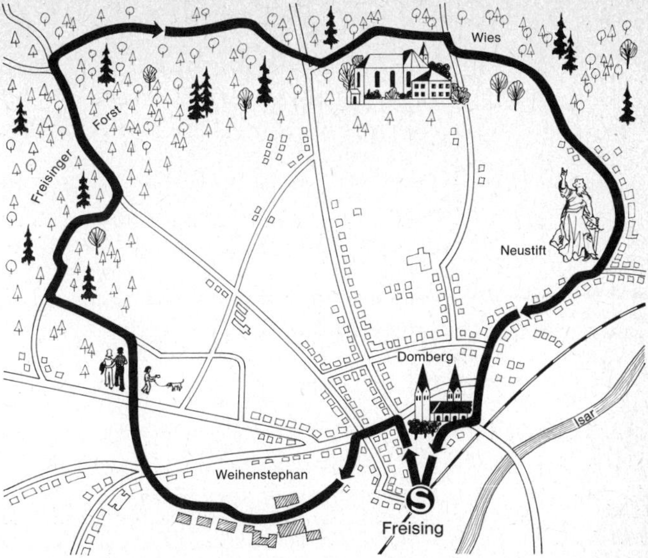

schof Korbinian hierher, um von ihm die christliche Lehre verkünden zu lassen. Vor den Fenstern dieser Herzogpfalz hielt der Bischof hoch über der Isar, im Freien, den ersten feierlichen Gottesdienst. Im Jahre 739 kam Bonifatius nach Freising und erhob die Pflanzstätte christlichen Lebens zum Bistum. Inzwischen war die Marienkirche entstanden. Sie wurde Bischofssitz. Freising wurde Mittelpunkt altbayerischen Glaubens und der Wissenschaft.

Im ältesten deutschen Güterverzeichnis, das von der Freisinger Kirchenverwaltung aufgestellt wurde, zeichnet sich bereits das künftige Hochstift ab. Sehr früh drang übrigens von hier auch die Orgelkunst bis nach Rom. In der mittelalterlichen deutschen Musikkultur behauptete Freising bald einen ersten Platz. Das älteste Buch deutscher Sprache war der Freisinger »Abrogaus« – ein Glossar. Bischof Arbeo (764 bis 783) legte den Grundstock zur bayerischen Geschichtsschreibung. Er tut es in so köstlicher Art, daß man seine Aufzeichnungen über die Umgebung Münchens noch heute gerne liest.

Den ersten Frührenaissancebau Altbayerns finden wir oben auf dem Domberg: Es ist der von Stefan Rottaler im Jahre 1519 ge-

schaffene Arkadenhof der ehemaligen fürstbischöflichen Residenz. Der wehrhafte Turm der Hauskapelle dürfte bis in das Jahr 1314 zurückreichen. Die älteste Brauerei, eine benediktinische Gründung, gibt es auf dem Weihenstephaner Berg seit dem Jahre 1146. Angegliedert ist eine inzwischen weltberühmt gewordene Hochschule für das Brauereiwesen. Und man sagt: Wo immer in der weiten Welt ein Trunk Bier labt, in Rom oder Kopenhagen, in Kairo, Kapstadt, Buenos Aires – es ist hundert gegen eins zu wetten, daß der Braumeister ein alter Weihenstephaner ist.
Und der »Obazde« schließlich ist eine in Weihenstephan geborene Käsespezialität. Man ißt ihn am besten im Bräustüberl oben auf dem Berg an historischer Stätte. Und dazu trinkt man das Champagner-Weiße.

Wandern

Route: *Im Norden um die Domstadt herum, über Weihenstephan, die Wallfahrtskirche Wies, durch Neustift und über den Domberg zurück zum Bahnhof – 7 km. Die Tour können auch wandergeübte Kinder mitmachen.*

Über die Bahnhofstraße in Freising gelangen wir – am Mohrenbrunnen (1700, Franz von Ableitner) und an der Altöttinger Kapelle (1673) vorbei – in das Stadtzentrum von Freising. Wir gehen links die Hauptstraße hinunter und biegen nach der Kreuzung links in den Weihenstephaner Fußweg ein. Am bewaldeten Hang entlang wandern wir den Weihenstephaner Berg hinauf.
Oben können wir einkehren, einen »Obazdn« probieren und ein frisches Pils dazu trinken. Ein sehr schöner Ausblick bietet sich vom Löwentor aus nach Süden über das Freisinger und Erdinger Moos hinweg. Bei Föhn kann man die Alpen sehen.
Vorbei an der Brauerei und an den Gartenbaufachschulen mit den Universitäts-Instituten wandern wir nun nach Vötting und biegen rechts in den Dr.-Holzner-Weg ein.
Nachdem wir die Vöttinger Straße überquert haben, führt unsere Wanderroute in der gleichen Richtung auf dem Hochfeldweg weiter, wobei wir auch noch die Thalhauser Straße überqueren müssen. Der Weg mündet in die Lange Point, die wir links etwa einen Kilometer weiterwandern. Wir folgen dann dem Querweg

rechts bis zur Wippenhauser Straße, auf der wir einen Kilometer stadtauswärts gehen.
Rechts und gleich wieder rechts biegen wir an der Kurve ab und folgen nun dem Sträßchen hinüber zur Wallfahrtskirche Wies. Hier führt uns die Wiesenthalstraße am Wald entlang nach Neustift zum ehemaligen Prämonstratenserkloster mit der einmalig schönen Barockkirche St. Peter und Paul.
Über die Alte Poststraße wandern wir von hier zwischen ein- und zweigeschossigen Häusern des alten Landstädtchens stadteinwärts, folgen der General-von-Nogel-Straße, dann dem Heiliggeiststeg und pilgern zum Domberg hinauf. Von dort haben wir noch etwa zehn Minuten zum Bahnhof zu gehen.

Eine Laune rettete den Dom

Der außen schlicht wirkende Bau der doppeltürmigen Kirche auf dem Domberg, ist das Wahrzeichen der Stadt. Er war es seit eh und je. Und doch: Während der Säkularisation, im Jahre 1803, wäre der Freisinger Dom um ein Haar verlorengegangen. Um 500 Gulden war er bereits feilgeboten worden. Doch dann hatte ein französischer General die launige Idee, das prunkvoll ausgestattete Kirchengebäude zum Schauplatz einer Geburtstagsparade für Kaiser Napoleon zu wählen. Einige Jahre später, 1821, wurde das Erzbistum München und Freising errichtet; der Erzbischof bestieg seinen Thron in der Frauenkirche zu München. Die Geschichte Freisings ist so mannigfaltig, interessant und berichtenswert, daß es fast schade ist, wenn im folgenden der Bogen von der Vergangenheit bis zur Gegenwart nur in Stichworten wiedergegeben werden kann.

Wissenswert – Sehenswert

Dom – als romanische Basilika 1160–1205 erbaut. 1480–1482 von Jörg von Halsbach eingewölbt. Das Innere 1723 von den Gebrüdern Asam in überreichem Barock ausgestattet. Patrone sind die hl. Maria und der hl. Korbinian. Vor 1205 romanische Krypta mit dreimal acht verschiedenen Tuffsäulen, darunter in der Mittelreihe die weltberühmte Bestiensäule. Reliquienschrein mit den Gebeinen des hl. Korbinian, 765 hierher gebracht. Kreuzgang im

Dom: alte Grabsteine der Bischöfe und Domherren vom 14. bis 18. Jahrhundert. – Fürstbischöfliche Residenz, dann Priesterseminar, mit Renaissance-Arkadenhof aus dem Jahre 1519. Schöne Aussichtsterrasse mit Blick auf München und bei klarem Wetter auch auf die Alpen.

Weihenstephan – Ehemalige Benediktinerabtei von 1020, gegründet im 8. Jahrhundert, 1803 säkularisiert. Vom Kloster sind heute nur noch der Ost- und Südflügel erhalten. Jetzt weltberühmte Hochschule für Brauwesen, Landwirtschaft und Gartenbau. Zahlreiche Institute.

Wieskirche – 1746 bis 1748 erbaut, um eine Kopie des Hochaltarbildes der Wieskirche bei Steingaden aufzunehmen (der gegeißelte Heiland). Deckenfresken aus dem Jahre 1762. Viele Votivgaben aus Wachs.

Neustift – »nova cella«, ehemaliges Prämonstratenserkloster St. Peter und Paul, gegründet 1141. Barockbau von Giovanni Antonio Viscardi, 1700 bis 1715. Nach Brand von J. M. Fischer 1751 bis 1756 wieder errichtet. Klostergründung geht auf Otto von Freising, Sohn des heiligen Markgrafen Leopold III. von Österreich, und die Tochter Kaiser Heinrichs IV. zurück. Einmalig schöne Barockausstattung.

Stadtgeschichte – 909 Ungarneinfälle, 1116 von Welf V., genannt der Dicke, zerstört, 1159 durch Brand zerstört, im 30jährigen Krieg durch Schweden viermal geplündert, 1796 durch Franzosen vernichtet, 1803 Bistum säkularisiert.

Einkehr am Weg

Lindenkeller – am Fußweg nach Weihenstephan. Gepflegter Biergarten, bürgerliche Küche.

Bräustüberl – auf dem Weihenstephaner Berg. Biergarten. Blick auf Versuchsfelder. Spezialität: »Obazder«.

Haraschin – in Vötting an der Hauptstraße. Schöner Biergarten, bürgerliche Küche.

Plantage - im Wald gelegenes Ausflugslokal. Preiswerte Brotzeit.

Schwimmbad-Restaurant - erst vor kurzem eröffnet. Große Terrasse, gepflegte Speisen. Schnellimbiß angegliedert.

Mit der S 2 nach Dachau 23

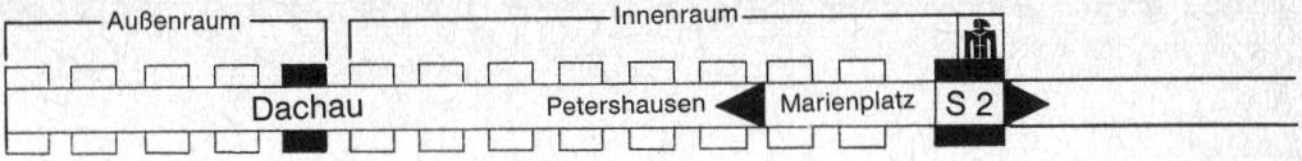

Abfahrt in München, Marienplatz			**Rückfahrt** in Dachau		
6.15	6.55	7.35	12.47	13.27	14.07
8.15	8.55	9.35	14.47	15.27	16.07
10.15	10.55	11.35	16.47	17.27	18.07
12.15	12.55	13.35	18.47	19.27	20.07
14.15	14.55	15.35	20.47	21.27	22.07
16.15	16.55	17.35	22.47	23.27	0.07

Der Fahrplan gilt Samstag, Sonntag und Feiertag.
Die Züge fahren alle 40 Minuten, Fahrzeit ca. 22 Minuten.
Weitere Fahrzeiten im amtlichen Fahrplan.
Fahrpreise für die Hin- und Rückfahrt: München–Dachau und zurück = zweimal 3 Zonen.
Mehrfahrtenkarte zweimal 1,50 Mark. Kinder zweimal 0,30 Mark. Hunde zweimal 0,30 Mark.

Zur romantischen Stadt an der Amper

Dachau ist eine alte Stadt, älter als München. Und, was man bewundern muß: Von diesem Alten ist noch viel erhalten geblieben. Wer in einer oberbayerischen Kleinstadt die Romantik vergangener Zeiten sucht, der folge diesem Wandervorschlag. Wir haben genügend Zeit, die Altstadt zu betrachten, uns die Beine zu vertreten und danach Brotzeit zu machen.
Dachau ist mit dem Namen Ludwig Thoma verbunden. In jungen Jahren schon hatte sich Thoma hier niedergelassen, und in seiner Rechtsanwaltskanzlei entstanden viele seiner Geschichten. Er selbst erzählt: »An einem Augustabend fuhr ich mit einem Freunde nach Dachau. Wie wir den Berg hinaufkamen und der Marktplatz mit seinen Giebelhäusern recht feierabendlich vor mir lag, überkam mich eine starke Sehnsucht, in dieser Stille zu

leben. Ich besann mich nicht lange, folgte einem plötzlichen Einfalle und ich hatte es nicht zu bereuen...« Das war im Jahre 1894. Dachau hat auch einen sehr traurigen Ruhm. Im Jahre 1933 wurde hier an einem Ort freundlichen, behaglichen und künstlerischen Lebens das Konzentrationslager, die Stätte des Grauens, geschaffen. Die Stadt und ihre Bewohner hatten damit nichts zu tun. Dachauer Frauen und Männer waren es vielmehr, die unter Einsatz ihres Lebens den Gefangenen das Leben leichter machen wollten.

Dachau ist die Stadt der liebenswerten Künstlerkolonie und der beachtenswerten Schloßkonzerte. Und: In Dachau wird alle Jahre das Münchner Oktoberfest mit einem zünftigen Volksfest »vorbereitet«. Nicht irgendein Volksfest. Da gibt es den Kinderfestzug, bei dem viele hundert Buben und Mädchen in Märchengewändern durch die Straßen ziehen. Da wird die historische Stadtsilhouette beim Großfeuerwerk in einen überaus bunten Raketenzauber getaucht. Es fehlt auch nicht das traditionelle Ochsenrennen, ein uralter Brauch, den man nur noch selten miterleben kann. Nicht zu vergessen die Dachauer Bläserbuben, die mit ihren Instrumenten schon viele Herzen in aller Welt erobert haben. Nicht weniger abwechslungsreich und interessant wie die Stadt selbst ist das Dachauer Hinterland. Trotz der Großstadtnähe geht es hier noch ländlich zu, und es gibt viel zu entdecken.

Wandern

Route: *Vom S-Bahnhof Dachau an der Amper entlang über Günding nach Dachau zurück – 8 km. Die Tour ist auch für größere Kinder geeignet.*

Vom Bahnhof in Dachau gehen wir hinunter zum Freibad. Noch vor dem Eingang biegen wir links in den Wanderweg ein und erreichen so das Ufer der hier aufgestauten Amper. Auf einem bequemen Spazierweg folgen wir dem Damm bis zur Weggabelung. Dort biegen wir rechts ab und überqueren auf einem Betonsteg das Altwasser der Amper. Ein schattiger Fußweg bringt uns von hier, immer in der Nähe der Amper, zur Teerstraße zwischen Neuhimmelreich und Günding. Hier haben wir den Wendepunkt unserer Tour erreicht.

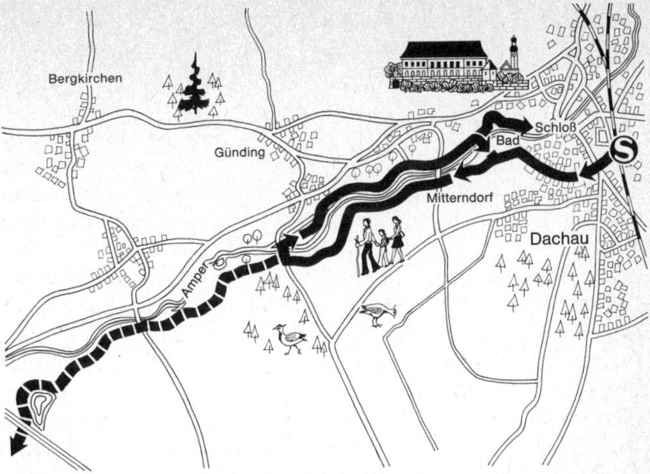

Wir können jetzt weiter amperaufwärts gehen bis zum Baggersee an der Autobahnausfahrt Dachau. Unter der Autobahn hindurch weiter bis nach Olching, wo wir mit der S-Bahn wieder zurück nach München fahren können. Unsere Wanderroute führt an der vorher genannten Teerstraße wieder zurück nach Dachau. Wir überqueren die Amper und biegen noch vor der Werkskanalbrücke rechts ab. Durch das Landschaftsschutzgebiet Harreis gelangen wir zu einem freien Wiesenstück, das wir links umgehen, bis wir im Gebüsch einen Fußweg erkennen. Ihm folgen wir zu einem Betonsteg, auf dem wir einen Bach überqueren. Rechts wird das Vereinsheim der Dachauer Naturfreunde sichtbar. Wir gehen über eine Holzbrücke und biegen danach rechts in einen Fußweg ein, überqueren auf einem Betonweg den Pullachgraben und wandern weiter am linken Ufer amperabwärts. Im Verlauf dieses Weges überqueren wir die Maisach, die hier in die Amper einmündet. In Höhe des Freibades kommen wir über die Amper. Wir können nun hinüber ins Bad oder noch weiter bis zum Kraftwerk gehen und von dort links den steil ansteigenden Fußweg aufwärts in den Englischen Garten und in den Hofgarten des Schlosses. Von hier aus haben wir einen sehr schönen Ausblick auf München.

Vom Schloßberg wandern wir dann wieder zurück zum S-Bahnhof Dachau.

Dachau in Stichworten

Der Name Dachau wird »im fünften Jahre nach der Krönung Karls des glorreichen Kaisers« (805) zum erstenmal in einer Urkunde erwähnt. Um 1100 war der Ort an der Amper Sitz der Grafen von Dachau, anschließend ging er in den Besitz der Wittelsbacher über. Im 13. Jahrhundert wurde ihm das Marktrecht verliehen. Im 16. Jahrhundert entstand an der Stelle der alten Herzogsburg der prachtvolle Renaissanceschloßbau. Im Jahre 1806 wurden drei Flügel des Schlosses abgebrochen, der wertvolle Westflügel blieb erhalten.
Im Jahre 1933 wurde Dachau zur Stadt erhoben.
Im Dachauer Schloß finden heute kulturelle Darbietungen und Kongresse aller Art statt. Im Großen Festsaal zeigt die Künstlervereinigung alle Jahre zur Volksfestzeit eine sehenswerte Ausstellung. Zu den Dachauer Schloßkonzerten kommt viel Künstler-Prominenz: Sänger, Musiker, Dirigenten mit klingenden Namen.
Gediegene Bürgerhäuser, meist schon Jahrhunderte alt, prägen das Gesicht der Altstadt. Malerische Winkel überraschen den Besucher. Am Abend wird der Berg mit der Schloßanlage künstlich beleuchtet. Wie in alten Zeiten sprudeln an vielen Ecken, an Plätzen und in Winkeln kleine und große Brunnen. An einem ruhigen Sonntagvormittag oder an einem herbstlichen Abend ist es nicht schwer, sich das Leben und Treiben von einst in der Phantasie vorzustellen.
Wandern wir hinauf auf den Schloßberg. Eine herrliche Aussicht lohnt die kleine Mühe.

Einkehr in Dachau

Bahnhofstraße – Bahnhofsrestaurant, Wienerwald.
Augsburger Straße – Helferwirt, Kraisy, Unterbräu.
Mittermayerstraße – Paulanerstüberl, Rauchfang.
Schloßstraße – Ziegler-Keller, Schloßcafé, Hörhammerbräu.
Karlsberg – Amalfi.
Münchner Straße – Karlsfelder Bierstüberl, Theaterstüberl.
Konrad-Adenauer-Straße – Zieglerbräu.
Günding – Forelle, Feldl.

Mit der S 2 nach Dachau/Altomünster **24**

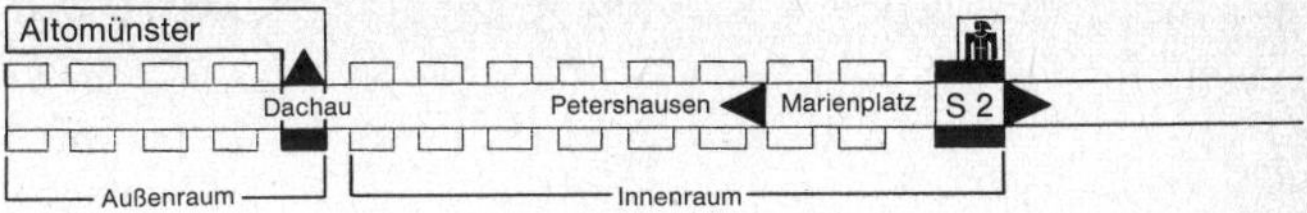

Abfahrt
in München, Marienplatz

Marienplatz	Dachau an	Dachau ab	Altomünster
6.55	7.17	7.25	8.20
10.55	11.17	11.40	12.35

Rückfahrt
in Altomünster

Altomünster	Dachau an	Dachau ab	Marienplatz
15.48	16.38	16.47	17.10
20.23	21.13	21.27	21.50
22.33	23.23	23.27	23.53

Der Fahrplan gilt Samstag, Sonntag und Feiertag.
Hin- und Rückfahrt: Umsteigen in Dachau, Fahrzeit ca. 90 Minuten.
Weitere Fahrzeiten im amtlichen Fahrplan.
Fahrpreise für die Hin- und Rückfahrt: München–Altomünster und zurück = zweimal 6 Zonen.
Mehrfahrtenkarte zweimal 3,30 Mark. Kinder zweimal 0,60 Mark. Hunde zweimal 0,60 Mark.

Im Schneckentempo zum Münster des hl. Alto

Bei dieser Tour mogeln wir ein bißchen. Denn mit der S-Bahn geht's natürlich nur bis Dachau, dann müssen wir umsteigen in die Bundesbahnlinie 921 (so heißt sie offiziell), um nach Altomünster zu fahren. Lassen wir uns Zeit für diese Tour. Wir – das heißt die Lokomotive mit den Waggons – schaffen es schon, wenn es auch mitunter scheinen will, daß wir aussteigen und ein wenig mitschieben müßten.

Die Bahn nach Altomünster sollte ja S-Bahn-Linie sein. Daß sie es dennoch (noch) nicht ist, ärgert die Bürgermeister an der Strecke maßlos, weil die »Münsterer« zum Arbeiten ebenso nach München fahren wie die Erdinger, die Freisinger und die Ebersberger, von den Petershausenern ganz zu schweigen.
Man muß nur einmal mit den Bürgermeistern aus der Gegend hinter Dachau, nordwestwärts, bei einem Glas Bier an einem Tisch sitzen. Da bekommt man einiges zu hören von der guten alten Münsterer Eisenbahn. Waren die Vorfahren noch stolz auf die moderne Errungenschaft, als die Linie am 8. Juli 1912 bis nach Indersdorf und am 22. Dezember 1913 dann bis nach Altomünster eröffnet wurde, so scheinen ihre Nachkommen jetzt recht undankbar, wenn sie das gute alte »Schnauferl« schlecht machen wollen.
So richtig schlecht ist die Bahn ja auch erst, seitdem es die S-Bahn gibt. Oder besser: weil sie nicht nach Altomünster fährt.
Die Leute aus Indersdorf und Altomünster möchten aber ihre Bahn im Grunde ihres Herzens dennoch nicht missen. Ist sie doch ein Stück guter alter Zeit in unserer neuen Zeit. Zugegeben: Die Strecke muß für einen S-Bahn-Betrieb erst vollkommen neu ausgebaut werden. Und diese Kosten scheut die Bundesbahndirektion zunächst.
Wir »wandern« mit der Bahn, und es ist sicherlich allein schon ein Erlebnis, vom modernen, schnellen, ruhigen S-Bahn-Waggon umzusteigen in die alten Wagen, die indessen noch nicht so alt sind. Auf jeden Fall aber haben wir genügend Zeit und Muße, uns die Gegend anzuschauen. Um so spannender wird die Erwartung der Ankunft sein.

Wandern

Route: *Vom S-Bahnhof Dachau fahren wir weiter nach Altomünster zum Besuch der Klosterkirche. Spaziergang im Ort. An diesem Ausflug können auch kleinere Kinder teilnehmen.*

Vom Bahnhof Altomünster gehen wir nach rechts in den Ort. An der Bierbrauerei vorbei kommen wir auf den Marktplatz mit dem Marienbrunnen und den alten Bürgerhäusern. Wir sehen die »Schultreppe«, den Durchgang zur Klosterkirche und den Auf-

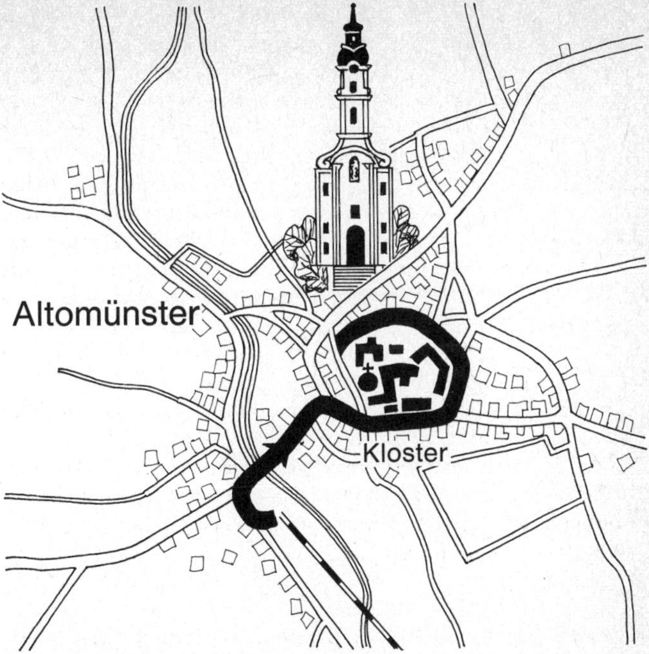

gang zum Kloster. Spaziermöglichkeiten bieten sich in Altomünster reichlich an. Besonders schön ist ein Gang rund um die alte Klosteranlage. Wir beginnen den Rundgang am besten durch die kleine Seitentüre links vom Hauptportal der St. Altokirche.

Wie das erste Kloster entstand

Der Ortsname sagt uns, daß hier oben einmal ein Alto ein Münster gebaut oder gegründet hat. Er war ein heiliger Abt, das wissen wir. Das ist aber auch schon alles. Den Rest der Geschichte müssen wir uns aus der Legende zusammenreimen.
Hätte es nicht den Mönch Otloh von Regensburg gegeben, der die Legende 300 Jahre nach dem Tode von St. Alto aufgeschrieben hat, wüßten wir aus den Anfangsjahren des Münsters wahrscheinlich gar nichts. Der aber berichtet uns, daß von den vielen

Iro-Schotten, die im 8. und 9. Jahrhundert ihre Heimat verließen, um die Botschaft Christi zu verkünden, einer mit dem Namen Alto wahrscheinlich um das Jahr 740 hierher kam, um zunächst in der Waldeinsamkeit für Gott zu leben. Er hatte sich in Freising von dem späteren Salzburger Bischof Virgil getrennt. Zwanzig Jahre lang war von ihm nichts mehr zu hören.
Dann endlich taucht ein geschichtliches Zeugnis auf, eine Schenkungsurkunde, die er im Jahre 760 unterschrieben hat. Er war dabei aber nicht Hauptbeteiligter, sondern nur als Zeuge vorgeladen worden. Und er unterschrieb mit »Alto reclausus« (= Einsiedler). Der fromme Einsiedler Alto durfte schließlich ein königliches Geschenk annehmen. Pippin der Jüngere überließ ihm den Wald, in dem er hingegeben lebte. Als die ersten Gefährten kamen, erwachte der Gedanke, ein Kloster mit einer Kirche zu bauen. Das Messer, mit dem er die Bäume, die gefällt werden sollten, anzeichnete, ist bis zum heutigen Tage erhalten. In den Urkunden ist erstmals von einem »Altoburg« die Rede. Der Abt Alto starb, das Kloster lebte weiter – bis zum 10. Jahrhundert. Da kamen die Ungarn und verwüsteten Kloster und Kirche. Den Grundbesitz eignete sich ein Graf Welf an. Doch St. Alto erschien ihm zweimal, da mußte er den Boden wieder herausgeben. Im 15. Jahrhundert entstand neben dem Mönchskloster auch ein Frauenkloster. Frauen und Männer gehörten dem kleinen Orden der Birgitten (nach der schwedischen Heiligen benannt) an.

1863 starb der letzte Birgittiner

Nur durch einen Zufall existiert noch heute das Birgittenkloster in Altomünster. Das kam so: Am 18. März des Jahres 1803 verkündete der Landrichter Franz Tümmermann, daß das Doppelkloster (Männer und Frauen) aufgelöst werde. Die Mönche wurden verjagt, ihr Klostertrakt wurde an Privatleute verkauft – es war Säkularisation. 60 Jahre später, am 13. April 1863, starb in Altenerding der letzte Birgittinermönch von Altomünster und mit ihm der letzte Birgittiner der ganzen Welt.
Auch das Nonnenkloster war 1803 mit aufgelöst worden. Mit den Frauen verfuhr man ein wenig gnädiger. Sie bekamen eine winzige Pension, der Grundbesitz wurde versteigert, den Wald eignete sich der Staat an, der 1806 einen Teil an die Marktge-

meinde abgab. Die Nonnen durften in ihrem alten Kloster bleiben, weil man für das Gebäude keinen Käufer finden konnte. Sie mußten jedoch alles unterlassen, was auf ihr klösterliches Leben hinweisen konnte. So durften sie vor allem nicht die gemeinsamen Ordensgebete verrichten.
Die Klostergemeinschaft war bis auf wenige Personen zusammengeschrumpft. Endlich, am 7. September des Jahres 1840, erlaubte König Ludwig I. die Neuaufnahme von Kloster-Kandidatinnen. Fünf Monate später schon, am 17. Februar 1841, wurde in einer königlichen Urkunde der Weiterbestand des Klosters zugesichert. Vier Wochen danach wurden die ersten zehn Kandidatinnen nach vielen Jahren der Not eingekleidet.
Die Hauptniederlassung befindet sich in Rom.
Der Orden wurde im Jahre 1346 von der hl. Birgitta, einer hochadeligen Schwedin, gegründet. Er hieß ursprünglich Erlöserorden. Es war ein Doppelorden von Frauen und Männern, die eigene Klosterbauten hatten, aber gemeinsam das Chorgebet verrichteten. Der Orden besaß bis 1802 die Klöster Gnadenberg bei Nürnberg und Maihingen bei Nördlingen.

Eine der bedeutendsten Rokokokirchen

Die heutige Kirche von Altomünster gilt als eine der bedeutendsten Schöpfungen (neben Dießen, Wies und Ottobeuren) in ganz Bayern. Sie ist das letzte Werk des großen Kirchenbaumeisters Johann Michael Fischer. Er starb während des Baues, den Balthasar Trischberger zu Ende führte.
Johann Baptist Straub, ebenso berühmt, schuf den Hauptteil der Bildhauerarbeiten.
Im Jahre 1763 erhielt der kurkölnische Hofbaumeister Johann Michael Fischer den Auftrag zum Bau der Kirche. Am 22. Mai wurden die Arbeiten aufgenommen. Drei Jahre später starb der Meister. Zwei Monate nach seinem Tod, am 9. Juli 1766, fügte der Prior des Klosters den letzten Stein in das Gewölbe der Kirche ein. Es dauerte noch einmal sieben Jahre, ehe der Freisinger Fürstbischof Ludwig Josef unter der Mitwirkung des Weihbischofs Ernst von Herberstein die feierliche Einweihung am 29. September 1773 vornahm.

Besonders dekorativ in dem sakralen Bau wirken die Deckengemälde. Die drei Gemälde im Herrenchor zeigen den Evangelisten Johannes, der auf Patmos die Geheime Offenbarung empfängt. Ferner: über dem Kelch des hl. Alto erscheint bei der Wandlung das Christuskind. Und: die hl. Birgitta schaut am Pfingstfest das Lamm Gottes in der Hostie.
Großartig und ungewöhnlich figurenreich ist das Deckengemälde in der Hauptkuppel, 1768 von Josef Mages gemalt und von ihm signiert. Es zeigt die Übergabe des Klosters durch Georg den Reichen an die Birgitten. Rechts vom Herzog hält Graf Wolfgang von Sandizell einen Birgittenmantel, und seine Frau trägt die Birgittenkrone. Über dem Gründungsbild steht Maria auf den Wolken mit dem hl. Alto und Johannes dem Täufer inmitten von Gestalten des Alten Bundes. Darüber erscheinen Heilige. In der Mitte die Dreifaltigkeit. (Zu empfehlen: ausführlicher Kirchenführer am Schriftenstand der Kirche.)

Einkehr am Weg

Maierbräu – am Marktplatz in Altomünster. Brauerei-Gaststätte. Terrasse.
Gasthof Herzog – am Marktplatz in Altomünster, gegenüber dem Rathaus. Eigene Metzgerei.
Kapplerbräu - an der Nerbstraße in Altomünster. Brauerei-Gasthof.

Mit der S 2 nach Dachau/Indersdorf 25

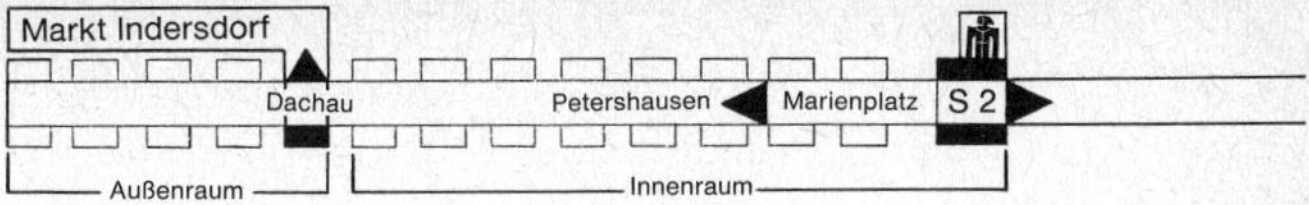

Abfahrt
in München, Marienplatz

Marienplatz	Dachau an	Dachau ab	Indersdorf
6.55	7.17	7.25	7.58
10.55	11.17	11.40	12.13

Rückfahrt
in Indersdorf

Indersdorf	Dachau an	Dachau ab	Marienplatz
16.11	16.38	16.47	17.13
20.46	21.13	21.27	21.53
22.26	23.22	23.27	23.53

Der Fahrplan gilt Samstag, Sonntag und Feiertag.
Hin- und Rückfahrt: Umsteigen in Dachau, Fahrzeit ca. 60 Minuten.
Weitere Fahrzeiten im amtlichen Fahrplan.
Fahrpreise für die Hin- und Rückfahrt: München–Indersdorf und zurück = zweimal 5 Zonen.
Mehrfahrtenkarte zweimal 2,10 Mark. Kinder zweimal 0,60 Mark. Hunde zweimal 0,60 Mark.

Ins Tal der Glonn zu einem alten Kloster

Die Glonn sorgt für saubere Trennung in Indersdorf: Der Markt mit seinem hübschen Marktplatz liegt nordwestlich des Flusses, das Kloster mit seinen umfangreichen Baulichkeiten südöstlich. Durch eine Brücke werden beide miteinander verbunden.
Zuerst war der Ort da – genauer: ein Hof, dann wurde das Kloster gegründet, das unter den beiden Niederlassungen später die Hauptrolle übernahm. Heute ist es eher wieder umgekehrt: die politische Gemeinde Indersdorf gewinnt im Landkreis Dachau

zusehends an Bedeutung. Sie ist im bayerischen Regionalentwicklungsplan als ein sogenanntes Kleinzentrum vorgesehen. Eine kleine Unkorrektheit muß ich zugeben: Mit der S-Bahn fahren wir ja nur bis Dachau, dort steigen wir um in die Lokalbahn, um nach Indersdorf zu kommen. Für diese Tour müssen wir uns deshalb ein wenig Zeit lassen, machen wir ruhig einen gemütlichen Tagesausflug daraus. Spazierengehen können wir in Indersdorf soviel wir wollen. Ausgebaute Spazier- und gekennzeichnete Wanderwege gibt es genügend. Doch schon ein Gang durch die weiträumigen Klosteranlagen und von dort über das breite Tal der Glonn hinüber zur Marktgemeinde ist ein schönes Erlebnis. Die Tour kann man übrigens zu allen Jahreszeiten machen, sie ist immer reizvoll, vor allem auch deswegen, weil wir dabei vom modernen, bequemen Massenverkehrsmittel umsteigen auf die (noch gar nicht so alte) Lokalbahn, die sich in Kurven und Windungen gemächlich durchs Land zieht.

Wandern

Route: *Vom S-Bahnhof Dachau weiter mit der Bahn bis Indersdorf. Dort vom Bahnhof zum Kloster Indersdorf und über die Glonn nach Markt Indersdorf. Ein Ausflug, an dem auch Kinder teilnehmen können.*

Vom Bahnhof Indersdorf gehen wir geradeaus auf die Hauptstraße, halten uns rechts und gehen nach der Rothbachbrücke wieder rechts. Wir befinden uns vor der stattlichen Klosteranlage.
Nach Markt Indersdorf: Vom Kloster aus gehen wir zunächst wieder die Straße nach rechts, folgen der Rechtskurve und biegen dann in die Verbindungsstraße nach Markt Indersdorf ein. In der Ortsmitte von Markt Indersdorf führt ein Fußweg – er ist beschildert – wieder zurück zum Bahnhof.

Gott half – bei einer Notlüge

Als »Bärtling« wurde der Laienbruder Maroldus kurz nach der Gründung des Klosters Indersdorf aufgenommen. Von ihm gäbe es nichts Aufregendes zu berichten, wenn nicht Gott ihm bei ei-

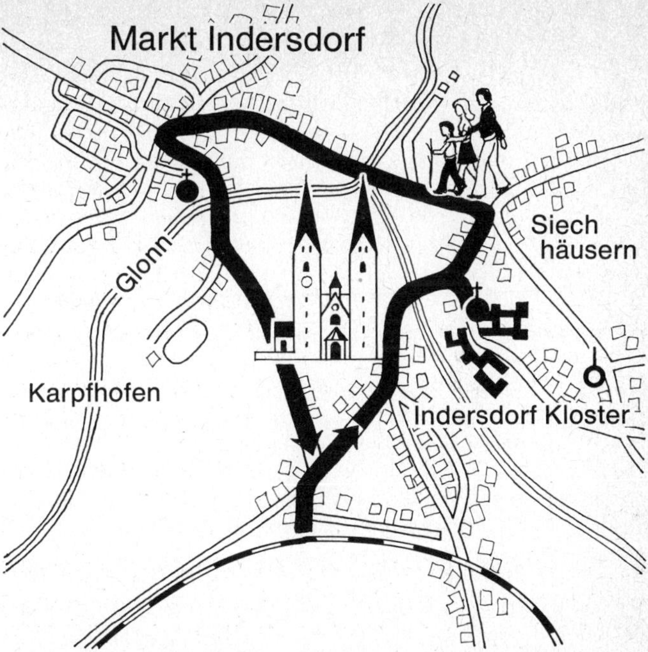

ner Notlüge geholfen hätte. Als er starb, wurde ihm zu Ehren ein Bildstock an der Straße zwischen Straßbach und Indersdorf mit einer Inschrift versehen. Er ist heute noch in gut erhaltenem Zustand.
Er hatte wirklich ein Herz für die Armen, der selige Bruder Maroldus. Und so half er ihnen, wo er nur konnte. Das war für ihn nicht schwer, weil er die Küche des Klosters leitete sowie auch die Ökonomie Mayrhof zu Straßbach. Dem Hof war auch ein Hospiz angeschlossen. Bruder Maroldus trug »das von dem Conventtisch überbliebene Brod und den Wein fleißig zusammen und brachte diese Überbleibselein denen Siechen zu« – so berichtet es 600 Jahre nach seinem Tod der Probst Gelasius Morhard, der 1762 eine Chronik des Klosters schrieb. In frommem Eifer tat der Bruder wohl dabei des Guten etwas zuviel, weshalb ihn der Propst eines Tages zur Rede stellen wollte. An einem Bildstock mit dem Bild des Gekreuzigten machte Maroldus auf

seinem Weg nach Mayrhof jedesmal halt und verrichtete eine kurze Andacht. Während er so betete, stand plötzlich Propst Heinrich vor ihm (ihm war nämlich hinterbracht worden, daß Maroldus das Klostergut vergeude) und wollte wissen, was er denn da in seinem Korb habe. Da war der Bruder so erschrocken, daß er eine Notlüge gebrauchte: In der Flasche sei Lauge, um die Armen und Kranken zu waschen; in dem Korb seien Späne, mit denen er die Lauge erwärmen wolle. Der Propst schaute nach – Bruder Maroldus hatte die »Wahrheit« gesprochen. Er sah Lauge und Späne im Korb.

Der gottesfürchtige Mann konnte den Vorgang nicht fassen und er berichtete dem Propst nun doch die reine Wahrheit. Der aber verstand den Wink des Himmels und befahl ihm, »hinfüran allzeit etwas für die Siechen mitzunehmen, wann er auf Straßbach gehete«.

Bruder Maroldus lebte nur noch ein Jahr nach dieser wundersamen Begebenheit. Am 23. Februar 1172 starb er während des Gebets an der kleinen Bildsäule »mit gebogenen Knyen und erhebten Händen«, so wie ihn eben der Tod überrascht hatte. Und wieder geschah etwas Wunderbares: Die Glocken der Klosterkirche von Indersdorf fingen ganz von selbst zu läuten an, und sie hörten erst auf, als man den Toten gefunden hatte.

Feierlich wurde er nun in die Klosterkirche heimgeholt und vor dem Altar des hl. Augustinus beigesetzt. Nur Stifter und Pröpste waren vorher an dieser Stelle beigesetzt worden. Lange Zeit wurde der selige Maroldus verehrt, und viele Votivtafeln kündeten von Gebetserhörungen.

Legende und Wahrheit mischen sich in dieser Geschichte. Wie es wirklich war, weiß heute niemand mehr.

Indersdorf in Stichworten

Die Klostergeschichte: Der Ortsname kommt von einem Geistlichen namens Undeo. 804 wird er in Urkunden als Kleriker genannt. Dieser Undeo übergibt im Jahre 848 den Besitz zu Inzemoos, Glonn und Iepinkirchen dem Dom zu Freising. 1096 baut Pfalzgraf Otto III. von Wittelsbach eine kleine Kapelle, nachdem er von einem Besuch im Heiligen Land eine Reliquie des hl. Nikolaus von Myra mitgebracht haben soll. Dann mußte Otto IV.

als Sühne für seine Teilnahme an der Gefangennahme des Papstes in Rom 1111 ein Kloster stiften. Er errichtete bei der kleinen Nikolauskapelle einen Holzbau, der 1126 fertig wurde. Sechs Augustiner-Chorherren aus dem Kloster Marbach bei Basel waren die ersten Bewohner. Das Kloster wuchs und entwickelte sich bald zu großer Blüte, unterbrochen von Zeiten schwerer Krisen. Am 13. März 1837 starb der letzte der Indersdorfer Chorherren. Schon Jahrzehnte vorher hatten die Salesianerinnen, die bereits 1783 nach Indersdorf beordert worden waren, die Klostergebäude inne. Unter ihrer Oberin Maria Aloisia von Guttenberg richteten sie ein Mädchen-Institut ein. 1831 siedelten sie nach Dietramszell über. 1856 wurde das Haus Bewahranstalt für verwahrloste Kinder, 1949 Verschleppten-Kinderheim, 1970 kamen die Barmherzigen Schwestern und gründeten eine Mädchen-Oberschule mit Internat. Eine Hauswirtschaftsschule und ein Kindergarten wurden angegliedert.

Einkehr am Weg

Bahnhofskiosk – am Bahnhof von Indersdorf im Ortsteil Karpfhausen.
Gasthaus Brummer – auf dem Weg vom Bahnhof nach Indersdorf.
Gasthaus Funk – bei der Klosterkirche. Brauereiausschank. Eigene Metzgerei.
Kloster-Gaststätte – gegenüber der Klosterkirche. Brauereiausschank.
Café Furtner – auf dem Weg von Kloster Indersdorf nach Markt Indersdorf.
Gasthaus Unterer Wirt – an der Dachauer Straße in Markt Indersdorf.
Gasthaus Schwendtner – an der Straße nach Petershausen in Markt Indersdorf.
Gasthaus Steidle – am Bahnweg in Markt Indersdorf.

26 Mit der S 2 nach Dachau/Erdweg

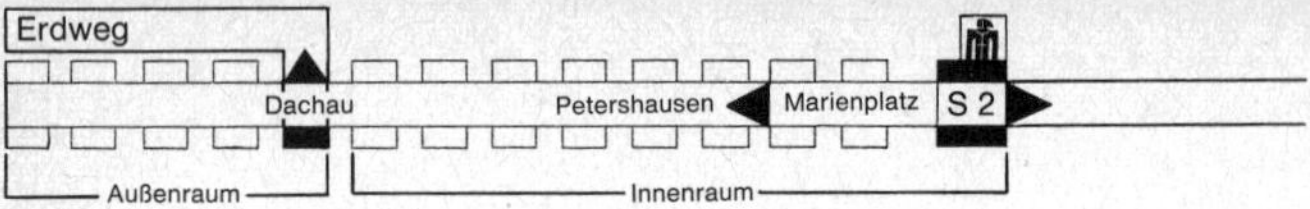

Abfahrt
in München, Marienplatz

Marienplatz	Dachau an	Dachau ab	Erdweg
6.55	7.17	7.25	8.07
10.55	11.17	11.40	12.22

Rückfahrt
in Erdweg

Erdweg	Dachau an	Dachau ab	Marienplatz
16.00	16.38	16.47	17.10
20.35	21.13	21.27	21.50
22.45	23.23	23.27	23.53

Der Fahrplan gilt Samstag, Sonntag und Feiertag.
Hin- und Rückfahrt: Umsteigen in Dachau, Fahrzeit ca. 70 Minuten.
Weitere Fahrzeiten im amtlichen Fahrplan.
Fahrpreise für die Hin- und Rückfahrt: München–Erdweg und zurück = zweimal 5 Zonen.
Mehrfahrtenkarte zweimal 2,10 Mark. Kinder zweimal 0,60 Mark. Hunde zweimal 0,60 Mark.

In Ludwig Thomas Jagdrevier

Vom kleinen Bahnhof Erdweg machen wir eine kurze Wanderung – es ist mehr ein Spaziergang – hinein in Ludwig Thomas Jagdrevier am Petersberg mit seiner einzigartigen romanischen Basilika. Der inzwischen verstorbene alte Rottenfußer-Wirt vom gleichnamigen Wirtshaus in Kleinberghofen – dorthin können wir einen kleinen Abstecher von unserer Wanderroute machen – wußte noch so manche Geschichten von Ludwig Thoma zu erzählen, wie uns einer der besten Kenner des Oberbayerischen, Karl Spengler, berichtet. Beim »Rottenfußer« kehrte Thoma oft ein und übernachtete hier auch, wenn er auf die Jagd ging. Viele seiner Freunde kamen hierher, so Ignatius Taschner, Wilhelm von Diez oder Thöny. Und wenn man bei den Thoma-Stücken, wie beim »Wittiber« oder im »Ruepp« genau hinhört, dann fallen Dorfnamen, wie man sie am Fuße des Petersberges in der Wirklichkeit wiederfindet. Unmittelbar unterhalb des berühmten Berges, in Eisenhofen, wurde der Münchner Weihbischof Dr. Johannes Neuhäusler geboren. Neuhäusler war es auch, der das Vorhaben der benediktinischen Mönche aus dem Jahre 1104 im 20. Jahrhundert verwirklichen ließ: Ein geistig-religiöser Quellpunkt im Leben der Kirche sollte die Peterskirche werden. Vor 2000 Jahren war der markante Höhenvorsprung zwischen mittlerem Glonntal und Zeitlbachtal eine Römerschanze, von der aus man den Übergang, den »Erdweg«, über das Glonntal zu schützen hatte. Zugleich bildete der Vorsprung den Ausgangspunkt für die Höhenstraße nach Augsburg; noch heute heißt sie Römerstraße. Schon um das Jahr 1000 entstand auf dem heutigen Petersberg eine Burg, die den Skyren oder Schyren (= Scheyerern) gehörte. Unten zog die Glonn ihre Wasserbahn durch die Landschaft, und man nannte die Burg »Glaneck« nach dem lateinischen Namen für Glonn = Glana. Und auch Eisenhofen hatte schon damals seine Geschichte. Zur Zeit der Völkerwanderung war, von Südosten her, der Stamm der Huosi hier seßhaft geworden. Ursprünglich hieß Eisenhofen Usenhowen, das heißt Hof der Huosi. Die Siedlung ist demnach schon uralt.

Wandern

Route: *Vom S-Bahnhof Dachau mit der Bahn weiter nach Erdweg und dort vom Bahnhof zu Fuß über Eisenhofen zur Basilika auf dem Petersberg – 2 km. Auch für Kinder.*

Am Bahn-Haltepunkt Erdweg gehen wir rechts, überqueren auf der Hauptstraße die Glonn und biegen gleich nach der Brücke rechts ab. Einen Kilometer wandern wir, überqueren auf einer kleinen Brücke den Zeitlbach und biegen schließlich in Eisenhofen nach links ab. Ein schöner Weg unmittelbar nach der Bahnlinie rechts, führt uns zur Basilika auf dem Petersberg. Wir wandern auf dem gleichen Weg wieder zurück zum Bahnhof Erdweg.

Im KZ begann die neue Geschichte

Am 3. Juni 1952 wurde auf dem Petersberg der Grundstein zu einem modernen kirchlichen Bildungszentrum gelegt, am 1. Mai 1953 gab der damalige Erzbischof von München und Freising, Kardinal Wendel, dem Haus den kirchlichen Segen. Die Geschichte dieses Hauses hatte im KZ Dachau begonnen.

Der im nahen Eisenhofen geborene Münchner Weihbischof Dr. Johannes Neuhäusler war in den Jahren 1941 bis 1945 politischer Häftling im KZ Dachau. Und es schien ausgeschlossen, daß er jemals wieder in die Freiheit zurückkehren würde. Er selbst berichtet, daß er damals in den schwersten Stunden Gott das Versprechen gab, »wenn er ›gleich Petrus und durch die Fürbitte des heiligen Petrus wieder heil aus dem KZ komme‹, wolle er die Kirche auf dem Petersberg zu einem religiösen Zentrum des ganzen Glonngaues machen.« Seine Bitte wurde erhört, er löste sein Versprechen ein.

Im Winterhalbjahr finden auf dem Petersberg zwölfwöchige Landvolk-Hochschulkurse für Mädchen ab 19 Jahren aus den Bistümern München, Augsburg und Eichstätt statt. Die Parallelkurse für junge Männer laufen in der Wies bei Steingaden. Zwischen den zwei Mädchenkursen werden allgemeine Tagungen für das Landvolk veranstaltet, für Bauern, Handwerker, Arbeiter, Akademiker, Lehrer, Priester und Politiker – für Menschen, denen die Zukunft des Dorfes am Herzen liegt.

Im Sommer steht das Haus allen aus Stadt und Land und aus allen Berufszweigen zur religiösen und geistigen Weiterbildung offen. Weihbischof Dr. Neuhäusler vollendete mit dem Einlösen seines Versprechens ein Vorhaben, das die benediktinischen Mönche bereits im Jahre 1104 hatten, als sie hier ihre Kirche bauten.

Von großartiger Schlichtheit

Als die Kirche auf dem Petersberg aus Anlaß der 800-Jahr-Feier 1907/1908 unter dem eifrigen Pfarrer Karl Köpf aus Walkertshofen gründlich renoviert wurde – der Innenraum der Kirche war barock überkleidet worden –, mußte man sieben Schichten Farbe und Mörtel abtragen, um einstige Fresken wieder ans Tageslicht zu bringen. Es waren nur Reste erhalten geblieben, weshalb man

Kleinberghofen
Hirschberg
Basilika
Petersberg
Eisenhofen
Glonn
Erdweg

daranging, sie zu vervollständigen. Vielleicht tat man dabei etwas zuviel des Guten – meinen Sachverständige. Immerhin: Jetzt erst konnte die einstige Klarheit der Wirkung dieses Kirchenbaues wieder in der ursprünglichen Art sichtbar werden. Im Jahre 1952 wurde die letzte Restauration vorgenommen. Dabei legte man auch die übrigen Wandteile und die Säulen frei, und man bemühte sich, die älteste Struktur vollkommen wieder herzustellen. Eine gelungene Bemühung. Man ist heute überwältigt von der großartigen Schlichtheit des Raumes. Es heißt, daß die Erbauer dieser Kirche vor mehr als 800 Jahren den »goldenen Schnitt« in Länge, Höhe und Breite gefunden hätten. Der Innenraum ist 24 Meter lang und 12 Meter breit; eine dreischiffige Basilika mit zwölf schweren Säulen (Apostel!).

Alles konzentriert sich auf die Apsis hin: Christus, das Ziel, thront hier im Halbrund der Kuppel, ihm zur Seite stehen rechts und links die Kirchenpatrone Petrus und Paulus. Zu seinen Füßen die vier geflügelten apokalyptischen Wesen: Mensch, Löwe, Stier und Adler, die Symbole der vier Evangelisten. Das Weltall dient dem Herrscher Christus als Schemel.

Das zweite Freskenband darunter stellt das Martyrium der Apostelfürsten dar: links Petrus am Kreuz, rechts die Enthauptung des heiligen Petrus.

Die dritte und unterste Freskenreihe hinter dem Altar zeigt in sakraler Feierlichkeit die Gottesgebärerin Maria auf dem Thron, von Engeln umgeben.

Die Kirche auf dem Petersberg gilt als das älteste klerikale Bauwerk im Bistum München-Freising.

Einkehr am Weg

Gasthaus Luegmair – an der Hauptstraße in Erdweg.

Gastwirtschaft Rottenfußer – an der Münchner Straße in Kleinberghofen.

Mit der S 6 nach Erding **27**

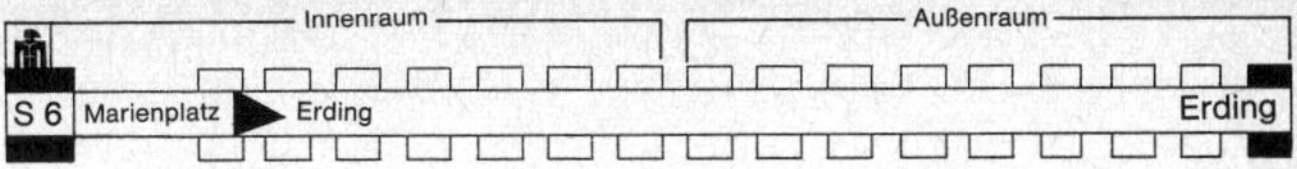

Abfahrt in München, Marienplatz			Rückfahrt in Erding		
6.01	6.41	7.21	14.22	15.02	15.42
8.01	8.41	9.21	16.22	17.02	17.42
10.01	10.41	11.21	18.22	19.02	19.42
12.01	12.41	13.21	20.22	21.02	21.42
14.01	14.41	15.21	22.22	23.02	23.42

Der Fahrplan gilt Samstag, Sonntag und Feiertag.
Die Züge fahren alle 40 Minuten, Fahrzeit ca. 47 Minuten.
Weitere Fahrzeiten im amtlichen Fahrplan.
Fahrpreise für die Hin- und Rückfahrt: München–Erding und zurück = zweimal 6 Zonen.
Mehrfahrtenkarte zweimal 3,30 Mark. Kinder zweimal 0,60 Mark. Hunde zweimal 0,60 Mark.

Altes oberbayerisches Land

Wir kommen in altes oberbayerisches Land, in dem noch viel Ursprüngliches erhalten ist.
Schon die Kreisstadt Erding ist eine Reise von München mit der S-Bahn wert. Man kommt bequem hin. Wer einmal hier war, wird wohl wünschen, noch öfter einmal einen kurzen oder längeren Ausflug hierher zu machen. Wenn wir auf dem Marktplatz stehen, lassen wir das Bild des Landstädtchens, das sich Jahrhunderte so erhalten hat, auf uns einwirken. Hier scheint die Zeit beinahe stehengeblieben zu sein; wir meinen es vor allem dann, wenn wir uns für den Besuch einen frühen Sonntagmorgen ausgesucht haben.
Recht behäbig steht das Landshuter Tor da und weist hinein nach Niederbayern. Die Glocken vom Turm der Pfarrkirche St. Johannes rufen zum Gottesdienst. Da erinnern wir uns, daß Erding

ja eine Glockengießerstadt ist. Als solche hat sie Weltruf. Mehr als 5000 Glocken wurden seit 1945 für das In- und Ausland hier gegossen und ausgeliefert.
Wir wollen uns bei dieser Tour auch die nähere Umgebung von Erding ein wenig erwandern. Altenerding, Pretzen, Bergham, Heiligblut – das sind Stationen unseres Weges, die allesamt dazugehören, wenn wir Erding, seine Geschichte, sein Wesen und die Wesensart seiner Menschen verstehen wollen.

Wandern

Route: *Vom Bahnhof Erding über Altenerding, Pretzen, Bergham, Heiligblut zurück nach Erding – 11 km. Die Tour können auch wandergeübte Kinder mitmachen.*

Am Bahnhof von Erding gehen wir zunächst südwärts an den Bahngleisen entlang, überqueren die Haager Straße und die Bahnlinie und biegen dann rechts in den Stadtweg ein. Über den Mühlensteig kommen wir nach Altenerding.
Nach dem Besuch der Kirche Mariä Verkündigung wenden wir uns an der Mariensäule südwärts, folgen der Landgerichtstraße und überqueren die Sempt auf einem schmalen Steg.
Nun wenden wir uns nach rechts dem Dorf Pretzen zu. Die roten Zwiebeltürmchen der kleinen Kirche sind schon von weitem zu sehen.
Im Dorf folgen wir dem Wegweiser nach Bergham. Wir überqueren dabei wieder die Sempt und kommen am Bahnhof Aufhausen vorbei in das Dorf hinein. Wir schauen uns das strohgedeckte Hirtenhaus aus dem 17. Jahrhundert an – hier kann man auch gut eine kurze Rast einlegen – und biegen dann im Weitergehen bei der Hirtenhauskapelle links ab und beim Transformatorenhäuschen wieder rechts. Zwei Weggabelungen passieren wir, an denen wir uns jeweils rechts halten.
Wir wandern nun auf die Altenerdinger Kirche zu, gehen durch die Pfarrer-Fischer-Straße und über den Von-Graisinger-Weg zur Wallfahrtskirche Heiligblut im Ortsteil Klettham. Über den Kreuzweg wandern wir von hier an der Sempt entlang in das Stadtinnere von Erding zurück.

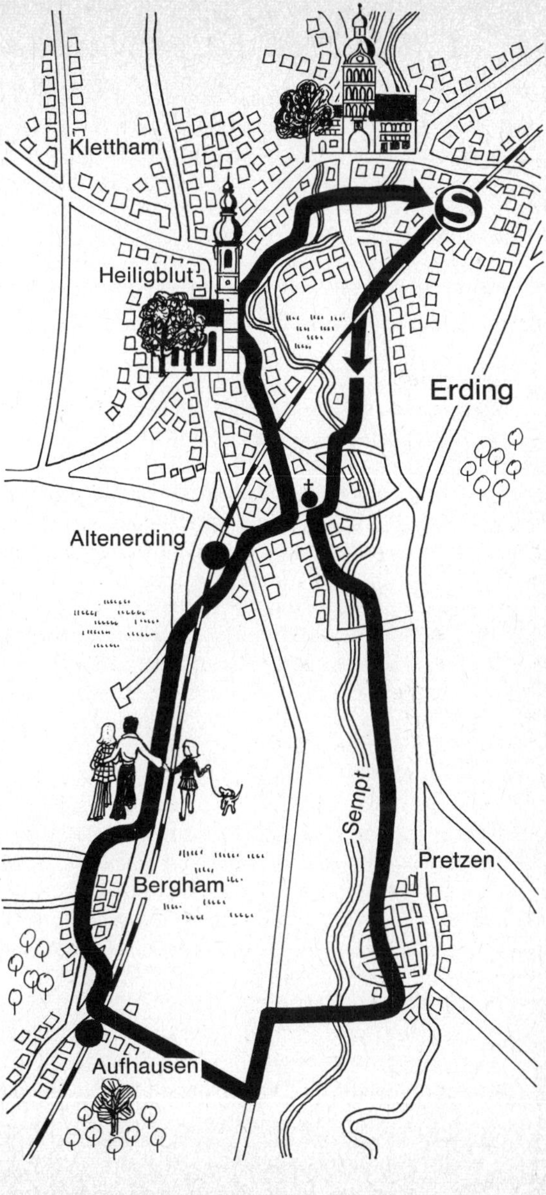

Klettham
Heiligblut
Erding
Altenerding
Sempt
Pretzen
Bergham
Aufhausen
S

Erding – der Bischöfe wegen

Erding wäre vielleicht niemals entstanden, wenn sich der Bischof von Freising und die Wittelsbacher – in der ersten Hälfte des 13. Jahrhunderts – gut vertragen hätten. Dem war aber nicht so: Zwischen beiden kam es zu – gelinde ausgedrückt – Unstimmigkeiten. Was taten die Herzöge? Sie errichteten östlich von Klettham an der Sempt einen befestigten Platz und zeigten den Bischöfen die kalte Schulter. Man weiß es nicht mehr genau, ob es unter Ludwig dem Kelheimer oder Otto II. geschah, aber der neue Siedlungsplatz wurde von Anfang an besonders stark befestigt. Der Herzog gab sich nicht mit Wall und Graben zufrieden, er leitete auch noch den Fehlbach ab in ein neues Bett und hatte so eine doppelte Flußsicherung. Das Gelände, auf dem auf diese Weise Erding entstand, gehörte dem Ebersberger Kloster.
Zum Frieden zwischen der kirchlichen und der weltlichen Macht scheint es nicht gekommen zu sein; denn die einmal geschaffene Anlage wurde Zug um Zug immer raffinierter ausgebaut und verbessert. Erding war ein überaus wehrhafter und stark befestigter Ort. Aus dieser Zeit freilich fehlen nahezu alle Zeugnisse, man kann sich das Stadtbild nur aus den verschiedenen Urkunden und Beschreibungen vorstellen. Was heute noch an Mauerresten und Türmen steht, stammt meist aus dem 15. und 17. Jahrhundert. Im 19. Jahrhundert fielen Stadtmauer, Türme und Tore der Spitzhacke anheim. Wenn man bedenkt, daß selbst das, was heute noch geblieben ist, den Besucher ins Staunen versetzt –, wie mag das erst noch vor 100 oder 200 Jahren ausgesehen haben! Wir wissen es: Merian, Ertl und Wening haben fleißig gearbeitet und uns in wunderschönen Kupferstichen dieses alte Erding überliefert. Schönstes noch erhaltene Erinnerungsstück an jene Zeit: Das Landshuter Tor, der »Schöne Turm« genannt. Es wurde zu Ehren der von Landshut her einreitenden Herzöge um 1500 errichtet.

Pretzen – Bergham – Heiligblut

Pretzen: St. Georgskirche aus dem 18. Jahrhundert. Vorher gab es bereits ältere Kirchenbauwerke. In den Freisinger Traditionen liest man von »In loco prezzun«. Um das Jahr 1000 führt Bischof

Gotschalk hier einen Gütertausch durch. In Pretzen soll auch einmal eine römische Siedlung gestanden haben, Nachweise konnten jedoch bis jetzt nicht durchgeführt werden.
Bergham: In einem Lindenhain steht das viel bewunderte kleine Hirtenhaus aus dem Jahre 1650, es ist mit Stroh gedeckt. Heimatfreunde haben das bescheidene, aber eindrucksvolle Baudenkmal vor einigen Jahren gerettet. Auf dem Anger die »Dr.-Weinberger-Linde«, die den Namen des Verdienstvollsten unter ihnen festhält.
Heiligblut: Alte Wallfahrtskirche, die nicht auf eine Heiligblut-Reliquie zurückzuführen ist, sondern auf den Hostienfrevel eines Bauern. Aus Aberglauben hatte dieser den Frevel begangen und wurde vom Rat der Stadt Erding zur Errichtung einer hölzernen Kapelle verpflichtet. Eine Holztafel aus der Zeit um 1600 berichtet über diese Entstehungsgeschichte. – Der jetzige reiche Stuckbau wurde 1675 errichtet – erstmals wird eine Kapelle zum heiligen Blut 1360 erwähnt. Interessant sind Grabmäler der Fugger, Rivera und Seinsheim.

Erding/Altenerding in Stichworten

Stadtpfarrkirche St. Johann, an der Stelle einer älteren Taufkirche im 15. Jahrhundert errichtet. Besonders sehenswert: berühmtes Chorbogenkruzifix von Hans Leinberger, etwa 1520. Unter dem Chor der Kirche soll sich noch ein Beinhaus mit Massen von Skeletteilen befinden.
Heiliggeist-Spitalkirche, ebenfalls 15. Jahrhundert. Stukkaturen im Innern aus dem 17. Jahrhundert.
Frauenkirche am Schrannenplatz, im Jahre 1808 profaniert, wurde schon im 14. Jahrhundert errichtet, im 17. Jahrhundert verändert. Heute dient sie der Erdinger Feuerwehr als Gerätehaus.
Altenerding ist aus einem Königshof der Karolinger entstanden. Der Ort war schon in früher Zeit sehr bekannt. Zahlreiche vor- und frühgeschichtliche Funde. Überaus interessante Geschichte. Altenerding erhielt 1957 ein Gemeindewappen: In Rot zwei voneinander abgewendete aufrechtstehende silberne Pflugscharen; Symbole der Edlen von Aerding.
Pfarrkirche von Altenerding, ein Werk des Erdinger Stadtbaumeisters Anton Kogler, 1724. Besonders sehenswert: seltene

Schiffskanzel, von Johann Christian Jorhan dem Älteren. Petrus führt das Ruder, Christus predigt vom Boot aus, in dessen Mitte sich der Kanzelkorb erhebt.

Einkehr am Weg

Landshuter Hof – an der Landshuter Straße in Erding.
Schöner Turm – an der Landshuter Straße in Erding.
Münchner Hof – an der Münchner Straße in Erding.
Pizzeria Krüger und Gorna – an der Münchner Straße in Erding.
Moosrainer Hof – an der Freisinger Straße in Erding.
Ebnerbräu – an der Haager Straße in Erding.
Erdinger Weißbräu – Lange Zeile in Erding.
Ferstlbräu – Lange Zeile in Erding.
Mayr-Wirt – an der Haager Straße in Erding.
Gasthof Zur Post – an der Friedrich-Fischer-Straße in Erding.
Gastwirtschaft Festl – am Herzoggraben in Erding.
Hirschwirt – an der Dorfener Straße in Erding.
Klösterl – an der Brauhausgasse in Erding.
Stiftungshof – an der Schubertstraße in Erding.
Wilfinger Klause – Restaurant an der Michael-Ferstl-Straße in Erding.
Park-Café – in Altenerding.
Schloßcafé – Gasthaus Burgmair, an der Schloßallee in Aufhausen. Terrasse, Gartenbetrieb. Bürgerliche Küche.
Zum Lindenwirt – am Lindenhain in Bergham. Schattige Terrasse.
Gasthaus Messelberger – an der Hauptstraße in Pretzen. Garten.

Mit der S 6 nach Aufhausen **28**

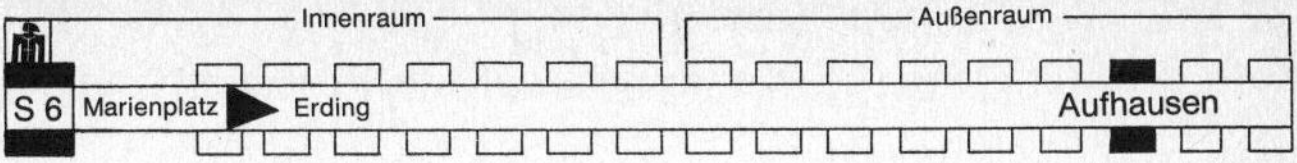

Abfahrt in München, Marienplatz			Rückfahrt in Aufhausen		
6.01	6.41	7.21	14.26	15.06	15.46
8.01	8.41	9.21	16.26	17.06	17.46
10.01	10.41	11.21	18.26	19.06	19.46
12.01	12.41	13.21	20.26	21.06	21.46
14.01	14.41	15.21	22.26	23.06	23.46

Der Fahrplan gilt Samstag, Sonntag und Feiertag.
Die Züge fahren alle 40 Minuten, Fahrzeit ca. 43 Minuten.
Weitere Fahrzeiten im amtlichen Fahrplan.
Fahrpreise für die Hin- und Rückfahrt: München–Aufhausen und zurück = zweimal 6 Zonen.
Mehrfahrtenkarte zweimal 3,30 Mark. Kinder zweimal 0,60 Mark. Hunde zweimal 0,60 Mark.

Auf dem »Topfrand« des Erdinger Mooses

Wir wandern auf Altmoränen, wie diese Bodengestaltungen von den Geologen genannt werden. Sie bilden den östlichen »Topfrand« des Erdinger Mooses. Wir erreichen ihn, wenn wir das nicht minder interessante Sempttal – großenteils noch heute vermoort – verlassen und nach oben steigen. Wir sehen das Elektrizitätswerk von Aufkirchen, ein wichtiges Objekt der neuen Zeit, denn auch hier im Osten wächst der Energiebedarf ständig. Und wir treffen mitunter auf eine Ziegelei, die hier zum Landschaftsbild gehört; an Ort und Stelle kann die Lößlehmdecke abgebaut und verwertet werden. Wir befinden uns in einem alten bayerischen Kulturland. Daran werden wir in Itzling erinnert (Funde!), darauf stoßen wir wieder in Bergham. Dort bewundern wir einen alten strohgedeckten Stadel, das sogenannte Herderhaus. Wieviele solcher Gehäuse mögen noch vor hundert Jahren in dieser

Gegend gestanden haben! Viel Altes und geschichtlich Wertvolles wurde um die Jahrhundertwende zerstört und ging unwiederbringlich verloren. Die Technik siegte über das bodenständig Gewachsene. Heute denken wir eher wieder an das Bewahren.

Wandern

Route: *Vom S-Bahn-Haltepunkt Aufhausen über Schloß Aufhausen, Itzling, Bergham zurück nach Aufhausen – 5 km. Auch für größere Kinder geeignet.*

Wir überqueren am S-Bahn-Haltepunkt die Schienen und wandern links nach Aufhausen hinein. Rechts führt uns nach ein paar hundert Metern die Straße hinauf zum Schloß.
Sie mündet in einen Feldweg, auf dem wir dem nahen Wäldchen zustreben. Am Waldrand folgen wir dem Weg rechts um die Kurve und gehen dann wieder geradeaus weiter. Am Ende des kurzen Waldstückes treffen wir auf eine kleine Straße, der wir nun nach rechts folgen, um auf ihr durch eine abwechslungsreiche Landschaft nach Itzling zu gelangen. Ein Sträßchen bei der Kirche führt uns nach Bergham, wo wir bei der Straßengabelung am Ortsanfang rechts dem Ort zustreben. In wenigen Minuten haben wir den Ausgangspunkt unserer Tour, den Bahnhof Aufhausen, erreicht.

Vom Moos lebten die Brauereien

Wir wandern durch uraltes bayerisches Siedlungsland – so sicher weiß man das allerdings erst seit ein paar Jahren. Bei Bauarbeiten in Itzling stieß man auf sehr alte Menschenreste – eine eindeutige Spur der Bajuwaren, wie sich später herausstellte.
Am Rand des Erdinger Mooses wurde früher neben dem Torf der häufig vorkommende »Almkalk« abgegraben und als Schleif- und Poliermittel verkauft. Hier, vom Osten her, wurde die Kultivierung immer weiter ins Moos vorangetragen. Die Jagdherren freilich und die Grundbesitzer waren damit gar nicht einverstanden.
Den Torf brauchten in der Mitte des 19. Jahrhunderts vor allem

die Brauereien, besonders die aus München, Erding und Freising. Der Torf war das billigste Heizmaterial. Wer einmal in die Nähe von Ismaning kommt und dabei das Gut Zengermoos besucht, kann nördlich davon noch Reste einer alten Torfbahn erkennen. Die Gleisanlagen sind noch nicht ganz verschwunden.

Die Brauereien waren es, die sich um jene landwirtschaftlichen Betriebe kümmerten, die vom Torfstich lebten. Ihr Bemühen bestand vor allem in der laufenden Heranziehung von genügend Arbeitskräften; denn nur dadurch konnte die Produktion aufrechterhalten werden.

Die Kultivierung des Mooses machte den ersten Generationen von Kolonisten das Leben schwer. Sie verfuhren nach der Humustheorie und legten ihre Höfe viel zu klein an. Auf Grund der Erfahrungen entstanden daraufhin Güter, in denen musterhaft gewirtschaftet wird, auf deren Ländereien heute Weizen wächst, »wo früher die Spatzen verhungerten«. Es werden Kartoffeln und Gemüse angebaut und Milchvieh und Schweine gehalten. An einigen Stellen wird Kraut angebaut. Die Absenkung des Grundwasserspiegels und die Zusetzung von Kunstdünger waren die Voraussetzungen für diese neue Fruchtbarkeit.

Wissenswert – Sehenswert

Aufhausen: Erstmals urkundlich erwähnt um 1000. Seit 1883 ist das Schloß im Besitz der Familie von Fröhlich. Schloßkapelle Maria Magdalena.
Itzling: Bei Bauarbeiten im Jahre 1961 wurden Sarkophagreste und Skeletteile aus dem 8. Jahrhundert gefunden. Ein echter ing-Ort (Bajuwaren), er dürfte um 700 entstanden sein. Um 1224 wird der Ort Vozelingen genannt, etwa um 1315 heißt er Üzzeling. Um diese Zeit ist schon von einer Kirche die Rede. Die heutige Kirche zum hl. Vitus baute der Erdinger Stadtbaumeister Hans Kogler im Jahre 1716.
Bergham: In einem Lindenhain steht das vielbewunderte, strohbedeckte Hirtenhaus aus dem Jahre 1650.
Altenerding: Aus einem alten Königshof der Karolinger hervorgegangen. Der Ort war schon in früher Zeit sehr bekannt. Mehr über Bergham und Altenerding: Tour 27, Seite 157.

Viele Namen um Aufhausen

In den Besitz von Aufhausen teilten sich im Laufe der Jahrhunderte viele Familien. In den urkundlichen Aufzeichnungen finden wir Namen, die auch anderswo auftauchen, Namen bekannter und berühmter Familiengeschlechter, aber auch Namen, die wir nur in diesem Gebiet der Münchner Umgebung vorfinden. Zum erstenmal wird von Aufhausen in einer Mondseer Besitzaufzeichnung berichtet. Das dürfte etwa um 1000 gewesen sein. Damals hieß Aufhausen »Ufhusa«. Nach der Aufzeichnung gehörten drei Huben in Aufhausen zum Kloster Mondsee. Heinrich von Rohr, ein wittelsbachischer Ministeriale, bezeichnet sich 1298 als »castellanus« von Aufhausen. Anfang des 14. Jahrhunderts dürfte einer aus der Familie der Preysinger Besitzer von Aufhausen gewesen sein.

Genaueres weiß man wieder von den folgenden Jahrzehnten und Jahrhunderten. Von 1492 bis 1554 waren es die Alhartspeck zu Roßbach bei Mauerkirchen, die das herzogliche Lehen innehatten. Ein paar Jahre später, 1578, kaufte Hans Egid von Sonderndorf den Sitz. 1581 aber schon heißen die Schloßherren Armannsperg. Und wiederum wechselt nach 13 Jahren der Besitzer. Der nächste Name: Christof Schrenck zu Egmating. In einer Urkunde wird er als »Christoph Schrenkhen zu München« erwähnt.
Aufhausen gelangt schließlich durch Heirat in den Besitz der Familie Eisenreich. Doch auch dies währt nicht lange. Nacheinander treten als weitere Herren zu Aufhausen auf: Freiherr von Egloffstein, Maximilian Graf Fugger von Kirchberg und Weißenhorn, in den Jahren 1774 bis 1794 Maximilian Graf von Preysing-Hohenaschau, die Grafen Spreti und im Jahre 1817 die von Auer. Im Jahre 1883 erwirbt die Familie von Fröhlich den Besitz. Sie hat ihn noch heute inne.
Entscheidendes in der langen Reihe der Herren tat Freiherr von Egloffstein: Er vergrößerte das Schloß und ließ auch die Schloßkapelle erbauen. Er widmete sie der heiligen Maria Magdalena.

Einkehr am Weg

Schloßcafé – Gasthaus Burgmair, an der Schloßallee in Aufhausen. Terrasse, Gartenbetrieb. Bürgerliche Küche.
Zum Lindenwirt – am Lindenhain in Bergham. Schattige Terrasse.
Gasthaus Messelberger – an der Hauptstraße in Pretzen, am Ortsende in Richtung Altenerding. Garten.

29 Mit der S 6 nach Ottenhofen

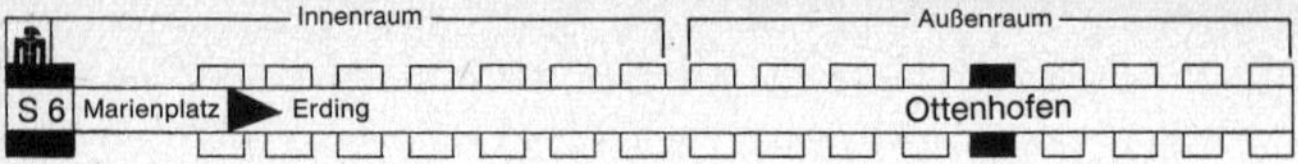

Abfahrt in München, Marienplatz			Rückfahrt in Ottenhofen		
6.01	6.41	7.21	14.35	15.15	15.55
8.01	8.41	9.21	16.35	17.15	17.55
10.01	10.41	11.21	18.35	19.15	19.55
12.01	12.41	13.21	20.35	21.15	21.55
14.01	14.41	15.21	22.35	23.15	23.55

Der Fahrplan gilt Samstag, Sonntag und Feiertag.
Die Züge fahren alle 40 Minuten, Fahrzeit ca. 34 Minuten.
Weitere Fahrzeiten im amtlichen Fahrplan.
Fahrpreise für die Hin- und Rückfahrt: München–Ottenhofen und zurück = zweimal 5 Zonen.
Mehrfahrtenkarte zweimal 2,10 Mark. Kinder zweimal 0,60 Mark. Hunde zweimal 0,60 Mark.

Bei den Höfen des Otto

Ottenhofen leitet seinen Namen aus »Bei den Höfen des Otto« ab und man nimmt heute an, daß der Ort schon sehr früh eine wichtige Rolle gespielt haben muß; denn er liegt an einer wichtigen alten Straße.
Seine heutige Bedeutung gewann Ottenhofen vor allem durch den günstigen S-Bahn-Anschluß nach München. Das einstige Bauerndorf ist blitzsauber, die Straßen sind gut ausgebaut. Das Gemeindeleben ist »in Ordnung«. Früher gehörte die Gemeinde zum Landkreis Ebersberg, seit 1928 ist sie dem Landkreis Erding angegliedert. Wunderschön ist die Ottenhofener Umgebung. Wir wandern hinter zur Schußmühle und schlendern, wenn wir wollen, zwischen den Forellenteichen »Am Vogelherd« herum. Die Sempt und die Schwillach eignen sich gut zur Fischzucht. Bei unserer Wanderung erleben wir auf gepflegten Wegen die

schöne altbayerische Moränenlandschaft. Wir können uns dabei Zeit lassen und uns richtig erholen. An einladenden Einkehrmöglichkeiten fehlt es nicht.
Wenn wir nach Siggenhofen/Herdweg hinaufwandern, müssen wir uns klarmachen, daß wir uns in altem Siedlungsland befinden. Man sieht es den paar Häusern des Ortes nicht an, aber die urkundlichen Zeugnisse reichen weit zurück. Wir genießen die wunderschöne Aussicht, wir ruhen uns unter den alten Bäumen bei der Kirche aus und wandern schließlich zurück nach Ottenhofen mit seiner schön gelegenen alten Kirche und dem ehemaligen Schloß.

Wandern

Route: *Von Ottenhofen zur Schußmühle und über Siggenhofen/Herdweg zurück nach Ottenhofen – 2 km. Auch für Kinder.*

Am Bahnhof von Ottenhofen gehen wir über die Treppe hinunter zur Hauptstraße und wandern auf dem Gehweg an der Kirche vorbei bis zur links abzweigenden Straße, der wir ein kurzes Stück folgen und dann – Wegweiser sind angebracht – rechts abbiegen. Durch eine hübsche Birkenallee kommen wir, am Sportplatz vorbei, nach etwa 30 Minuten zur Schußmühle von Herdweg.
Hier können wir eine Rast einlegen und in der Umgebung nach Belieben spazierengehen. Im wasserreichen Gelände westlich der Mühle treffen wir eine groß angelegte Forellenzucht an.
Wenn wir zur Rückkehr aufbrechen, wandern wir zunächst ein kurzes Stück zurück und biegen hinter der Kurve rechts ab. Über freies Feld kommen wir hinauf nach Siggenhofen. Dort geht es links weiter. Nach etwa 20 Minuten treffen wir wieder auf den schon bekannten Weg.

»...ist in hohem Grade merkwürdig«

Auf unserer Wanderung können wir das hoch oben auf dem Hang stehende Kirchlein von Siggenhofen, das den Aposteln Johannes und Paulus geweiht ist, nicht verfehlen. Etwas schwieri-

ger ist es schon, den Eingang zu finden. Zwischen alten Bäumen hindurch aber erreichen wir ihn schließlich.
»... ist in hohem Grade merkwürdig als einstiges Eigenthum der bischöflichen Kirche zu Trient. Im Jahre des dritten Krieges Heinrichs IV. gegen die Sachsen (1075) gab Bischof Heinrich zu Trient (gestorben 1082) seinem Freunde, dem Abte Williram von Ebersberg, einen Weinberg nördlich von Bozen, jenseits des Flusses Talaverna für eine steinerbaute Kirche, die in drei Jahren auf dem Grunde des heiligen Vigilius (Bisthumspatron von Trient) der Sicchanhovan heißt, am Ebersberger Forst gelegen, aufzuführen ist...« So kann man bei Mayer-Westermayer über die Geschichte von Siggenhofen nachlesen.
Der Gründer von Siggenhofen dürfte ein Herr »Sikko« gewesen sein. Bei den Höfen des Sikko, so nannte man zu der damaligen Zeit die Ansiedlungen. In den Tegernseer Traditionen wird ein Ministeriale Albero de Sikkenhouven für die Zeit von 1206 bis 1212 genannt.
Schauen wir uns noch ein wenig die Kirche an. Auf der Südwand entdecken wir einen interessanten Totenerker. Und wir bemerken den gotischen Ursprung dieses kleinen Gotteshauses.
Die Westempore im Innern dürfte etwa um 1520 entstanden sein. Beachtlich sind die ornamentalen Schnitzereien. Aus der gleichen Zeit stammen die bemalten Holzfiguren: Maria, Paulus, Johannes und Sebastian. Das Kirchenschiff war nicht immer gewölbt. Ursprünglich war es flach; die bauliche Änderung wurde im 18. Jahrhundert vorgenommen.

Ottenhofen in Stichworten

Der Edle Ezzo von »Otanhouen« nimmt in den Jahren 1078 bis 1085 als Herr des Ortes eine Schenkung vor. Sie wird in den Freisinger Urkunden genau festgehalten. Diese Aufzeichnung ist das erste Zeugnis für den Ortsnamen.
Wenig später tritt zusammen mit Ezzo ein Edler Adalpero de Otinhouen auf. Odalrich heißt der Diener der Kirche, der kurz darauf ein kleines Gut an das Domkapitel übergibt: »prediolum apud Ottenhoven«. Heute ist nicht ganz sicher, ob Ezzo und Adalpero zur Familie der Ottenhofen gehörten, man nimmt es aber an.

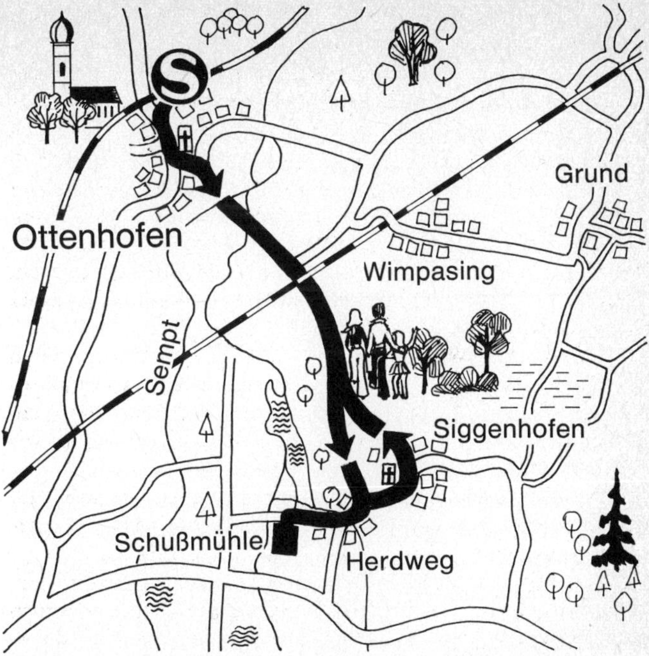

1226 verkauft Georg von Ottenhofen seinen Hof zu Oberstrogn an das Kloster Altenhohenau. Ein wichtiges Datum in der Ottenhofener Ortsgeschichte ist das Jahr 1354. Am 2. Februar dieses Jahres teilen die Gebrüder Renbot, Gerhart und Nykel aus der Familie der Ottenhofener unter sich und ihren Schwestern den Besitz auf. In den Aufzeichnungen heißt es: »... alles, was ihr sel. Vater an Leuten und Gütern hinterlassen hat, zwischen der Isar und dem Inn, jenseits der Isar und bei den Tünaw«. Bis zum 16. Jahrhundert bleibt Ottenhofen aber in der Hand der Familie. Eine Tochter des Georg Ottenhofer, der in der Landtafel von 1557 eigens aufgeführt wird, heiratet einen Sebastian Lung. Am 19. Oktober 1545 gibt dieser seinen eigenen Besitz zu Thannern ab, ebenso die Hofmark Ottenhofen. Der fürstliche Münzkämmerer Fridrich Esswurm aus München ist der Käufer. Nun beginnt ein häufigerer Besitzwechsel. Bis 1608 behält die Familie Esswurm den Besitz. Hans Georg veräußert ihn in die-

sem Jahre an Herzog Wilhelm, der ihn aber drei Jahre später schon wieder für 22 000 Gulden an die Familie Schrenck aus Egmating weiterverkauft. Auch dieser Besitzstand wird nicht lange gehalten. Die Aham folgen in den Jahren 1627 bis 1689, danach die Rivera und schließlich 1709 die Perusa.
Die Familie der Perusa kam durch Heirat in den Besitz von Ottenhofen. In der Ortschronik wird diese Zeit als die Glanzzeit bezeichnet. Über dem Semptal sollte damals ein großartiges Bauwerk entstehen, von dem noch heute Pläne erhalten sind. Es wurde allerdings niemals verwirklicht. Gebaut wurde im Jahre 1760 der Teepavillon – er steht im restlichen Teil des alten Parks. Die Einrichtung der ehemaligen Schloßkapelle von Ottenhofen wurde im Jahre 1960 nach St. Blasien gebracht.
In der Katharinenkirche von Ottenhofen wurde bei Arbeiten in einem Seitenaltar ein kostbares Reliquienglas aus dem 14. Jahrhundert mit dem Siegel des Freisinger Bischofs Konrad II. von Lichtenstein gefunden. Die Kirche wird bereits 1315 erwähnt. Im Jahre 1960 wurde sie gründlich erneuert. Das Langhaus ist noch romanisch, um 1700 wurde es erweitert. Die drei Altäre stammen aus dem Jahre 1650. Kurz nach 1500 dürften die Figuren der Heiligen Wolfgang, Nikolaus, Sebastian und Christophorus entstanden sein.
Grabsteine in der Kirche weisen auf die Ortsgeschichte hin.
Ein sehr wertvolles Kunstwerk birgt das Pfarrhaus von Ottenhofen. Dort wird ein Bild aus dem 16. Jahrhundert aufbewahrt. Es zeigt Christus am Ölberg.

Einkehr am Weg

Schloßgaststätte – an der Hauptstraße in Ottenhofen. Terrasse. Reichhaltige Speisekarte.
Schußmühle – in Herdweg/Siggenhofen. Ruhig gelegen. Sitzen im Freien möglich.

Mit der S 4 nach Ebersberg 30

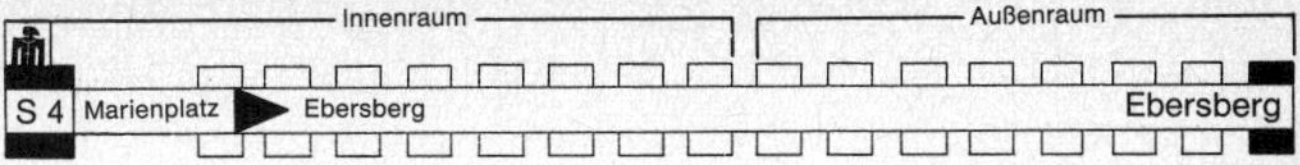

Abfahrt in München, Marienplatz			Rückfahrt in Ebersberg		
7.27	——	——	14.13	14.53	15.33
8.27	9.07	9.47	16.13	16.53	17.33
10.27	11.07	11.47	18.06 (x)	18.53	19.33
12.27	13.07	13.47	20.13	20.53	21.33
14.27	15.07	15.47	22.13	22.53	23.33

(x): weicht vom Fahrplanschema ab.
Der Fahrplan gilt Samstag, Sonntag und Feiertag.
Die Züge fahren alle 40 Minuten, Fahrzeit ca. 50 Minuten.
Weitere Fahrzeiten im amtlichen Fahrplan.
Fahrpreise für die Hin- und Rückfahrt: München–Ebersberg und zurück = zweimal 6 Zonen.
Mehrfahrtenkarte zweimal 3,30 Mark. Kinder zweimal 0,60 Mark. Hunde zweimal 0,60 Mark.

Auf den Spuren der Ebersberger Mönche

Noch zu keiner Zeit vorher konnte man sich als Münchner dessen so bewußt werden wie nach Inbetriebnahme der S-Bahn: Nur ein paar Minuten von München entfernt, mit der S-Bahn bequem erreichbar, liegt ein kleines, von der Technisierung unserer Zeit noch nicht zerstörtes landschaftliches Paradies. In dessen Mitte die Kreisstadt Ebersberg, selbst einen Besuch wert.
Diese Landschaft sollten wir gut kennenlernen, sie lockt uns immer wieder an. Bei diesem ersten Ausflug besuchen wir die Stadt, machen hübsche Spaziergänge und lassen den Tag gut sein – und das ist er dann auch. Uraltes Siedlungsland betreten wir, wenn wir in Ebersberg den Zug verlassen. 870 hört man erstmals in der Geschichte von Ebersberg; der Ort ist aber mit Sicherheit schon viel älter. 870 errichteten die Grafen von Sempt eine Burg, 911

gliedern sie der Burgkirche ein Augustinerkloster an, 934 entsteht eine größere Kirche, in der die Hirnschale des hl. Sebastian aufbewahrt wird. Große Wallfahrten ziehen hierher, um den Heiligen zu verehren.
Den Augustinern folgen bald die Benediktiner und schließlich die Jesuiten. Sie finden hier optimale Bedingungen für ihr Leben und ihr Wirken vor.
Wir wandern hinaus zum Aussichtsturm und lassen unseren Blick über das so schöne Land schweifen, das die letzte Eiszeit mit langgestreckten Höhenzügen, bewaldeten Tälern, Hügeln und Hängen, mit Seen und Weihern geformt und gestaltet hat. Und wenn wir günstiges Wetter haben, etwa Föhn, haben wir vom Aussichtsturm aus einen herrlichen Blick auf die Alpen.

Wandern

Route: *Vom S-Bahnhof Ebersberg über den Klostersee zur Ludwigshöhe (Aussichtsturm) und zurück – 3 km. An dem Ausflug können auch Kinder teilnehmen.*

Wir gehen vom S-Bahnhof Ebersberg die Bahnhofstraße stadteinwärts, überqueren den Marktplatz und wandern auf Gehwegen die Erhardstraße stadtauswärts. Am Klostersee – ein Spaziergang rund um den See ist zu empfehlen – folgen wir dem Fußweg, der zum Familienbad führt. Nach kurzer Wegstrecke biegen wir in den Weg »Am Priel« und gleich wieder rechts in die Heldenallee ein. Über sie erreichen wir bequem den Aussichtsturm auf der Ludwigshöhe.
Auf dem gleichen Weg wandern wir wieder zurück zum Bahnhof.

Herrlicher Blick an klaren Tagen

Seit 1912 steht der Aussichtsturm von Ebersberg. Der Heimat- und Verschönerungsverein ließ ihn errichten, er ist aus Beton – seinerzeit das erste derartige Bauwerk in der weiten Umgebung. Er steht auf einer Endmoräne, die sich bis zu einer Höhe von 619 Metern über dem Meeresspiegel erhebt. Ihr Rücken war wie ge-

Ebersberger Forst
Ludwigshöhe
Klostersee
Ebersberg
S

schaffen für einen solchen Aussichtspunkt. Man steigt 30 Meter hoch und genießt die überraschende Sicht. An Föhntagen bietet sich ein unvergleichliches Bild. Der Blick reicht vom Dachstein bis zum Grünten, die Münchner Frauentürme und der Fernsehturm tauchen am Horizont auf.
Heimatfreunde haben sie einmal gezählt: 424 Berggipfel kann man – bei besonders günstigen Bedingungen – von hier aus sehen, darunter soll sich sogar der Säntis in der Schweiz befinden. Der erste Fotograf von Ebersberg, Josef Maier, hat in mühseliger, jahrelanger Arbeit eine Tafel angefertigt, aus der sich sämtliche Höhen und Entfernungen ablesen lassen. Er wurde zum Ehrenbürger von Ebersberg ernannt.
Der heutige Aussichtsturm ist nicht der erste seiner Art an dieser Stelle. Im Jahre 1886 war es die »Gesellschaft zur Erheiterung« (eine Vereinigung akademisch gebildeter Beamter), die aus Holz einen 25 Meter hohen Aussichtsturm baute. Doch auch dieser Turm war nicht der erste Aussichtspunkt an dieser Stelle. Der nämlich war eine mächtige Fichte, an der man auf einer Leiter hinaufklettern konnte. Oben hatte man eine Plattform angebracht. Nachdem der neue Betonturm 1912 aufgestellt war, blieb der hölzerne noch zwei Jahre stehen, dann wurde er abgebrochen.

Ebersberg in Stichworten

Eine Sage erzählt von der Gründung Ebersbergs: Unter einer riesigen Linde hauste in einer Höhle ein wilder Eber. Graf Sighart von Sempt, dessen Stammburg, die nach dem Flüßchen Sempt benannt ist, nördlich von Forstinning stand, versuchte vergeblich, den Eber zu jagen. Konrad von Hewen (am Bodensee) deutete dies als ein schlechtes Vorzeichen und kündigte an, daß Gott wohl die Hunnen schicken werde. Sighart möge deshalb an dieser Stelle eine Kirche und Festungswerke bauen, um der Gefahr zu begegnen. – Heute bestreitet man nicht, daß die Hunnengefahr der Grund zum Bau einer Burg in Ebersberg gewesen ist.
Der Ortsname von Ebersberg soll sich aus »Burg des Eberhard« ableiten. Eine Verwandtschaft mit dem Flüßchen Ebrach, das hier entspringt, wird nicht gesehen.

Bischof Arnold weihte im Jahre 880 die erste Kirche von Ebersberg ein. Graf Sighart hatte sie errichten lassen. Etwa zehn Jahre vorher dürfte die erste hölzerne Burg entstanden sein, und zwar an der Stelle, wo heute das Schloß steht. Später wurde sie so befestigt, daß die Ungarn bei ihrem Einfall 955 erst gar nicht wagten, anzugreifen, sondern wieder abzogen.
Die Hirnschale des heiligen Märtyrers Sebastian brachte der Augustinerpropst Hunfried von einer Pilgerfahrt nach Rom mit. Graf Eberhard ließ daraufhin im Jahre 934 eine neue Kirche bauen. Damit begann eine große Wallfahrt. (Mehr über die Ebersberger Kirche Tour 37, Seite 205.)
Eine wichtige Rolle in der Geschichte von Ebersberg spielten die Benediktiner, die um 1013 in das Kloster kamen. Sie rodeten Wälder, gründeten Wirtschaftshöfe und förderten so die Landwirtschaft.
Am 4. Mai 1305 richtete ein wahnsinnig gewordener Mönch gewaltigen Schaden an: Er legte während der Vesperandacht Feuer, und es kam zu einem Großbrand, dem die Konventsgebäude, die Kirche und viele Wohnhäuser zum Opfer fielen. In etwa einem Meter Tiefe kann man noch heute eine 10 bis 20 Zentimeter dicke Aschenschicht feststellen. Innerhalb von drei Jahren wurde alles wieder aufgebaut.
Unter Abt Leonhard II. entstand das heutige Ebersberger Rathaus als Hofwirtshaus oder »Untere Taferne« (1509 bis 1512).
1595 begann das Wirken der Jesuiten in Ebersberg. 1666 wurden unter ihnen die Klostergebäude neu errichtet; 1668 baute ein Jesuit die Sebastianskapelle. 1773 wurde der Jesuitenorden aufgehoben.
Die erste Wasserleitung von Ebersberg legte im 18. Jahrhundert der Orden der Malteser an. Sie hatten am 23. September 1781 das Ebersberger Kloster übernommen. Mit dieser ersten Pumpanlage wurde das Wasser in den Marktbrunnen, in die Taferne und in das Kloster befördert. Zur Erinnerung daran wurde am Marktbrunnen ein Obelisk mit zwei Gedenktafeln aufgestellt. Eine dieser Tafeln befindet sich noch an der Mariensäule, die andere wird im Rathaus verwahrt.
Begründer des modernen Brauwesens in Ebersberg war ein ehemaliger Jesuitenbruder namens Benno Scharl. Er verwendete erstmals anstatt der Wildhefe Kulturhefe beim Bierbrauen.
Das Rathaus von Ebersberg ist der bedeutendste mittelalterliche

Profanbau der Stadt und des Landkreises. Es entstand, wie schon erwähnt, gegen Ende der gotischen Bauepoche. Aus dieser Zeit stammt auch die geschnitzte Holzdecke im Sitzungssaal. Man nimmt an, daß Ulrich Randeck der Baumeister war. 1925 richtete ein Brand erheblichen Schaden an.
Die älteste deutsche Waldordnung wurde vor 600 Jahren im Ebersberger Kloster verfaßt.
Mehr über Ebersberg und den Ebersberger Forst: Tour 31 bis 36, Seite 179 bis 204.

Einkehr am Weg

Gasthof Neuwirth – am Marienplatz in Ebersberg. Bayerische Küche. Kleine Terrasse.
Gasthof Alte Post – am Marienplatz in Ebersberg. Bayerische Küche. Boulevardtische.
Oberwirt – am Rathaus in Ebersberg. Kleine Terrasse. Bier aus der Ebersberger Schloßbrauerei.
Hölzerbräu – in der Sieghartstraße in Ebersberg. Bayerische Küche.
Gasthaus zur Seerose – an der Eberhardstraße in Ebersberg, Garten.
Unterbräu – an der Eberhardstraße in Ebersberg.
Gasthaus Huber – in Oberndorf bei Ebersberg. Eigene Metzgerei, Terrasse.
Kiosk am See – am Klostersee in Ebersberg. Getränke.
Ebersberger Alm – in Ebersberg beim Aussichtsturm. Getränke, kleine Speisen. Sitzen im Freien.
Gasthaus Egglsee – in Egglsee. Kleiner schattiger Garten.
Unterbräu/Schloß-Stüberl – gegenüber der Kirche. Schattiger Garten.

Mit der S 4 nach Kirchseeon 31

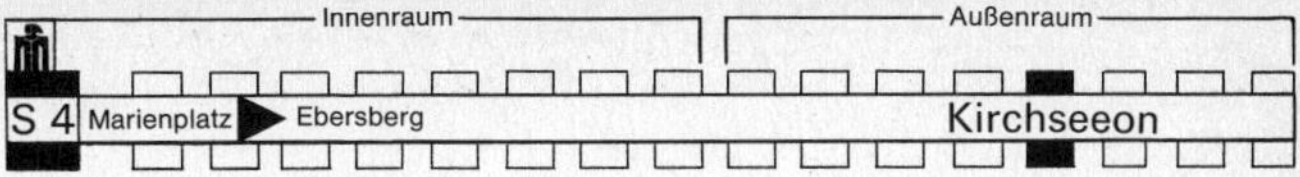

Abfahrt in München, Marienplatz			Rückfahrt in Kirchseeon		
5.47	—	—	11.44	12.24	13.04
6.47	7.27	—	13.44	14.24	15.04
—	8.27	9.07	15.44	16.24	17.04
9.47	10.27	11.07	17.44	18.24	19.04
11.47	12.27	13.07	19.44	20.24	21.04
13.47	14.27	15.07	21.44	22.24	23.04
15.47	16.27	17.07			

Der Fahrplan gilt Samstag, Sonntag und Feiertag.
Die Züge fahren alle 40 Minuten, Fahrzeit ca. 35 Minuten.
Weitere Fahrzeiten im amtlichen Fahrplan.
Fahrpreise für die Hin- und Rückfahrt: München–Kirchseeon und zurück = zweimal 4 Zonen.
Mehrfahrtenkarte zweimal 2,10 Mark. Kinder zweimal 0,30 Mark. Hunde zweimal 0,30 Mark.

Kirchseeon mal fünf

Wer von München aus zum S-Bahn-Haltepunkt Kirchseeon fährt, muß ein paar Rätsel lösen; denn Kirchseeon muß nicht Kirchseeon sein – oder nicht das Kirchseeon, das man eigentlich meint. Da gibt es Kirchseeon-Dorf, Kirchseeon-Bahnhof, Kirchseeon-Moos, Kirchseeon-Ort und schließlich den Markt Kirchseeon. Weitere »Seeons« sind Forstseeon und Osterseeon. Und so löst sich der Knoten: Mit der S-Bahn kommt man in dem erst 150 Jahre alten Kirchseeon-Bahnhof an. Östlich davon, etwa einen Kilometer entfernt – heute fast schon mit dem neueren Ortsteil zusammengewachsen –, liegt Kirchseeon-Dorf, die Stammsiedlung des heutigen Ortes. Den Markt Kirchseeon gibt es seit dem Jahre 1959: In diesem Ortsnamen sind nun Dorf- und

Bahnhofsbereich zusammengefaßt. Damit ist die heutige S-Bahn-Haltestellenbezeichnung wieder einigermaßen korrekt.
Unsere kleine Wanderung führt in den nahen Ebersberger Forst zum Forsthaus Diana (zur Zeit nicht bewirtschaftet).
Einen Spaziergang können wir zur alten Kirche St. Coloman machen.

Wandern

Route: *Vom Bahnhof Kirchseeon zum Forsthaus Diana und zurück – 7 km. Bei dieser Wanderung können auch Kinder mitgehen.*

Vom S-Bahn-Haltepunkt Kirchseeon aus gehen wir die Münchner Straße geradeaus bis zur Hauptstraße. Ein paar Meter links befindet sich eine Fußgängerunterführung, durch die wir die andere Straßenseite gefahrlos erreichen können. Hier gehen wir rechts auf einem hübsch angelegten Fußgängerweg der Hauptstraße (»Spannleitenberg«) entlang und erreichen nach etwa zehn Minuten den neuen Waldfriedhof. Wir schwenken nach links – ein Schild weist uns den aus der Gegenrichtung kommenden Weg zum Forsthaus Diana. Um den Weg zu erreichen, müssen wir zuerst das Wildgatter öffnen – und wieder schließen. Wir halten uns nun rechts, folgen der Kurve und wandern geradeaus eine halbe Stunde gemütlich durch den Wald, dann sind wir am bekannten Forsthaus Diana.
Für den Rückweg können wir die gleiche Route wählen oder vom Forsthaus Diana (auf dem Reitöster-Geräumt) einen Kilometer in westlicher Richtung gehen, dann nach links in das Schilcher-Geräumt einbiegen (der nächste Schotterweg linker Hand) und nach Kirchseeon zurückwandern.
Ein Spaziergang vom Bahnhof aus: Rechts in die Wasserburger Straße, Ebersberger Straße, abbiegen in die Colomanstraße zur alten Dorfkirche St. Coloman.

Der See von Seeon ist verschwunden

Auf alten Karten findet man ihn noch verzeichnet, den See, der Seeon einst seinen Namen gab. Er bedeckte in früherer Zeit das heutige Moos, doch auch das ist infolge der Besiedlung nahezu

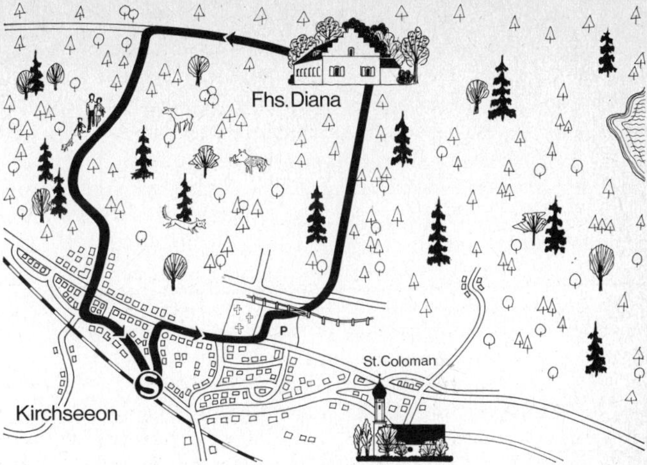

verschwunden. Nur an einigen Stellen findet man noch die typische Moos-Vegetation – als letzten Hinweis auf den einstigen See.
Tausend Jahre ist das Dorf Kirchseeon mit dem Colomanskirchlein alt. Um das Jahr 980 tauchte der Ortsname erstmals als »Sevun« im Ebersberger Cartular auf. »Ad sevun« bedeutet »bei den Seen«. Nun gab es aber damals und gibt es heute noch eine ganze Reihe weiterer Seeons, weshalb man dem Namen das »Kirch« voransetzte; denn das kleine Dorf hatte schon sehr früh ein eigenes Gotteshaus besessen. Zwar findet man in den Urkunden erst im Jahre 1315 einen ersten Hinweis auf diese Kirche. Doch aus den sehr viel älteren Bauelementen schließen Sachverständige, daß das Gotteshaus schon um 1200 entstanden sein muß.
Im 14. Jahrhundert taucht schließlich erstmals der Ortsname »Chirichsewen« für das heutige Dorf Kirchseeon auf.
Besiedelt war die Gegend um Kirchseeon schon in vorgeschichtlicher Zeit. Hügelgräber, wie man sie in allernächster Nähe findet, weisen auf die Hallstattzeit (750 bis 450 v. Chr.) hin.
Ganz in der Nähe des Dorfes, auf dem Endmoränenwall zwischen Kirchseeon und Forstseeon, stand einst eine Burg. Der Burggraben ist noch erkennbar.

Dann kam »Kirchseeon-Bahnhof«

Das heutige Kirchseeon – rund um den Bahnhof und entlang der Münchner Straße – ist erst rund 150 Jahre alt. Waldarbeiterfamilien kamen Anfang des 19. Jahrhunderts aus dem Bayerischen Wald und aus Tirol – der Forst zog sie an –, und sie gründeten zwischen dem Spannleitenberg und Eglharting die erste Kolonie. Ein paar Jahrzehnte später, in den Jahren 1868/69, wurde die Bahnlinie zwischen München und Rosenheim gebaut. Weitere Familien zogen zu, aus der Kolonie wurde eine beachtliche Siedlung. Eine königliche Imprägnieranstalt für Eisenbahnschwellen verarbeitete das reich anfallende Holz aus dem Forst. Weitere Arbeitsplätze waren geschaffen, der Ort dehnte sich aus.
Im Jahre 1901 wurde in Kirchseeon-Bahnhof die St. Josefskirche erbaut, nach dem Zweiten Weltkrieg wurde sie erweitert.

Früher waren es die Salzsäumer

Waren es einst die Salzsäumer, die mit ihren schweren Scheibenwagen über den Spannleitenberg ratterten – später folgten ihnen die Botenwagen und Postkutschen –, so sind es heute, neben den Lastzügen, am Wochenende fast ausschließlich die Personenautos, die dem Ort Kirchseeon als Verkehrsdurchgangslinie seine wirtschaftliche Bedeutung verleihen. Die Bahn tat ein übriges dazu. Die S-Bahn schließlich ermöglicht es immer mehr Städtern, sich »draußen« anzusiedeln; denn mit dem neuen Massenverkehrsmittel gelangen sie in kurzer Zeit in die Münchner Innenstadt.

Einkehr am Weg

Gasthof Altwirt – rechts vom Bahnhofsplatz an der Wasserburger Straße. Gutbürgerliche Küche.
Zum Brückenwirt – an der Wasserburger Straße, auf dem Weg zur Colomanskirche. Gutbürgerliche Küche, schattiger Garten. Eigene Metzgerei.
Bahnhofsrestaurant – Münchner Straße, am Weg vom Bahnhof zur Hauptstraße. Reichhaltige Speisekarte.

Mit der S 6 nach Poing 32

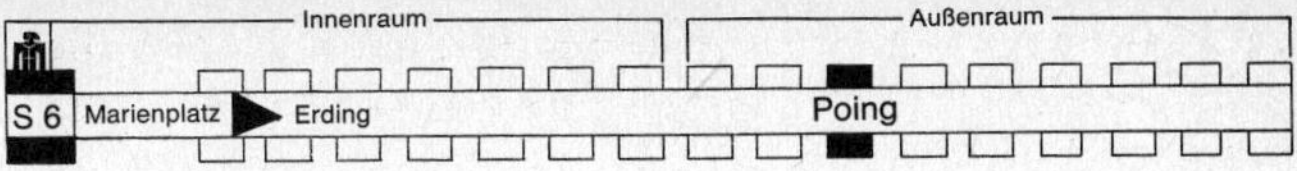

Abfahrt in München, Marienplatz			Rückfahrt in Ebersberg		
6.01	6.41	7.21	14.13	14.53	15.33
8.01	8.41	9.21	16.13	16.53	17.33
10.01	10.41	11.21	18.06 (x)	18.53	19.33
12.01	12.41	13.21	20.13	20.53	21.33
14.01	14.41	15.21	22.13	22.53	23.33

(x): weicht vom Fahrplanschema ab.
Der Fahrplan gilt Samstag, Sonntag und Feiertag.
Die Züge fahren alle 40 Minuten, Fahrzeit für die Hinfahrt 24 Minuten, für die Rückfahrt 50 Minuten.
Weitere Fahrzeiten im amtlichen Fahrplan.
Fahrpreise für die Hinfahrt: München–Poing = 3 Zonen. Mehrfahrtenkarte 1,50 Mark. Kinder 0,60 Mark. Hunde 0,60 Mark. Fahrpreise für die Rückfahrt: Ebersberg–München, Marienplatz = 6 Zonen. Mehrfahrtenkarte 3,30 Mark. Kinder 0,60. Hunde 0,60 Mark.

Durch den Kurfürstlichen Wald

Der größte Teil dieser Wanderung führt durch einen ungewöhnlichen Forst. Er ist 90 Quadratkilometer groß und ist von keiner einzigen Siedlung unterbrochen. Einen solchen geschlossenen Forst in dieser Größe gibt es in Deutschland und möglicherweise sogar in Europa nicht mehr wieder. Nur im Hochgebirge sind noch geschlossene Waldflächen dieses Ausmaßes vorhanden.
Ursprünglich reichte der Wald vom Inn bis zum Lech, und erst 1000 n. Chr. begann die Siedlungstätigkeit, die nach und nach das riesige Waldgebiet durchlöcherte und auf diese Weise die verschiedenen Forste schuf, wie den Grünwalder Forst, Kreuzlinger Forst, Hofoldinger Forst und andere. Dieser gewaltige Waldgürtel dürfte auch den römischen Geschichtsschreiber Tacitus

mit veranlaßt haben, über die »schrecklichen Wälder und die furchtbaren Sümpfe« Germaniens zu berichten.
Fast ist es Zufall, daß der Ebersberger Forst nicht auch zersiedelt wurde. Zwei Ursachen retteten ihn: Der Grundwasserspiegel liegt so tief, daß er mit einfachen Pumpbrunnen nicht zu erreichen war. Wo kein Wasser war, konnte man auch nicht siedeln. Quellen gibt es nirgends. Zum anderen hatten die jeweiligen Besitzer des Waldes großes Interesse an der Jagd. Das begann schon bei Karl dem Großen. Der Wald war in der Geschichte meist der freien Benützung durch die Allgemeinheit entzogen.
Viel weiß man nicht aus der Geschichte des Waldes. Prähistorische Hügelgräber wurden in größeren Mengen gefunden. Die Römer führten bereits wichtige Handelswege durch den dunklen Forst. Zweifellos haben hier schon die Bajuwaren der Frühzeit gesiedelt.
In den Jahren 1790 bis 1795 wurde der »Churfürstliche Wald« planmäßig eingeteilt und vermessen. Damals wurde das genau berechnete Gerippe der schnurgeraden Geräumte angelegt. Die Quadrate waren allerdings viermal so groß wie die heutigen. Dies war eine der ersten Waldvermessungen und -einteilungen überhaupt. Die Erfahrungen wurden später auch in den anderen Forsten der Umgebung ausgewertet.
Mehr als drei Jahrzehnte lang wütete vor 80 Jahren die »Nonne« im Ebersberger Forst. 2800 Hektar Wald fielen dem gefräßigen Schädling zum Opfer. Und man mußte ohnmächtig zuschauen. 1926 bis 1930 kamen nach großen Schwierigkeiten endlich die letzten Waldgebiete wieder zur Aufforstung. Das gleiche Ausmaß des Schadens hätte 1954 auftreten können, als sich die Nonnenraupen wiederum sehr stark vermehrten. Doch heute kann man gegen die Schädlinge mit DDT-Mitteln vorgehen.

Wandern

Route: *Vom Bahnhof Poing über Anzing, Obelfing, am Forsthaus St. Hubertus und der Ludwigshöhe vorbei nach Ebersberg – 15 km. Die Tour können Kinder nicht mitgehen.*

Nachdem wir den Bahnhof von Poing verlassen haben, gehen wir nach links die Bahnhofstraße hinauf (Gehweg) bis in Höhe der Kirche. Hier zweigt rechts die Anzinger Straße ab. Am Ortsende

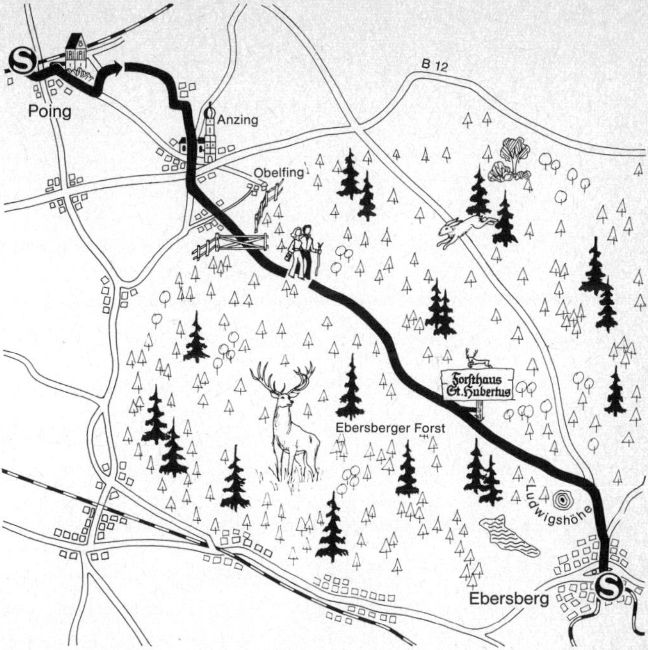

gehen wir nach links und nach gut zweihundert Metern wieder rechts. Das Schottersträßchen führt uns durch einen lichten kleinen Wald nach Lindach. Dort wenden wir uns nach rechts und wandern zwischen den Feldern hindurch an einem Feldkreuz vorbei hinein nach Anzing.
Auf Gehwegen folgen wir in Anzing der Hoegerstraße, überqueren die B 12 und halten uns nach etwa 200 Metern bei der Weggabelung links. Wir kommen nach Obelfing und haben nun bald den Ebersberger Forst erreicht.
Um in den Forst zu gelangen, müssen wir ein Wildgatter öffnen (und wieder schließen). Jetzt folgen wir der wenig befahrenen Straße nach Ebersberg. Rechts und links der Straße gibt es genügend Fußpfade, die man benützen kann. Unterwegs kommen wir am bewirtschafteten Forsthaus St. Hubertus vorbei, wo wir eine Pause einlegen können.

Anzing in Stichworten

In der Umgebung von Anzing waren schon die Römer zu Hause. Interessante Funde deuten darauf hin. Wichtige Handelsstraßen führten vorbei. Als Siedlung ist Anzing allerdings bajuwarischen Ursprungs: Siedlung eines »Anzo«.
Die Hoegerkapelle – benannt nach dem damaligen Besitzer von Anzing – ist eine kleine Nachbildung der Grabeskirche in Jerusalem. Sie wurde 1692 vor dem Schloßeingang an der Dorfstraße errichtet. Der schlanke Turm ist eigenartig geformt.
Gegenüber der Kapelle liegt die geschichtsträchtige »Alte Post« am nördlichen Ende die Marienkapelle. Dadurch bietet sich fast schon das Bild eines mittelalterlichen Marktplatzes.
Die Pfarrkirche, eine Marienkirche, wurde berühmt durch ihre Wallfahrt. Sie kam im Jahre 1625 bei der von der Stadt München alle vier Jahre veranstalteten Pilgerfahrt nach Altötting auf. Wie berichtet wird, kehrten auf der Heimreise drei Frauen aus dem Münchner Pilgerzug hier in der Marienkirche zu einer kurzen Gebetsrast ein. Dabei entdeckten sie in einer Nische die staubbedeckte Madonnenfigur, die ihnen der Pfarrer auf ihre Bitten hin schenkte. Die Frauen ließen das Bildwerk neu fassen und stellten es im Weberhaus in München auf. Gebete wurden erhört, und schließlich wurde die Statue »Unserer Lieben Frau von Anzing« – nachdem sie kurze Zeit auch in der Peterskirche in München gestanden hatte – feierlich nach Anzing zurückgebracht. Die heutige Kirche wurde 1676 bis 1679 gebaut.
Mehr über Ebersberg und den Ebersberger Forst: Tour 30, Seite 173, Tour 31, Seite 179, Tour 33 bis 36, Seite 188 bis 204.

Einkehr am Weg

Bahnhofsbierstüberl – an der Bahnhofstraße in Poing.
Bahnhofsrestaurant – an der Bahnhofstraße in Poing, nach der Kreuzung. Eigene Metzgerei.
Zur Lederhosn – gegenüber der Kirche in Poing. Kleine überdachte Terrasse.
Zum Kirchenwirt – an der Hoegerstraße in Anzing. Eigene Metzgerei.
Alte Post – an der Hoegerstraße in Anzing, gegenüber der Hoegerkapelle. Schattiger Garten.

Gasthof Neuwirth – an der Hoegerstraße in Anzing, Ortsende Richtung Obelfing.
Forsthaus St. Hubertus – im Ebersberger Forst. Sehr ruhig gelegen. Schattiger Garten.
Gasthof Neuwirth – am Marienplatz in Ebersberg. Bayerische Küche, kleine Terrasse.
Gasthof Alte Post – am Marienplatz in Ebersberg. Bayerische Küche, Boulevardtische im Freien.
Oberwirt – am Rathaus in Ebersberg. Kleine Terrasse. Bier aus der Ebersberger Schloßbrauerei.
Hölzerbräu – in der Sieghartstraße in Ebersberg. Bayerische Küche.
Gasthaus zur Seerose – an der Eberhardstraße in Ebersberg, Garten.
Unterbräu – an der Eberhardstraße in Ebersberg.
Gasthaus Huber – in Oberndorf bei Ebersberg. Eigene Metzgerei, Terrasse.
Kiosk am See – am Klostersee in Ebersberg. Getränke.
Kiosk an der Ludwigshöhe – in Ebersberg beim Aussichtsturm. Getränke, kleine Speisen. Sitzen im Freien.

33 Mit der S 4 nach Ebersberg

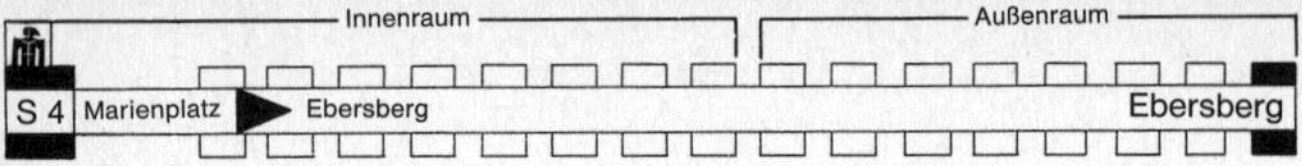

Abfahrt in München, Marienplatz			Rückfahrt in Ebersberg		
7.27	—	—	14.13	14.53	15.33
8.27	9.07	9.47	16.13	16.53	17.33
10.27	11.07	11.47	18.06 (x)	18.53	19.33
12.27	13.07	13.47	20.13	20.53	21.33
14.27	15.07	15.47	22.13	22.53	23.33

(x): weicht vom Fahrplanschema ab.
Der Fahrplan gilt Samstag, Sonntag und Feiertag.
Die Züge fahren alle 40 Minuten, Fahrzeit ca. 50 Minuten.
Weitere Fahrzeiten im amtlichen Fahrplan.
Fahrpreise für die Hin- und Rückfahrt: München–Ebersberg und zurück = zweimal 6 Zonen.
Mehrfahrtenkarte zweimal 3,30 Mark. Kinder zweimal 0,60 Mark. Hunde zweimal 0,60 Mark.

Ins Ebersberger Hinterland

Soweit die Gegend um Ebersberg mit der S-Bahn erschlossen wird, kennen wir sie, doch »hinter« Ebersberg? Da wird die Landschaft noch vielgestaltiger und interessanter. Wir wandern bei dieser Tour ins Ebersberger »Hinterland« – von München aus gesehen.
Hübsche kleine Dörfer stehen da, Wirtshäuser laden ein, Bäche, Seen und Flüsse verstärken das Bild von einer unversehrten Natur. Daran hat sich seit dem letzten Zurückweichen der Eiszeitgletscher eigentlich nicht allzu viel geändert. Geringfügig wurden Hügel und Bodenwellen durch die Bearbeitung der Äcker eingeebnet. Die Technik hat mit der Eisenbahn in das Land gefunden, geteerte Straßenbänder durchziehen Täler und Höhen. Wo früher Wald stand, grasen heute Kühe auf saftigen Weiden.

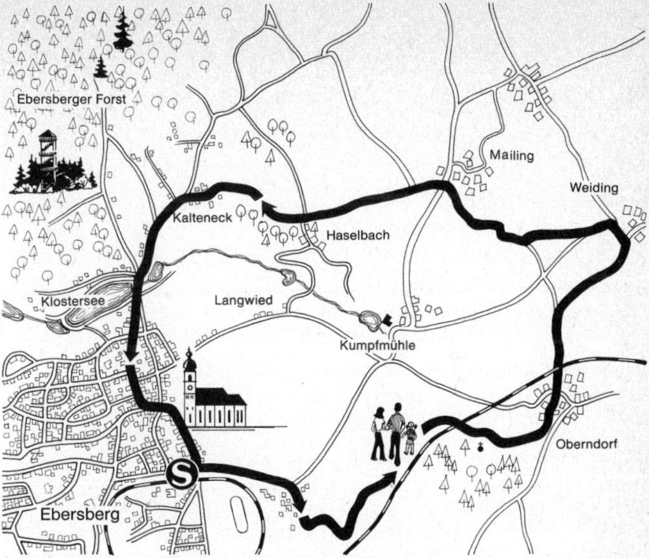

Wandern

Route: *Vom S-Bahnhof Ebersberg über Oberndorf, Weiding, Haselbach, Kalteneck, Klostersee zurück zum Bahnhof Ebersberg – 5 km. Die Tour können auch wandergeübte Kinder mitmachen.*

Am Bahnhof von Ebersberg gehen wir rechts die Wasserburger Straße auf Gehwegen stadtauswärts (nicht durch die Bahnunterführung). Nach wenigen Minuten erreichen wir an einer Baumgruppe die Laufinger Allee. Ihr folgen wir, halten uns bei der Weggabelung links und nach einem kurzen Wegstück wieder links, überqueren später die Bahn und kommen auf dem landschaftlich sehr schönen Weg an der Antoniuskapelle vorbei nach Oberndorf.
Dort überschreiten wir die Bundesstraße und die Bahn und wandern nun in Richtung Weiding weiter. Hier biegen wir nach links in Richtung Siegersdorf ab und folgen dem wunderschönen abwechslungsreichen Berg-und-Tal-Weg hinüber nach Haselbach.

Nächste Station unserer Wandertour ist Kalteneck. Hier treffen wir auf die Hohenlindener Straße. Wir überqueren sie ortauswärts und kommen zum Klostersee. Auf der Eberhardstraße gehen wir zum Marktplatz und von hier durch die Bahnhofstraße zum S-Bahnhof zurück.

Ebersberg in Stichworten

Die Stadtpfarrkirche Sankt Sebastian stammt in ihrer heutigen Gestaltung aus den Jahren 1733/34. Früher war sie gotisch, auch romanische Bestandteile sind noch nachzuweisen.
Mehr über die Ebersberger Kirche: Tour 37, Seite 205.
619 Meter hoch liegt der Rücken der Endmoräne über dem Meeresspiegel, auf dem der Heimat- und Verschönerungsverein Ebersberg den heutigen Aussichtsturm aus Beton errichten ließ. Er ist 30 Meter hoch und wurde im Jahre 1912 fertiggestellt.
Unter Abt Leonhard II. entstand das heutige Ebersberger Rathaus als Hofwirtshaus oder »Untere Taferne« (1509 bis 1512).
Mehr über Ebersberg: Tour 30, Seite 173.

Einkehr am Weg

Gasthof Neuwirt – am Marienplatz in Ebersberg. Bayerische Küche. Kleine Terrasse.
Gasthof Alte Post – am Marienplatz in Ebersberg. Bayerische Küche. Boulevardtische.
Oberwirt – am Rathaus in Ebersberg. Kleine Terrasse. Bier aus der Ebersberger Schloßbrauerei.
Hölzerbräu – in der Sieghartstraße in Ebersberg. Bayerische Küche.
Gasthaus zur Seerose – an der Eberhardstraße in Ebersberg. Garten.
Unterbräu – an der Eberhardstraße in Ebersberg.
Gasthaus Huber – in Oberndorf bei Ebersberg. Eigene Metzgerei. Terrasse.
Kiosk am See – am Klostersee in Ebersberg. Getränke.
Kiosk an der Ludwigshöhe – in Ebersberg beim Aussichtsturm. Getränke, kleine Speisen. Sitzen im Freien.
Gasthaus Egglsee – in Egglsee. Kleiner schattiger Garten.

Mit der S 6 nach Poing 34

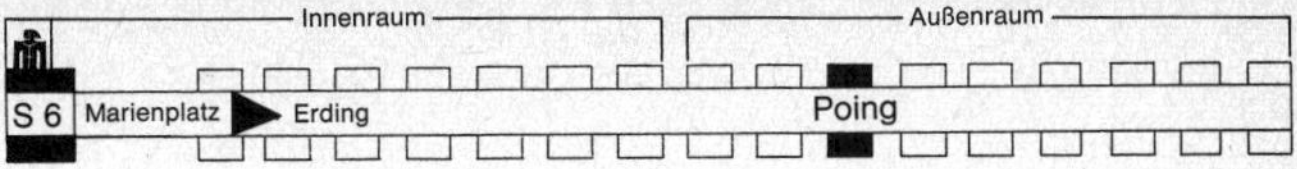

Abfahrt in München, Marienplatz			Rückfahrt in Poing		
6.01	6.41	7.21	14.42	15.22	16.02
8.01	8.41	9.21	16.42	17.22	18.02
10.01	10.41	11.21	18.42	19.22	20.02
12.01	12.41	13.21	20.42	21.22	22.02
14.01	14.41	15.21	22.42	23.22	0.02

Der Fahrplan gilt Samstag, Sonntag und Feiertag.
Die Züge fahren alle 40 Minuten, Fahrzeit ca. 25 Minuten.
Weitere Fahrzeiten im amtlichen Fahrplan.
Fahrpreise für die Hin- und Rückfahrt: München–Poing und zurück = zweimal 3 Zonen.
Mehrfahrtenkarte zweimal 1,50 Mark. Kinder zweimal 0,30 Mark. Hunde zweimal 0,30 Mark.

Wo die Hirsche äsen

Die Fahrt mit der S 6 nach Poing ist ein Ausflug, den wir getrost auch an einem Nachmittag machen können. Schöner freilich ist es früh, weil wir da weniger Betrieb als am Nachmittag antreffen. Erholung und Entspannung bietet der Weg durchs Wildfreigehege in jedem Falle. Landschaftlich liegt er so schön, daß man sich an den saftig grünen Weiden und den gepflegten Waldteilen immer erfreuen kann.
Poing, früher ein rein bäuerliches Dorf, wurde durch die Eisenbahn dem größeren Verkehr erschlossen. Der ganz große Aufschwung setzte aber nach dem Zweiten Weltkrieg ein. Plötzlich änderte sich das Bild. Aus der bäuerlichen Gemeinde ist inzwischen eine stadtnahe und gut erreichbare Wohnsiedlungsgemeinde geworden. Und dafür bietet sie auch gute Voraussetzungen.

Nicht nur, daß die Verbindungen mittels Schiene und Straße gut sind, die Gegend um Poing wertet den Ort zum Wohnen beträchtlich auf. Da dehnt sich auf 90 Quadratkilometern der größte, von Siedlungen nicht unterbrochene Forst Deutschlands aus. Man kann hier das ganze Jahr über wandern und Ausflüge unternehmen und braucht doch niemals die gleichen Wege zu gehen.
Das Wildfreigehege liegt in einem abgesplitterten Teil des Ebersberger Forstes – ein Idyll fast am Rande der Großstadt.

Wandern

Route: *Ein Spaziergang vom S-Bahnhof Poing zum Wildfreigehege mit Naturlehrsteig – 2 km. An diesem Ausflug können auch kleinere Kinder teilnehmen.*

Wir verlassen den S-Bahnhof Poing nach links und gehen die Bahnhofstraße bis fast zum Ortsende entlang. Dort weist uns ein Schild den Weg zum Wildfreigehege. Etwa zehn Minuten brauchen wir bis dorthin.
Das Wildfreigehege mit dem Naturlehrsteig ist täglich ab 12 Uhr, an Samstagen, Sonntagen und Feiertagen ab 9 Uhr früh zugänglich. Erwachsene zahlen zwei Mark Eintritt, Kinder, Schüler und Studenten eine Mark. Eine Jahreskarte kostet 20 Mark.
Der Wildpark erstreckt sich über ein Gelände von 570000 Quadratmetern. In ihm befinden sich: über 100 Hirsche, über 50 Mufflons, Wildschweine, Rehe, verschiedene Arten von Fasanen, ein Fischteich mit Schwänen, Kanada-Gänsen und Zier-Enten, Pfaue, Kaninchen, Hasen und Eichhörnchen.

Zungenbrecher: Piuuuingon

Das Wort läßt sich kaum aussprechen oder schreiben. Man muß es buchstabieren. Dabei ist es ein Name, den man um 850 oft genug in den Mund nehmen mußte – und auch schreiben konnte: Der einstige Name für Poing. In den Freisinger Traditionen wurde er erstmals 859/75 vermerkt. Erst meinte man, dies sei ein Schreibfehler, aber der Name »Piuuuingun« (oder -gon) taucht

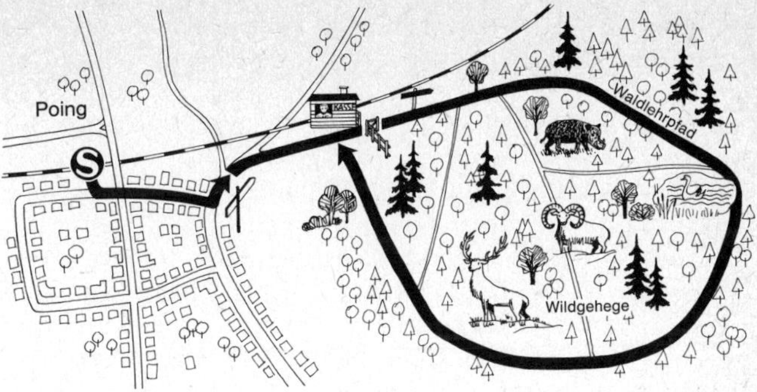

öfter auf. Heute ist man sicher, daß das mittlere »u« wie »w« gesprochen wurde, womit dann der einstige Ortsname von Poing etwas weniger radebrechend »Piuwuingon« geheißen haben dürfte.
Und warum er so eigenartig genannt wurde? Weil der Name des Gründers, nach dem der Ort bald benannt wurde, Piuwo geheißen haben dürfte. Die Geschichtsforscher sind auch überzeugt, daß Poing in die Reihe der frühbajuwarischen ing-Orte eingereiht werden muß. Dafür spricht die sehr frühe Besiedlung des Gebietes. Aus der Vergangenheit liegen reichlich Zeugnisse vor. Wenn wir mit dem Namensspiel weitermachen wollen: 1052 bestätigt Kaiser Heinrich III. dem Domkapitel in Freising die Kirche in »Biuwingun« (sicher eine Vorläuferin der heutigen Michaelskirche), 130 Jahre später, 1183, wird ein »Hainricus de Pivingen« genannt.
Auch im Poing jener Zeit entwickelte sich bald ein Herrensitz. Das St. Veitsstift in Freising und das kurfürstliche Hofkastenamt hatten Zehentrechte. Der Humplmayerhof übte wohl schon zu dieser Zeit auch gewisse Grundrechte aus. Es ist nicht ausgeschlossen, daß er mit dem im Jahre 1686 erwähnten kurfürstlichen Urbarshof identisch ist.

Mehr über Ebersberg und den Ebersberger Forst: Tour 30, Seite 173, Tour 31, Seite 179, Tour 32, Seite 183, Tour 33, Seite 188, Tour 35 und 36, Seite 195 bis 204.

Wissenswert – Sehenswert

Im Jahre 1874 wurde in Poing die erste Schule gebaut, 1908 die zweite, die mit einem »Bierpfennig« finanziert wurde. Inzwischen mußte noch einmal ein neues Schulhaus gebaut werden.
Die Michaelskirche, ein romanischer Tuffquaderbau aus der Zeit um 1200, war seit 1222 Filiale der Pfarrei Anzing. 1956 wurde die Filiale Pfarrkuratie und 1960 Pfarrei.
Der Turm der Michaelskirche von Poing – so berichtet eine Überlieferung – soll einmal ein Wehrturm gewesen sein (wohl, weil der romanische Bau in seiner Architektur das ganze übrige Kirchengebäude »unterdrückte«). Darin sollen einst Nonnen gewohnt haben. Tatsächlich ist in der Geschichte einmal von einer Klausnerin die Rede, die bei den Ungarneinfällen, als das Kloster Moosburg zerstört wurde, nach Poing geflüchtet sein soll. Die Kirche von Poing wurde 1954 um einen 22 Meter langen Anbau nach Westen zu erweitert.
In Englbrechting ließen sich zwischen 1810 und 1820 Familien aus der Rheinpfalz nieder. Erwähnt wird die Siedlung erstmals im 14. Jahrhundert.
Grub ist heute weltbekannt durch seine Landesanstalt für Tierzucht. Bestanden hat es mit fünf Höfen im Besitz des damaligen Adeligen bereits um 1000. Die Kirche wird um 1315 nachgewiesen.

Einkehr am Weg

Bahnhofsbierstüberl – an der Bahnhofstraße in Poing.
Bahnhofsrestaurant – an der Bahnhofstraße in Poing, nach der Kreuzung. Eigene Metzgerei.
Zur Lederhosn – gegenüber der Kirche in Poing. Kleine überdachte Terrasse.

Mit der S 6 nach Markt Schwaben **35**

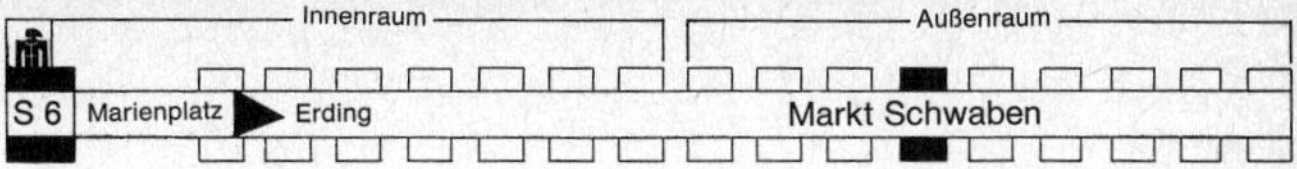

Abfahrt in München, Marienplatz			Rückfahrt in Ebersberg		
6.01	6.41	7.21	14.13	14.53	15.33
8.01	8.41	9.21	16.13	16.53	17.33
10.01	10.41	11.21	18.06 (x)	18.53	19.33
12.01	12.41	13.21	20.13	20.53	21.33
14.01	14.41	15.21	22.13	22.53	23.33

(x): weicht vom Fahrplanschema ab.
Der Fahrplan gilt Samstag, Sonntag und Feiertag.
Die Züge fahren alle 40 Minuten, Fahrzeit für die Hinfahrt 29 Minuten, für die Rückfahrt 50 Minuten.
Weitere Fahrzeiten im amtlichen Fahrplan.
Fahrpreise für die Hinfahrt: München–Markt Schwaben = 4 Zonen. Mehrfahrtenkarte 2,10 Mark. Kinder 0,30 Mark. Hunde 0,30 Mark.
Fahrpreise für die Rückfahrt: Ebersberg–München, Marienplatz = 6 Zonen.
Mehrfahrtenkarte 3,30 Mark. Kinder 0,60 Mark. Hunde 0,60 Mark.

War der erste Schwabener ein Schwabe?

So genau weiß man das nicht: Leitet sich der Ortsname von Leuten ab, die sich hier niedergelassen hatten und schwäbischen Ursprungs waren oder hießen die ersten Bewohner von Markt Schwaben mit Familiennamen Schwab. Die Historiker neigen eher der letzten Ansicht zu. Immerhin: Bis zum Jahre 1922 heißt der Ort einfach Schwaben. Markt ist er schon seit Jahrhunderten, aber das Markt zum Ortsnamen wurde ihm erst 1922 verliehen. Wir fahren mit der S-Bahn nach Markt Schwaben, um von hier eine sehr schöne Wanderung über Forstinning durch den Ebersberger Forst nach Ebersberg zu machen.

Mit einer Ausdehnung von rund 90 Quadratkilometern ist der Ebersberger Forst der größte geschlossene Waldbestand in der Bundesrepublik – von den Wäldern des Hochgebirges abgesehen. Hauptbesitzer ist der Bayerische Staat. Nur ganz geringe Teile sind Körperschaftswald und Privatwald.
Vom Inn bis zum Lech zog sich einst der viel größere Waldgürtel, von dem der Ebersberger Forst noch ein »kleiner« Rest ist. Um das Jahr 1000 erst begannen sich nach und nach Siedlungen in den Waldgürtel hineinzufressen und ihn zu zerteilen. So entstanden im Verlauf der Jahrhunderte der Haager Forst, der Höhenkirchner Forst, der Egmatinger Forst, der Hofoldinger Forst, der Grünwalder Forst, der Forstenrieder Park, der Kreuzlinger Forst und der Fürstenfeldbrucker Wald.

Wandern

Route: *Vom S-Bahnhof Markt Schwaben über Forstinning, Schwaberwegen durch den Ebersberger Forst nach Ebersberg – 17 km. Die Tour können Kinder nicht mitmachen.*

Vom Bahnhof Markt Schwaben gehen wir die Bahnhofstraße hinunter zur Herzog-Ludwig-Straße und folgen dieser ortseinwärts die Anhöhe hinauf bis zur Kirche. Hier wenden wir uns nach rechts und wandern über den Marktplatz die Ebersberger Straße hinaus. Bei der Von-Sempt-Straße zweigen wir links ab (vierte Straße), folgen dieser Erschließungsstraße bis zum Ende und wandern auf dem Feldweg weiter. Wo der Weg in einen Pfad übergeht, schwenken wir in die rechtwinkelige Kurve und wandern an dem kleinen Wasserlauf entlang. Bei einem einzelstehenden Haus macht der Weg einen Knick nach links. Wir gehen hier weiter und haben nach etwa 400 Metern die Kressirmühle erreicht. Wir durchqueren den Hof der Mühle und treffen beim Verlassen des Geländes einen Feldweg an, der sich nach rechts zieht und an einer Buschreihe entlang fast schnurgerade nach Forstinning hineinführt. Wir durchqueren den Ort, folgen der Straße nach Schwaberwegen und dort der Straße nach Ebersberg. Kurz nachdem wir den Ebersberger Forst betreten haben, nehmen wir den links abzweigenden Weg und behalten ihn etwa dreieinhalb Kilometer bis zur nächsten größeren Querstraße bei.

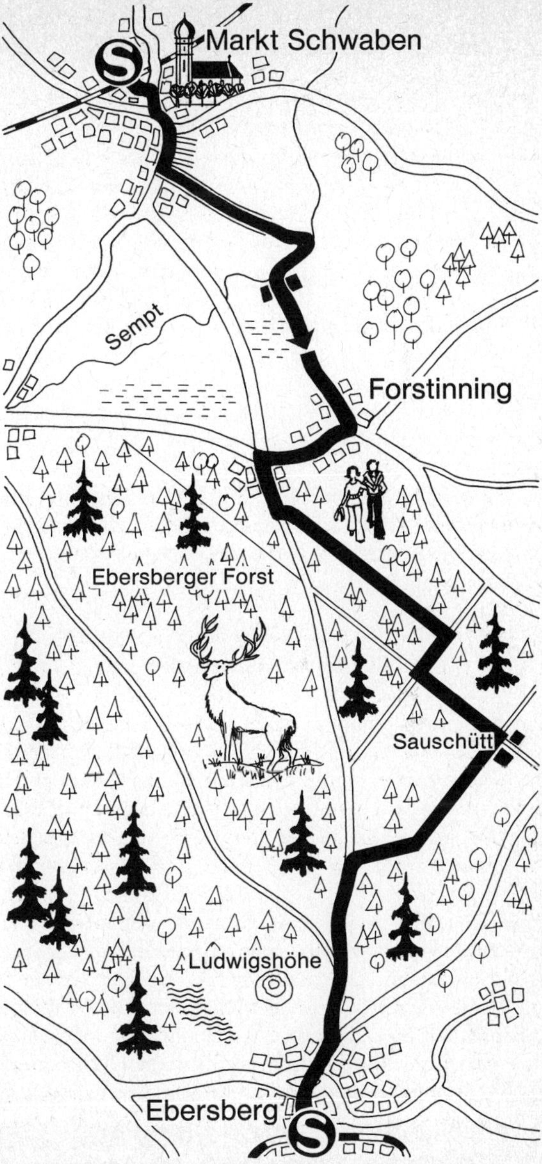
Markt Schwaben
Sempt
Forstinning
Ebersberger Forst
Sauschütt
Ludwigshöhe
Ebersberg

Hier biegen wir nach rechts ab, wandern einen Kilometer in dieser Richtung und gehen dann an der Kreuzung links. Eine knappe halbe Stunde haben wir von hier noch bis zur Sauschütt (Wirtshaus).
An der Sauschütt wenden wir uns wieder nach rechts und wandern auf dem Ludwig-Geräumt zwei Kilometer in südlicher Richtung, dann macht der Weg einen Knick, wir verlassen ihn aber nicht, sondern gehen bis zur Ebersberger Forst-Straße weiter. Wir erreichen sie nach einem Kilometer, biegen nach links ein und folgen nun der Richtung dieser Straße, wobei wir auf einem der Pfade entlang der Straße gehen können.
Wenn wir noch nicht zu müde sind, biegen wir am Ortseingang von Ebersberg nach rechts zur Ebersberger Alm ab und machen einen Abstecher zum Aussichtsturm und zur Ludwigshöhe. Von hier bietet sich bei schönem Wetter ein unvergeßlicher Blick über den Ebersberger Forst im Norden, über die Stadt Ebersberg hinweg bis hinein in die Alpen im Süden.
Vom Aussichtsturm kommen wir über die Heldenallee, am Klostersee vorbei in die Eberhardstraße und dieser folgend zum Marktplatz von Ebersberg. Über die Bahnhofstraße erreichen wir den S-Bahnhof Ebersberg.

Schwaben – beinahe ein Wallfahrtsort

Das geschah im Jahre 1721: Der Bierbrauer Gerstlacher ließ die Maria-Hilf-Kapelle erbauen. Noch heute gilt sie als architektonisch wertvoll, weil sie zu den wenigen Rundbauten der Gegend gehört. An dem gleichen Platz stand schon vorher einmal eine Kapelle, und in der Nähe gab es eine »Martersäule«. Man nimmt heute an, daß Gerstlacher aus Schwaben einen Wallfahrtsort machen wollte, was ihm allerdings nicht gelungen ist. Fast drei Jahrzehnte später, am 7. Mai 1749, machte die Familie Gerstlacher wieder von sich reden. Ein Vetter des Bierbrauers richtete als Leutnant schrecklichen Schaden an. Er warf eine Granate in die Nähe des Anwesens vom Schmied Arzberger. Da das Haus mit Stroh gedeckt war, fing es sofort Feuer und brannte bald lichterloh; mit ihm brannten 33 weitere Häuser ab. In der Kapelle sind zwei Votivbilder zu sehen, die von diesem Großbrand künden.

Mehr als 500 Jahre war Schwaben Mittelpunkt und Sitz des Pfleggerichts. Es war deshalb ein Rückschlag, als 1811 das Landgericht und 1815 das Rentamt nach Ebersberg kamen. Man kann sich vorstellen, wie die Schwabener alles versuchten, diese beiden Ämter bei sich zu behalten. Aber daran war nichts mehr zu ändern. Ein Teil des Schlosses wurde nun niedergelegt, den Rest kaufte ein Privatmann auf. Es wird erzählt, daß zum Wiederaufbau des Münchner Hoftheaters nach dem großen Brand von 1823 Steine des Schwabener Schlosses verwendet wurden.

Wissenswert – Sehenswert

Die Forstinninger Kinder, die 1958 in der Scheune des alten Hirschanwesens in Schwaberwegen spielten, suchten gewiß nicht nach einem vergrabenen Schatz; dennoch fanden sie einen riesigen: rund 3000 alte Silbermünzen, bei denen die letzte Prägung aus dem Jahre 1705 stammt. Zum Teil waren sie noch gebündelt und sortiert. Der Fund erregte großes Aufsehen. Die Experten sind der Meinung, daß er aus dem spanischen Erbfolgekrieg stammen müßte. Sie sind sicher, daß er aus einer Kriegskasse verlorengegangen war.

Moos bei Forstinning ist die Heimat des ehemaligen bayerischen Landwirtschaftsministers Dr. Alois Hundhammer. In diesem Ort hielt sich einige Zeit auch der Komponist Carl Maria von Weber auf.

An der Forstinninger Schule unterrichtete 1871/72 der später berühmt gewordene Reformpädagoge Dr. Georg Kerschensteiner als Hilfslehrer.

In der Prähistorischen Staatssammlung in München befindet sich ein keltisches Widderfigürchen aus Bronze, das in der Nähe von Forstinning, bei Sempt, gefunden wurde.

Entdeckt wurden vor einigen Jahrzehnten in Berg bei Forstinning die Reste einer römischen Villa.

Ein Schwert aus der Bronzezeit holte in Forstinning 1958 beim Ausheben einer Baugrube ein Bagger aus dem Boden. Vor 3200 Jahren dürfte der Besitzer seine Waffe als Opfer der Erde übergeben haben – es war mehrfach zerbrochen und zusammengebogen.

Die Pfarrkirche von Forstinning, Mariä Heimsuchung, erhielt

ihre heutige Gestalt in den Jahren 1765/66 durch den Münchner Baumeister Trischberger.
Mehr über Ebersberg und den Ebersberger Forst: Tour 32 bis 34, Seite 183 bis 194, Tour 36, Seite 201.

Einkehr am Weg

Schweiger-Bräu – an der Ebersberger Straße in Markt Schwaben. Bierstüberl.
Oberbräu – am Marktplatz in Markt Schwaben, gegenüber dem Rathaus.
Eis-Cafe, Pizzeria – am Marktplatz in Markt Schwaben.
Unterbräu – gegenüber der Kirche. Mit Schloßstüberl. Schattiger Garten. Durchgehend warme Küche.
Weißer Falke – an der Bahnhofstraße in Markt Schwaben.
Bahnhofsgaststättte – gegenüber dem S-Bahnhof Markt Schwaben.
Alter Wirt – an der Hauptstraße in Forstinning.
Neuwirt – gegenüber der Kirche in Forstinning.
Gasthaus Bauer – an der Hauptstraße in Schwaberwegen. Eigene Metzgerei.
Sauschütt - Wirtshaus im Ebersberger Forst.
Ebersberger Alm – in Ebersberg beim Aussichtsturm. Getränke, kleine Speisen. Sitzen im Freien.
Kiosk am See – am Klostersee in Ebersberg. Getränke.
Unterbräu – an der Eberhardstraße in Ebersberg.
Gasthaus Zur Seerose – an der Eberhardstraße in Ebersberg. Garten.
Hölzerbräu – in der Sieghartstraße in Ebersberg. Bayerische Küche.
Oberwirt - am Rathaus in Ebersberg. Kleine Terrasse. Bier aus der Ebersberger Schloßbrauerei.
Gasthof Alte Post – am Marienplatz in Ebersberg. Bayerische Küche, Boulevardtische im Freien.
Gasthof Neuwirt – am Marienplatz in Ebersberg. Bayerische Küche, kleine Terrasse.
Unterbräu/Schloß-Stüberl – gegenüber der Kirche. Schattiger Garten.

Mit der S 4 nach Ebersberg 36

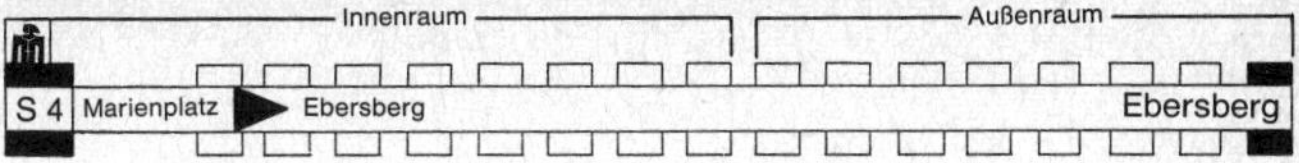

Abfahrt in München, Marienplatz			Rückfahrt in Ebersberg		
7.27	—	—	14.13	14.53	15.33
8.27	9.07	9.47	16.13	16.53	17.33
10.27	11.07	11.47	18.06 (x)	18.53	19.33
12.27	13.07	13.47	20.13	20.53	21.33
14.27	15.07	15.47	22.13	22.53	23.33

(x): weicht vom Fahrplanschema ab.
Der Fahrplan gilt Samstag, Sonntag und Feiertag.
Die Züge fahren alle 40 Minuten, Fahrzeit ca. 50 Minuten.
Weitere Fahrzeiten im amtlichen Fahrplan.
Fahrpreise für die Hin- und Rückfahrt: München–Ebersberg und zurück = zweimal 6 Zonen.
Mehrfahrtenkarte zweimal 3,30 Mark. Kinder zweimal 0,60 Mark. Hunde zweimal 0,60 Mark.

Unter dem Hobel mächtiger Gletscher

Lohnt schon die Stadt Ebersberg selbst einen Ausflug, so ist es nicht minder die Landschaft, die uns – wenn wir einmal hier waren – immer wieder lockt.
Unter dem Hobel des mächtigen Eises ist das Land rund um Ebersberg entstanden. Und es wurde in seinem Formenreichtum und seinem sich ständig ändernden Bild zu einem riesigen Garten, wie ihn ein Landschaftskünstler nicht schöner hätte gestalten können. Langgestreckte bewaldete Höhenzüge wechseln mit Hügeln und Hängen und bekränzen die Kreisstadt mit reizvoller Vielfalt. In die Talgründe schmiegen sich anmutige Seen und Weiher. Kommen wir im Sommer, können wir uns im Familienbad am Klostersee unter das Badevolk mischen und uns im frischen Wasser tummeln.

Wer allein sein will und sich vom gehetzten Alltag zu erholen sucht, der geht nur ein paar Schritte weiter und er kommt in ein Naturschutzgebiet, in dem er völlig ungestört ist. Eine friedvolle natürliche Oase der Erholung ist der Eggelburger See bis heute geblieben. Hier hat die Zivilisation noch nicht zugegriffen. Seltene Pflanzen und Tiere erfreuen den Naturfreund. Hier zwitschern Wasservögel, die man sonst kaum mehr hört. Hier nisten Wassertiere in einer Unbekümmertheit, die einen erstaunen läßt. Wildenten, Bläß- und Teichhühner haben hier ihre Brutstätten und Lebensräume. Eine Erholungslandschaft, wie sie schöner nicht sein könnte.

Wandern

Route: *Vom S-Bahnhof Ebersberg, am Klostersee vorbei, rund um den Eggelburger See und über Aßlkofen zurück zum Bahnhof Ebersberg – 9 km. Die Tour können nur wandergeübte Kinder mitmachen.*

Am S-Bahnhof Ebersberg gehen wir rechts zur Bahnhofstraße, folgen dieser stadteinwärts, überqueren den Marktplatz und wandern an der Eberhardstraße entlang stadtauswärts (Gehwege). Am Hinweisschild »Familienbad« – kurz bevor die Hohenlindener Straße abzweigt – wenden wir uns nach links und wandern nun am Ufer des Klostersees, des Langweihers und des Seeweberweihers entlang hinüber zum Eggelburger See. Das Gebiet des Sees und des Geländes im Ost-, Süd- und Westteil steht unter Landschaftsschutz. An der kleinen Wegkreuzung, wo es links nach Egglsee geht, halten wir uns rechts. Beim Transformatorenhaus wenden wir uns links und behalten auch dann die Richtung bei, wenn wir den Ziegelhof passieren.
Am Südende des Sees, wo wir das grüne Dreieck »Landschaftsschutzgebiet« vorfinden, biegen wir links ab und gehen ein Stück am Wald entlang. Nach einer kleinen Lichtung kommen wir erneut in den Wald. Wir halten uns hier links und wandern auf schmalen, kaum erkennbaren Fußpfaden am Seeufer entlang. So erreichen wir nach etwa einer halben Stunde die Westseite des Sees.
Wir wandern nun über freies Feld das Sträßchen nach Hinter-

und Vordereggelburg hinauf bis vor zur Bundesstraße 304. Wir überqueren sie und gehen nach Hörmannsdorf hinein. Nach der großen Eiche biegen wir in den Weg links ab. Bei der Weggabelung können wir rechts nach Aßlkofen hinein oder links am Ort vorbei wandern. Wir folgen noch ein kurzes Stück der Aßlkofener Straße und biegen nach wenigen Minuten rechts in die Wallberg- und Dr. Wintrich-Straße ein. Sie führt uns auf die Münchner Straße, von der aus wir über den Marktplatz und die Bahnhofstraße wieder zum S-Bahnhof Ebersberg kommen.
Mehr über Ebersberg und den Ebersberger Forst: Tour 30 bis 35, Seite 173 bis 200.

St. Sebastian hochverehrt

Die ursprünglich gotische Hallenkirche St. Sebastian ist ein Werk von Erhard Randeck, in den Jahren 1733 und 1734 wurde der Kirchenbau im Rokokostil ausgestaltet. Das Gewölbe des Mittelschiffes wurde erst nach dem Brand 1781 aufgeführt. – Auf dem eisernen Opferstock am Chorbogen rechts steht eine rauchgeschwärzte Holzfigur des hl. Sebastian, die wohl aus der Zeit um 1450 stammen dürfte. Die Statue wurde als Gnadenbild verehrt. – Der Hochaltar entstand schon vor dem Jahre 1773. Im Mittelteil eine überlebensgroße Sebastiansfigur aus dem Jahre 1630. – Die Untergeschosse der beiden Westtürme gehören der ausgehenden romanischen Bauperiode an. Nur der südliche der beiden Türme ist ausgebaut. – Im Chorraum der Kirche eine Herz-Jesu-Kapelle mit wertvollen Marmorepitaphen der Edlen von Pienzenau die in der damaligen, 1781 abgebrochenen Stephanskapelle ihr Erbbegräbnis hatten. – Das bedeutendste Kunstwerk in der Kirche ist das Stiftergrabmal, das um 1500 vom Wasserburger Meister Wolfgang Leb geschaffen wurde. In der Deckplatte der Tumba sieht man, nahezu vollplastisch herausgearbeitet, die Reliefbilder der hier bestatteten Stifter Graf Ulrich und seiner Gattin Richardis. In ganz Süddeutschland findet man kein gleichartiges Werk dieser Zeit. – Die Sebastiankapelle wurde im Jahre 1668 nach den Plänen des Jesuitenbruders Heinrich Maier erbaut. Sie ist überaus reich mit Stuck dekoriert. Im Mittelschrein des Marmoraltars befindet sich die berühmte Silberbüste des Kirchenpatrons, die etwa um 1420 geschaffen wurde. Sie gilt als die bedeutendste Silberbüste Bayerns. In einer eigenen Fassung enthält sie die Hirnschale des Heiligen.

Einkehr am Weg

Gasthof Neuwirt – am Marienplatz in Ebersberg. Bayerische Küche. Kleine Terrasse.
Gasthof Alte Post – am Marienplatz in Ebersberg. Bayerische Küche. Boulevardtische.
Oberwirt – am Rathaus in Ebersberg. Kleine Terrasse. Bier aus der Ebersberger Schloßbrauerei.
Hölzerbräu – an der Sieghartstraße in Ebersberg. Bayerische Küche.
Gasthaus zur Seerose – an der Eberhardstraße in Ebersberg. Garten.
Unterbräu – an der Eberhardstraße in Ebersberg.
Gasthaus Huber – in Oberndorf bei Ebersberg. Eigene Metzgerei. Terrasse.
Kiosk am See – am Klostersee in Ebersberg. Getränke.
Kiosk an der Ludwigshöhe – in Ebersberg beim Aussichtsturm. Getränke, kleine Speisen. Sitzen im Freien.
Gasthaus Egglsee – in Egglsee. Kleiner schattiger Garten.

Mit der S 4 nach Geltendorf **37**

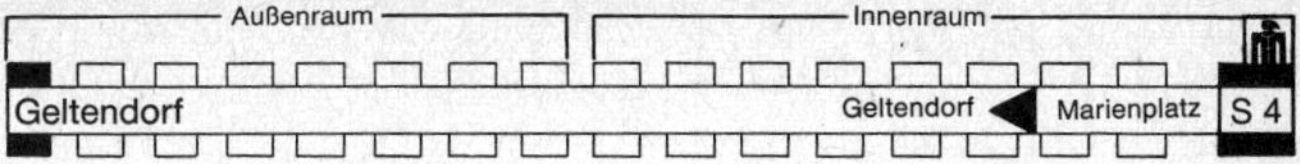

Abfahrt in München, Marienplatz			Rückfahrt in Geltendorf		
6.23	7.03	7.43	14.21	15.01	15.41
8.23	9.03	9.43	16.21	17.01	17.41
10.23	11.03	11.43	18.21	19.01	19.41
12.23	13.03	13.43	20.21	21.01	21.41
14.23	15.03	15.43	22.21	23.01	23.41

Der Fahrplan gilt Samstag, Sonntag und Feiertag.
Die Züge fahren alle 40 Minuten, Fahrzeit ca. 46 Minuten.
Weitere Fahrzeiten im amtlichen Fahrplan.
Fahrpreise für die Hin- und Rückfahrt: München–Geltendorf und zurück = zweimal 6 Zonen.
Mehrfahrtenkarte zweimal 3,30 Mark. Kinder zweimal 0,60 Mark. Hunde zweimal 0,60 Mark.

Aus dem Moor wurde ein Mustergut

Endstation der S 4 im Westen Münchens: Geltendorf und, einen Spaziergang weit entfernt, das Kloster Sankt Ottilien – Ziel unseres Ausflugs.
Sankt Ottilien ist ein Missionskloster der Benediktiner. Bildung und Ausbildung stehen im Vordergrund. Aber die umfangreichen Anlagen existieren erst im zweiten Menschenalter. Da, wo jetzt 700 Menschen auf engem Raum leben, konnten vor 80 Jahren kaum 50 Menschen ihr Auskommen finden. Aus sauren Wiesen, steinigen Feldern, einem großen Torfstich und aus unkultiviertem Sumpfland und Moor ist inzwischen ein landwirtschaftliches Mustergut geworden.
Philosophische Hochschule, Humanistisches Gymnasium, Gewerbliche Berufsschule, Landwirtschaftsschule, Exerzitienhaus und eine gesunde, umfangreiche Ökonomie gehören zum Klo-

ster. Auch einen Buch- und Zeitschriftenverlag konnte man angliedern. Sehenswert ist das Missionsmuseum, das über Leben und Wirken der Missionare in den Missionsgebieten, vornehmlich Afrika, aber auch Korea, Auskunft gibt und dabei eine gute Lektion für das Kennenlernen der afrikanischen Völker darstellt. In der Umgebung von Sankt Ottilien lassen sich beliebig Spaziergänge unternehmen. Die Wege sind beschildert. Um gastliche Einkehr nahe am Klosterkomplex braucht man sich keine Sorgen zu machen. Wo sich ein Kloster befindet, ist in der Regel auch gut essen und gut ausruhen – so auch hier. Sehenswert ist auch Geltendorf selbst mit seiner alten Pfarrkirche, von der ein Sturm im Jahre 1946 den Zwiebelturm heruntergerissen hatte. Einen Besuch lohnt schon auf dem Weg dahin im neuen Ortsteil das moderne Pfarrzentrum »Zu den heiligen Engeln«.

Wandern

Route: *Vom Bahnhof Geltendorf zum Kloster Sankt Ottilien und zurück – 2 km. Auch für kleinere Kinder.*

Am S-Bahnhof Geltendorf wandern wir nach links, unterqueren die Bahn, gehen ein paar Meter auf der Römerstraße – sie führt nach Eresing – und biegen dann nach etwa 20 Metern links in den Privatweg ein. Er führt uns direkt zum Kloster Sankt Ottilien. Für den Rückweg nehmen wir die Allee. Hierzu gehen wir bis zur Klosterwirtschaft und dann nach rechts den Klostergarten entlang. Die Allee zweigt nach 200 Metern links ab. Autos und Motorräder dürfen hier nicht fahren. Wenn wir die Bahn unterquert haben, kommen wir links zum S-Bahn-Haltepunkt Geltendorf. – Wer länger wandern will, schlägt in Sankt Ottilien den Weg nach Eresing ein. Sehenswert ist die von Dominikus Zimmermann 1756/57 umgebaute und durch Rokokokünstler ausgestattete St. Ulrichskirche. Auf der Römerstraße erreichen wir von Eresing aus wieder den S-Bahnhof Geltendorf.

Wie das Kloster entstand

Die umfangreiche Klosteranlage der Missions-Benediktiner mit der Abteikirche im Mittelpunkt beeindruckt den Besucher, ganz

gleich, aus welcher Richtung er kommt. Und unwillkürlich fragt man sich, wie alt denn der Komplex schon sei.
Die Anfänge von Sankt Ottilien gehen auf das Jahr 1886 zurück. Um 1900 erst wurde die heutige Klosterkirche errichtet. Und die Gebäude ringsum – mehrmals wurden Erweiterungsbauten angefügt – entstanden auch erst nach und nach um die Jahrhundertwende und in den Jahrzehnten danach. Ein sehr junges Kloster also, das dennoch in der Bundesrepublik Rang und Namen besitzt. Da, wo jetzt das Kloster steht, befand sich einmal ein kleiner Weiler namens Emming. Ein altes, heruntergekommenes Schlößchen und eine kleine Wallfahrtskapelle zur heiligen Ottilia gab es hier. Drumherum ödes, nichtstragendes Moorgebiet. Pater Andreas Amrhein – er starb im Jahre 1927 – sah das Gelände, und es schien ihm für den Bau eines großen Missionshauses geeignet. Der größte Vorzug: Es war billig, weil das Land nichts wert war.

Wen will es da wundern, wenn man in der jungen Klostergeschichte jene Jahre der Gründerzeit als das »heroische Zeitalter« bezeichnet.
Bevor der Klostergründer Pater Andreas Amrhein hierher kam, wollte er seine Pläne im ehemaligen Benediktinerkloster Reichenbach in der Oberpfalz verwirklichen. Doch dort hatte es Schwierigkeiten gegeben, und so wurde schließlich der Grundstein für das neue Kloster im kleinen unbekannten Weiler Emming gelegt. 1886 kam Pater Amrhein, und schon ein Jahr später, 1887, konnten die ersten Glaubensverkünder nach Ostafrika geschickt werden. Sankt Ottilien wurde schnell zum Mutterhaus für viele Niederlassungen in Deutschland und in Übersee. Innerhalb weniger Jahrzehnte war die »Benediktinerkongregation von St. Ottilien für auswärtige Missionen« entstanden, eine der jüngsten und größten unter den 16 Kongregationen des Ordens. Heute wirken die Missionare in Amerika, Asien und Afrika. Früher gehörte auch Korea zu ihrem Missionsgebiet.
Zum Klosterverband zählen in Deutschland: die Abteien Münsterschwarzach, Schweiklberg und Königsmünster in Meschede. Häuser des Ordens stehen in Nordamerika, Venezuela, Columbien und in der Schweiz.

Herz der Anlage: die Abteikirche

Wer um die Mittagszeit kommt oder in den Abendstunden, der kann den Mönchen beim Sprechen und Singen des Chorgebetes zuhören. Ein eindrucksvolles Erlebnis religiöser Einkehr und Sammlung. Lassen wir uns dann ein bißchen Zeit und verharren wir in der friedlichen Stille des Gotteshauses. Erzabt Professor Dr. Brechter bittet die Kirchenbesucher freundlich, das Chorgebet nicht zu stören. Priesterweihen, Abtsbenediktionen, Gelübdeablegungen, Bischofskonsekrationen und die Aussendung von Missionaren hat die Kirche schon zu Hunderten gesehen.
Der Grundstein zum Bau der Kirche im nachempfundenen Stil der Frühgotik wurde am 1. August des Jahres 1897 von dem damaligen apostolischen Nuntius in München, Lorenzelli, gelegt. Am 12. März 1899 konnte die Kirche bereits für den Gottesdienst benutzt werden. Konsekriert wurde sie am 29. Juni 1903 durch den damaligen Diözesanbischof Maximilian von Lingg. Die Kir-

che wurde dem Herzen Jesu geweiht. Der Hochaltar wurde als Ziboriumsaltar errichtet. Freistehend beherrscht er den Innenraum.
Im Jahre 1951 wurde die Kirche unter der Leitung von Professor Toni Roth renoviert.
Zwischen dem Querschiff und den östlichen Seitenkapellen führen steinerne Wendeltreppen zu einer geräumigen Krypta mit fünf Altären. Beachtenswert ist hier eine barocke Kreuzigungsgruppe auf dem Hochaltar. Im Jahre 1893 wurde der Altbau des Klosters fertiggestellt. Er wurde noch nach den Plänen des Klostergründers ausgeführt. Hier befinden sich der Kapitelsaal, der große Gemeinschaftsraum des Klosters, außerdem die Aula und die Hörsäle für die Philosophische Hochschule, das Noviziat und die vielen Wohnzellen für die Patres und die Brüder.
Im Jahre 1911 wurde an das alte Kloster der großzügige Südflügel angebaut. Im Erdgeschoß sind hier Bäckerei, Kellerei, Heizanlage und Bad untergebracht, im ersten Stockwerk die große Klosterküche mit Nebenräumen, der Speisesaal mit 250 Plätzen, im zweiten Stock eine gut eingerichtete Krankenabteilung, eine reichhaltige Klosterbibliothek mit rund 90000 Bänden, die wissenschaftliche Rüstkammer für die Patres in der Schule, für die Erziehung und die Seelsorge, eine der größten Klosterbüchereien Bayerns.
In den Jahren 1954/55 wurde der Südflügel bis zur Straße hin verlängert.

Wissenswert – Sehenswert

Zum Studium der Theologie besuchen die jungen Kleriker die Münchner Universität. Die Philosophische Hochschule dagegen befindet sich hier im Hause. Sie ist staatlich anerkannt und wird von den deutschen Klöstern der Ottilien-Kongregation und von einzelnen bayerischen Benediktinerabteien beschickt.
Das Missionsmuseum verfügt über eine naturkundliche und eine völkerkundliche Abteilung. Dazu werden exotische Tiere, Erzeugnisse des Bodens und Gebrauchsgegenstände aller Art aus Afrika und Ostasien gezeigt. Der Eintritt ist frei. Eine Missionsgabe ist erwünscht.
Die Wiege des Klosters ist die Ottilienkapelle, das Kirchlein des

ehemaligen Weilers Emming. Sie wurde vor mehr als 500 Jahren ursprünglich im gotischen Stil erbaut, später erweitert und barockisiert. 1947 wurde sie renoviert.
Zwei große Brände richteten in der Ökonomie des Hauses großen Schaden an: 1908 und 1919. 1927 wurde eine große Hühnerfarm angelegt. Heute verfügt Sankt Ottilien über ein angesehenes Mustergut mit bekannten Zuchterfolgen und hohen Ertragsleistungen.

Einkehr am Weg

Zur Post – am Bahnhof in Geltendorf.
Gastwirtschaft Haslauer – am Bahnhof in Geltendorf, eigene Metzgerei.
Emminger Hof – in Sankt Ottilien, Terrasse, Gartenbetrieb, Andechser Bier.
Gaststätte Huster – in Eresing, neben der Kirche. Eigene Metzgerei, gutbürgerliche Küche.
Gasthof Wiedmann – in Eresing, Hauptstraße. Eigene Metzgerei.

Mit der S 5 nach Weßling 38

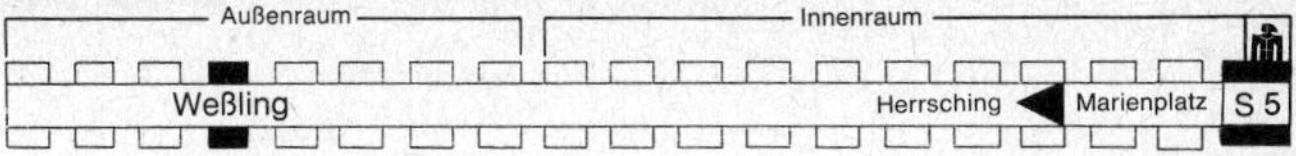

Abfahrt in München, Marienplatz			Rückfahrt in Weßling		
6.59	7.39	8.19	12.07	12.47	13.27
8.59	9.39	10.19	14.07	14.47	15.27
10.59	11.39	12.19	16.07	16.47	17.27
12.59	13.39	14.19	18.07	18.47	19.27
14.59	15.39	16.19	20.07	20.47	21.27
16.59	17.39	18.19	22.07	22.47	23.27

Der Fahrplan gilt Samstag, Sonntag und Feiertag.
Die Züge fahren alle 40 Minuten, Fahrzeit ca. 44 Minuten.
Weitere Fahrzeiten im amtlichen Fahrplan.
Fahrpreise für die Hin- und Rückfahrt: München–Weßling und zurück = zweimal 4 Zonen.
Mehrfahrtenkarte zweimal 2,10 Mark. Kinder zweimal 0,30 Mark. Hunde zweimal 0,30 Mark.

Seeluft um Weßling

Im abwechslungsreichen hügeligen bayerischen Voralpenland, in einer uralten Moränenlandschaft, 600 Meter über dem Meer, liegt Weßling. Ausgedehnte Laub- und Nadelwälder, das urwüchsige Wildmoos im Norden, im Süden das Auerbachmoos und – zwischen Hochstadt/Unering und Seefeld – der Wildpark, der zu Schloß Seefeld gehört, bilden die erholsame Umgebung von Weßling.
Diese Lage und das moorhaltige Wasser des Sees bestimmen die reine, kräftig-würzige Luft des Ortes. Spaziergänge durch die Wälder, durchs Aubachtal, durch den Wildpark zum Kloster Andechs dienen der Erholung, der Entspannung. Der Höhenberg und die Dellinger Höhe bieten einen Rundblick über das Vierseengebiet bis zur Alpenkette. Seit Jahren schon ist Weßling auch ein Wintersportparadies: für Schlittschuhläufer, Eisstock-

schießer und Freunde des Eishockeyspiels. Für Skiläufer gibt es viele Möglichkeiten.
Die sommerliche Badesaison ist ziemlich lang. Der Weßlinger See erwärmt sich schnell, so daß man oft Mitte Mai schon darin baden kann. Und selbst im Oktober kann man meist noch wagen, ins Wasser zu steigen.
Segeln, Rudern, Paddeln – für jeden Wasserfreund gibt es ausreichend Möglichkeiten am Weßlinger See, der noch zu den »Stillen im Lande« gehört.

Wandern

Route: *Spaziergang rund um den Weßlinger See – 2 km. Auch für kleinere Kinder.*

Wir verlassen den Bahnhof Weßling, überqueren die Hauptstraße, gehen bei der Post auf den Seeweg und biegen nach ein paar Schritten links in den Fischerweg ab. Er führt uns direkt an den See. Wir schlendern auf der Unteren Seefeldstraße weiter an der Badeanstalt vorbei, zweigen an deren Ende in die Kreuzbergstraße nach rechts ab, wandern ein kurzes Stück am Hochufer des Sees entlang und wenden uns beim Hinweisschild »Zum See« nach rechts, wo wir über den schmalen Uferweg wieder zum Seeufer hinunter kommen. An den Bootshütten vorbei spazieren wir am Seeufer; Bänke laden zum Rasten ein. Der See ist so klein, daß wir ihn gut überblicken können. Wer Ruhe und Erholung sucht, kann sich an diesem Teil des Sees länger aufhalten.
Im Weitergehen erreichen wir bald einen kleinen hübsch angelegten Park. Die gepflegten Wege führen uns weiter am See entlang zu einer gastlichen Einkehr. Von hier ist es nicht mehr weit zum Ausgangspunkt unseres Spazierganges.
Am See kann man sich die Zeit mit Bummeln, Baden, Rudern oder aber auch nur mit Schauen vertreiben.

Ein landschaftliches Idyll

Den Weßlinger See müßte es heute, geologisch gesehen, nicht geben. Er ist durch Zufall aus einer reinen Laune der Natur heraus entstanden. Da gab es die verschiedenen Eiszeiten, durch die unsere Voralpenlandschaft gestaltet wurde. Bei der letzten, der

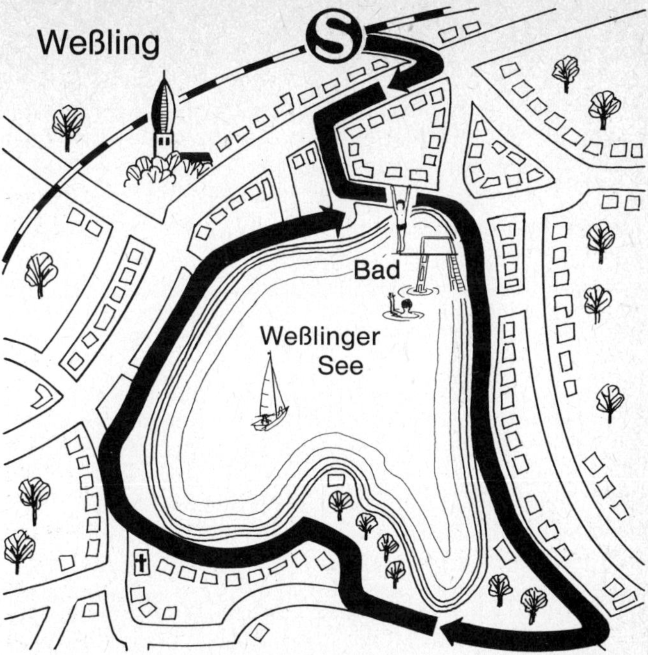

Würmeiszeit, hatten sich von den zurückweichenden Gletschern einige größere und kleinere Eisbrocken und -berge abgespaltet. Ein solcher Brocken lag bei Weßling. Er schmolz langsam ab, der Schotter sank nach unten und nach und nach füllte sich das Bekken mit Schmelzwasser auf.

Dies geschah vielerorts, aber die meisten kleinen Seen und Weiher sind längst verschwunden. Nicht so der Weßlinger See. Feine Sinkstoffe setzten sich auf dem Grund ab und machten ihn nahezu wasserundurchlässig. Der See blieb die vielen Jahrtausende und Jahrhunderte bis auf unsere Zeit erhalten. Er verändert sich auch kaum. Gespeist wird er von unterirdischen Quellen.

Botanische Raritäten weist die Flora rund um den See auf. Da kann man die roten Blütenähren des Wasserknöterichs und das feingliedrige Tausendblatt bestaunen, den Wasserschierling mit seinen kugelartigen Früchten entdecken oder sich an sonst einer der vielen seltenen vorkommenden Moorpflanzen erfreuen.

Weiße, gelbe und rote Seerosen hatten einst dem See seinen besonderen Reiz gegeben. Doch diese Pflanzen gibt es nicht mehr; seitdem die kanadische Wildgans hier heimisch wurde, gingen sie immer mehr zurück. Die Gänse fraßen ihnen die Blätter ab – und das war das Ende der Seerosen. Erfolglos blieben Versuche, sie durch Gittereinfriedungen zu schützen.

Drei sehenswerte Kirchen

Drei hübsche, sehenswerte Kirchen hat der kleine idyllische Ort Weßling am See. Am südlichen Ortsausgang steht die Kirche Mariä Himmelfahrt. Das Mauerwerk ist gotisch und mit einem Satteldach abgedeckt. Um das Jahr 1860 wurde der Innenraum der Kirche völlig umgestaltet. Dabei entfernte man leider die wertvollen Stuckmarmoraltäre und die ebenfalls stuckierte Kanzel aus der Rokokozeit. Sie wurden durch neuromanische Schreinerarbeiten ersetzt.
Sehr alt sind die beiden Glocken, die im Jahre 1897 vom Turm der Kirche heruntergenommen wurden. Sie trugen die Jahreszahlen 1492 und 1499.
Im Jahre 1939 wurde die neue katholische Pfarrkirche eingeweiht. Sie fällt durch ihren ungewöhnlich großen, langgezogenen Zwiebelturm auf. Im Innern kann man einen überlebensgroßen Christus aus dem 16. Jahrhundert sehen. Eine Figur des hl. Georg aus dem 17. Jahrhundert ist ebenfalls sehenswert. Auf dem rechten Seitenaltar: die hl. Anna selbdritt aus dem Beginn des 16. Jahrhunderts, die gotische Madonna auf dem linken Seitenaltar ist noch älter, sie stammt aus dem 15. Jahrhundert. Die meisten der wertvollen Ausstattungsstücke der neuen Weßlinger Pfarrkirche stammen aus der alten Kirche.
In einer von Wäldern umgebenen grünen Mulde liegt einen Kilometer südlich von Weßling, an der Straße nach Etterschlag, die Wallfahrtskirche von Grünsink. Das Kirchlein »in der grünen Senke« mit einer Eremitenklause ist um 1763 entstanden. Viele Votivtafeln – einige besonders schöne wurden gestohlen – künden von der jahrhundertealten Marienwallfahrt und von den Gebetserhörungen. Das Gnadenbild ist die Kopie einer Madonna von Lucas Cranach dem Älteren (1472 bis 1553) aus dem 17. Jahrhundert. Das Original befindet sich in der Innsbrucker Pfarrkirche.

Im Juli des Jahres 1962 wurde die 200-Jahrfeier der Wallfahrtskirche begangen. Zu diesem Fest wurde die Kirche gründlich restauriert. Die Deckenfresken in Chor und Mittelschiff stammen von Joh. Kirzinger (1764), das Fresko im Vorschiff von J. M. Ott (1776).

Der Weßlinger See

Der Weßlinger See ist 600 Meter lang, an seiner breitesten Stelle mißt er 500 Meter, er ist 16 Meter tief und liegt 582 Meter über dem Meeresspiegel.
21 Grad erreicht der See durchschnittlich, die höchsten Wassertemperaturen liegen bei 25 Grad.
Schleien, Karpfen, Aitel, Zander und die Renke sind im Weßlinger See anzutreffen.
Geologisch ausgedrückt ist der Weßlinger See ein sogenannter »Toteissee«. So bezeichnet man die aus der letzten Eiszeit entstandenen Seen. Mächtige Eisblöcke (Toteis) hatten sich abgespalten, schmolzen und bildeten die Seen.
Fische hören auf menschliche Laute: Der Bademeister des Gemeindebades am Nordostufer des Sees kann es beweisen. Wenn gerade nicht viel zu tun ist, kann man ihn bei der Fütterung der Fische beobachten. Er hebt dann in der Sammelkabine ein Brett am Fußboden auf und pfeift die Tiere herbei. Vor allem Karpfen und Aitel stellen sich dann sogleich ein.
Im Winter friert der Weßlinger See schneller zu als die größeren Seen. Er ist deshalb auch ideal für den Wintersport geeignet.
Am Weßlinger See hatten sich schon vor vielen Jahrhunderten Menschen angesiedelt. Im 13. Jahrhundert ist von einem Ortsadel die Rede.
Mehr über Weßling: Tour 44, Seite 239.

Einkehr am Weg

Gasthof Zur Post – in Weßling. Vollautomatische Kegelbahnen, Wirtsgarten.
Gasthaus Gerz – in Weßling. Bayerische Schmankerl, eigene Metzgerei.
Gaststätte Seehof – in Weßling. Eigene Metzgerei, Sonnenterrasse, schattiger Garten direkt am See, Bootsverleih.
Café am See – in Weßling. Schöner Garten, eigene Konditorei.

39 Mit der S 4 nach Grafrath

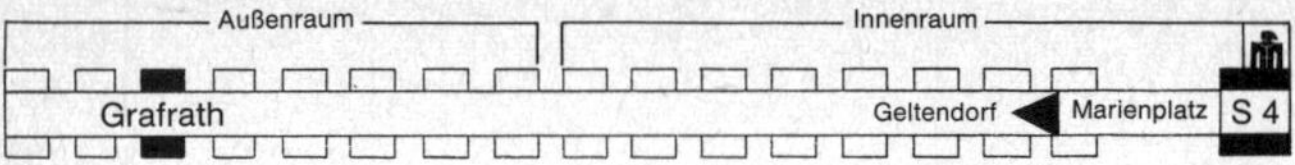

Abfahrt in München, Marienplatz			Rückfahrt in Grafrath		
6.23	7.03	7.43	14.28	15.08	15.48
8.23	9.03	9.43	16.28	17.08	17.48
10.23	11.03	11.43	18.28	19.08	19.48
12.23	13.03	13.43	20.28	19.08	19.48
14.23	15.03	15.43	22.28	23.08	23.48

Der Fahrplan gilt Samstag, Sonntag und Feiertag.
Die Züge fahren alle 40 Minuten, Fahrzeit ca. 36 Minuten.
Weitere Fahrzeiten im amtlichen Fahrplan.
Fahrpreise für die Hin- und Rückfahrt: München–Grafrath und zurück = zweimal 5 Zonen.
Mehrfahrtenkarte zweimal 2,10 Mark. Kinder zweimal 0,60 Mark. Hunde zweimal 0,60 Mark.

Vom »Bayerischen Bethlehem« zur Rasso-Wallfahrt

Er war eine Hünengestalt, der hl. Rasso, zweieinhalb Meter groß. Seine Gebeine sind noch heute in der ganzen Körperlänge in einem Glasschrein über dem Hochaltar zu sehen.
Überhaupt: den heiligen Rasso muß man sich ganz anders vorstellen, als man sich vielleicht sonst einen Heiligen und Klostergründer vorstellen möchte. Er war – so würden wir heute sagen – ein Sportfan. Das Reiten hatte es ihm besonders angetan. Mehrmals wurde er Sieger bei den damals sehr beliebten Reitturnieren. In Magdeburg (938) und in Rothenburg ob der Tauber war er Turniervogt, in Konstanz am Bodensee wurde er sogar Turnierkönig.
Dieser Graf Rasso, der aus dem altbayerischen Adelsgeschlecht Dießen-Andechs stammte, gründete Kloster und Wallfahrt Grafrath – heute einer der ältesten Wallfahrtsorte in Deutschland.

Wildenroth und Grafrath bilden ein lohnendes Ausflugsziel. Wegen der hübschen landschaftlichen Lage wird die Gegend auch als das »Bayerische Bethlehem« bezeichnet. Tatsächlich kann man in manchen biedermeierlichen Krippenbauten diese Gegend als Vorbild erkennen.

Uralte geschichtliche Zeugnisse weisen darauf hin, daß dieses Landstück schon in sehr früher Zeit besiedelt war. Ausgedehnte Fichten- und Buchenwälder machen einen besonderen Reiz des Landes um den Doppelort Wildenroth/Grafrath aus. Eine ganz spezielle Pflanzen- und Tierwelt treffen wir in dem ausgedehnten Ampermoos an. Die Amper zeigt sich hier von ihrer schönsten Seite. Ihr heilkräftiges Wasser lädt zum Baden und Schwimmen ein.

Wir lassen uns viel Zeit für diese Wanderung; denn es wäre zu schade, in der erholsamen Landschaft nur einfach Kilometer hinter uns zu bringen. Es gibt viel zu sehen und zu entdecken.

Wandern

Route: *Vom Bahnhof Grafrath zum Kloster des hl. Rasso, dann über Unteralting, Wildenroth zurück zum Bahnhof – 6 km. Die Tour können auch größere Kinder mitmachen.*

Am Bahnhof von Grafrath wenden wir uns nach links, gehen durch die Bahnunterführung und halten uns an der Straßengabelung, die wir nach wenigen hundert Metern erreichen, rechts. Bei der Amperbrücke stoßen wir auf die Bundesstraße 471. Wir sind am Kloster der Franziskaner, das nach dem heiligen Rasso benannt ist. Die bekannte Wallfahrtskirche befindet sich rechts davon.

Nach der Besichtigung der Kirche gehen wir über die Bundesstraße in den gastlichen Ort Unteralting. Nach etwa einem Kilometer stoßen wir auf die Straße, die uns – wir gehen links weiter – nach Wildenroth bringt.

Deutlich erkennen wir, nachdem wir Unteralting verlassen haben, auf der rechten Seite vorgeschichtliche Grabhügel. Besonders viele Grabhügel sind auf dem Weg nach Wildenroth, ebenfalls rechts, unterhalb der Wolfszange, zu sehen.

Nach der Amperbrücke in Wildenroth gehen wir links etwa 600 Meter, dann rechts auf der Überführung zur Bundesstraße und die Bahnhofstraße zurück zum Bahnhof Grafrath.

So begann die Grafrather Wallfahrt

Als junger Graf, geboren um 880, kam der hl. Rasso in die Gegend des oberen Ampertales und baute sich auf dem heutigen Kapellenberg seine Stammburg. Das war in einer Zeit, als das ganze Land unter dem Schrecken der ständigen Ungarneinfälle schwer zu leiden hatte. Herzog Heinrich von Bayern ernannte Rasso zum Feldhauptmann. Rasso schlug sich tapfer, und bald schon wurde er zum Schrecken für die Ungarn. 948 schlug er sie vernichtend bei Braunau. Sie ließen sich zu seinen Lebzeiten nicht mehr blicken. Kein Wunder: Rasso war schon von seiner äußeren Erscheinung her ein Riese, und er kannte sich in den kriegerischen Tugenden und im Handwerk der Soldaten aus. Seine Reiterkünste kamen ihm dabei zustatten.

Doch Rasso wurde ob solcher Erfolge nicht hochmütig. Er war sich stets seiner ritterlichen Erziehung bewußt. Damals hießen

die ritterlichen Tugenden: die Wahrheit ehren, sich einsetzen für alles Große und Erhabene, für die Güter des Glaubens, der Heimat und der Kultur. Und danach handelte er.
949 trat er eine lange Reise ins Heilige Land an. In der Tasche trug er ein Empfehlungsschreiben von Kaiser Otto I. an den Papst und an den Kaiser von Konstantinopel. In seiner Begleitung befand sich die Herzogin Judith, die Gemahlin des Herzogs Heinrich. Vor Antritt der Reise gelobte Rasso, auf der Amperhalbinsel Wörth ein Benediktinerkloster zu errichten, wenn ihm die Heimkehr gegönnt sein würde.
Er kehrte gesund zurück, in seinem Gepäck führte er zahlreiche Reliquien – heute meist im Andechser Reliquienschatz – mit sich. Und sofort machte er sich daran, sein Gelübde in die Tat umzusetzen. Die erste Kirche mit den Klosterzellen für die Mönche entstand schon 950. Rasso selbst hatte alle weltlichen Titel abgelegt und trat zwei Jahre später, 952, als Mönch in den Orden ein. Am 19. Juni 954 starb er. Kaum war er beerdigt, fielen die Ungarn von neuem ein. Die Mönche aber konnten Kunstschätze und Reliquien ins befestigte Kloster Andechs retten.
Nach dem Dreißigjährigen Krieg, am 12. August 1688, wurde der Grundstein zur jetzigen Kirche gelegt. Am 17. Juli 1695 wurde sie eingeweiht. 1677 entstand der Klosterbau, der mit der Kirche durch einen überdachten Straßenübergang verbunden wurde.
1836 übernahmen Münchner Franziskaner die Seelsorge und die Betreuung des Klosters. 1954 wurde die Tausendjahrfeier festlich begangen. Nur noch zwei Patres und zwei Franziskanerbrüder unterhalten heute das Klosters.

Wissenswert – Sehenswert

1700 Menschen vermag die Grafrather Wallfahrtskirche zu fassen. Die Innenausstattung in der heutigen Form entstand zwischen 1750 und 1770.
Der Hochaltar in der Wallfahrtskirche gilt als eines der Hauptwerke von Johann Baptist Straub (gestorben 1784). Er ist als Grabmonument des hl. Rasso gestaltet.
Über das Kreuz Karls des Großen – heute im Andechser Kirchenschatz – berichtet die Legende: Bei seinen Feldzügen nach Ungarn hatte Graf Rasso das kostbare Kreuz bei sich, aber er verlor es dort. Dem König Stephan I. von Ungarn, dem Heiligen

(997 bis 1038), soll es dann später in einem Gesicht gezeigt worden sein. Er fand es und baute an dem Ort die erste Kirche in seinem Königreich. Nach Andechs kam das Kreuz wahrscheinlich durch die Mutter der hl. Elisabeth, Gertrud von Andechs.
Den Sarkophag des heiligen Rasso bedeckt eine rote Marmorplatte, auf der zu lesen ist: »Hie ligt begrabn der Edel Fürst und Graf sand Rasso, der diß Gotzhaus zum ersten hat gestifft zu den Eren Unsers lieben Herren und hie will warten des jüngsten Tags. Anno 974« (richtig: 954!). Die Gebeine des Heiligen liegen in einem Glasschrein über dem Hauptaltar.
Die spätgotische Kirche St. Moritz in Unteralting wurde im Jahre 1580 neu gebaut, im Jahre 1825 verändert. Hier hat die Pfarrei Höfen seit dem Jahre 1477 ihren Sitz.
Bekannt ist der Grafrather Märchenwald. Er erstreckt sich über eine Gesamtfläche von 50000 Qudratmetern. Dargestellt werden die Märchen der Brüder Grimm, die künstlerische Gestaltung hatte der Augsburger Bühnenbildner Armbrust. Zwischen Büschen und Bäumen versteckt liegen die Häuser mit lebensgroßen Märchengruppen. Auch landschaftlich ist der Wildpark sehr reizvoll. Ein Kinderspielplatz wurde angelegt. Liliputbahn, Bergwerk mit den Sieben Zwergen, das Fahren mit Oldtimern und die Wildfütterung sind weitere Attraktionen. Der Märchenwald ist täglich geöffnet. Erwachsene zahlen 2,50 Mark Eintritt, Kinder 1,50 Mark.
Das Ulrichsbrünnlein am Schloßberg soll auf den Augsburger Bischof Ulrich zurückzuführen sein, der sich nach der heißen Lechfeldschlacht im Jahre 955, wo er die Ungarn besiegte, an dem Quellwasser erfrischt habe.
Mehr über Grafrath: Tour 42, Seite 229.

Einkehr am Weg

Bahnhofsgaststätte – in Grafrath. Garten. Bürgerliche Küche.
Dampfschiff – am Weg vom Bahnhof zur Ortsmitte von Grafrath. Bürgerliche Küche. Schattiger Garten.
Gasthof zum Klosterweg – an der Klosterstraße in Grafrath. Garten.
Café Amper – an der Adalmuntstraße in Unteralting. Garten.
Gasthaus Alter Wirt – an der Mauerner Straße in Wildenroth. Eigene Metzgerei. Kleiner Garten.

Mit der S 4 nach Schöngeising **40**

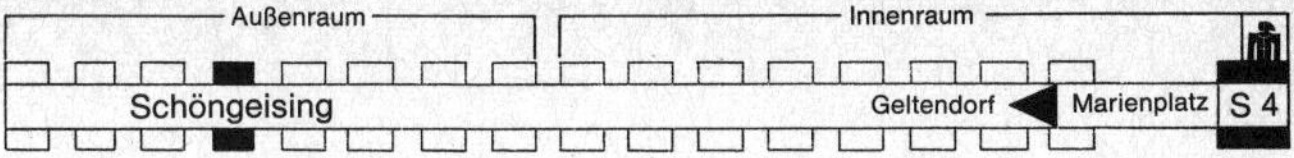

Abfahrt in München, Marienplatz			Rückfahrt in Schöngeising		
5.43	6.23	7.03	11.11	11.51	12.31
7.43	8.23	9.03	13.11	13.51	14.31
9.43	10.23	11.03	15.11	15.51	16.31
11.43	12.23	13.03	17.11	17.51	18.31
13.43	14.23	15.03	19.11	19.51	20.31
15.43	16.23	17.03	21.11	21.51	22.31

Der Fahrplan gilt Samstag, Sonntag und Feiertag.
Die Züge fahren alle 40 Minuten, Fahrzeit ca. 36 Minuten.
Weitere Fahrzeiten im amtlichen Fahrplan.
Fahrpreise für die Hin- und Rückfahrt: München–Schöngeising und zurück = zweimal 5 Zonen.
Mehrfahrtenkarte zweimal 2,10 Mark. Kinder zweimal 0,60 Mark. Hunde zweimal 0,60 Mark.

Zwei alte Wallfahrtskirchen am Weg

Eines haben die beiden Wallfahrtskirchen, denen wir auf unserer kleinen Wanderung begegnen, gemeinsam: Über ihre Entstehung weiß man nichts Genaues. Man ist auf Mutmaßungen angewiesen. Wie dem auch sei, es lohnt sich, sie beide anzuschauen. Die Kirche St. Willibald auf dem Weg nach Jesenwang wurde vor kurzem erst gründlich renoviert.
Bis auf den heutigen Tag wird bei der Willibaldskirche der jahrhundertealte Brauch der Pferdesegnung, verbunden mit einem Umritt, aufrechterhalten, obwohl die Zahl der Pferde bis auf einen bescheidenen Rest zurückgegangen ist. In den alten Rechnungsbüchern des Klosters Fürstenfeld kann man lesen, daß schon in sehr früher Zeit der Abt des Klosters hinaus nach Jesenwang ritt, um bei der St. Willibaldskirche die Pferde zu segnen.

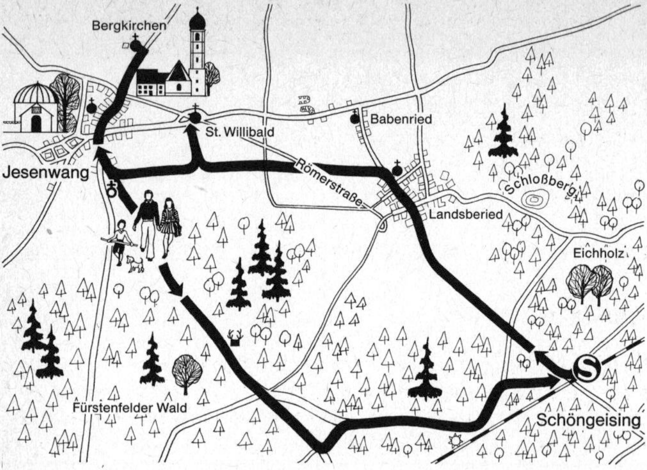

Willibald ist ein Patron der Pferde; zu seiner Ehre putzten die Bauern an seinem Fest die Pferde sauber heraus, schmückten sie und ritten mit ihnen durch die Kirche. Die beiden großen, einander gegenüberliegenden Tore zeigen noch heute den Weg.
In der Kirche mußten die Pferde einen Blick auf den Altar werfen. Sie blieben dann im kommenden Jahr von Unheil bewahrt. Das Stroh, das am Boden ausgebreitet worden war, wurde nach dieser Zeremonie wieder eingesammelt und unter das Futter gemischt. Auch davon versprach man sich eine segnende Wirkung.
Die Kirche, einst am Schnittpunkt zweier wichtiger Straßen, würde heute nicht mehr stehen, wenn sich bei der Säkularisation (1803) die Bauern nicht kurz entschlossen hätten, sie zu kaufen. Der Abbruch war bereits angeordnet worden. Und den Brauch der Pferdesegnung gäbe es heute auch nicht mehr, wenn die Jesenwanger sich nicht gegen Verbote allzu eifriger Verwaltungsbeamter mit Erfolg gewehrt hätten.
Mit Blick nach Westen kommt uns beim Weitergehen allmählich der hübsche alte Bau der Marienwallfahrt von Bergkirchen näher. Der vorstehende Berghügel, der nach drei Seiten steil abfällt, hat damit eine gelungene Krönung erhalten. Vielleicht war das Gelände eine vorgeschichtliche Fliehburg – es ist typisch dafür. Möglich, daß hier auch einmal ein römischer Wachturm stand –

eine Sage berichtet davon, Nachforschungen wurden jedoch noch nicht angestellt. Man weiß nur, daß die Wallfahrtskirche schon im Jahre 1273 bestanden hat.
Auch der Bauernhof nebenan ist schon uralt. Ein genaues Datum seiner Entstehung liegt bis jetzt ebenfalls noch im Nebel der Geschichte. Die Jesenwanger pflegten die kleine Kirche, und sie pilgerten oft hierher. Wenn ihre Gebete erhört wurden, stifteten sie Votivtafeln oder auch Grund und Boden. Eine größere Bedeutung freilich hat Bergkirchen niemals bekommen.

Wandern

Route: *Vom S-Bahn-Haltepunkt Schöngeising durch das Eichholz über Landsberied, Jesenwang – mit einem Abstecher nach Bergkirchen – durch den Fürstenfelder Wald zurück zum Bahnhof Schöngeising – 14 km. Die Tour ist für wandergewohnte Kinder geeignet.*

Vom Haltepunkt Schöngeising aus wandern wir auf der kaum befahrenen Landstraße in nordwestlicher Richtung nach Landsberied. Wir gehen an der Kirche vorbei und biegen nach dem letzten Wohnhaus links in den gut ausgebauten Feldweg nach Jesenwang ab. Nach etwa einem Kilometer querte bis zur Flurbereinigung im Jahre 1956 von Südost nach Nordwest das noch erhaltene Teilstück der alten Römerstraße von Salzburg nach Augsburg. Eine kleine Gedenksäule erinnert daran.
Wenn wir etwas mehr als die Hälfte der Wegstrecke hinter uns haben, führt rechts ein Weg zur St. Willibaldskapelle. Wir machen einen kleinen Abstecher und besuchen sie, gehen dann aber wieder zurück und rechts nach Jesenwang weiter.
Bald stoßen wir auf die Pestkapelle, die von Bäumen umgeben ist.
Hier wenden wir uns nach rechts, wandern durch den Ort und halten auf Bergkirchen im Norden zu. Wir können die uralte Kirche auf dem Berg nicht verfehlen. Wir haben sie schon auf unserem Weg von Landsberied nach Jesenwang gesehen. Ständig begleitet sie uns jetzt in der abwechslungsreichen Landschaft.
In Bergkirchen gibt es nur eine Ortsstraße und nur einen Bauernhof. Und sinnigerweise heißt seine Adresse »Bergkirchen (für die Straßenbezeichnung) Nummer 1«.

Nach einer Pause wandern wir wieder zurück und nehmen nun die Straße, die an der Pestkapelle vorbeiführt, in Richtung Wildenroth.
Nach einer Viertelstunde erreichen wir den Fürstenfelder Wald. Am Waldhaus, das am Wege liegt, müssen wir noch einen Kilometer gehen, dann zweigt links unser Waldsträßchen nach Schöngeising ab. Dort, wo der Weg ganz nahe an den Bahndamm heranführt, um sich gleich wieder nach Norden zu wenden, sind deutlich vorgeschichtliche Grabhügel zu erkennen. 20 Minuten haben wir von hier noch, dann sind wir wieder am S-Bahn-Haltepunkt Schöngeising.

Schöngeising in Stichworten

»Alhier bewohnte 1587 bis 1594 der Herzoglich-bayerische Hofkapellmeister Orlando di Lasso ein von Herzog Wilhelm V. geschenktes Landhaus.« Diese Inschrift ist an einem einfachen Bauernhaus nahe der Schöngeisinger Pfarrkirche zu lesen. Herzog Wilhelm der Fromme bedankte sich mit dem Landsitz für die musikalische Arbeit des Komponisten und schuf dem Meister damit eine Erholungsmöglichkeit auf dem Lande.
»Statio ad ambras«, kurz Ambre, (Amper!) nannten die Römer einst Schöngeising. Sie hatten hier auch ein Bad errichtet. Der Name Schöngeising leitet sich vom Geschlecht der Geisinger ab. Die Vorsilbe »Schön« fügte die Verwaltung der Fürstenfelder Hofmark zum Unterschied von Kottgeisering hinzu.
Auf dem »Langen Berg« von Schöngeising steht ein Fernsehturm der Deutschen Bundespost.
Die Johanneskirche von Schöngeising wurde im Jahre 1699 erbaut und barock ausgestaltet. Der Hochaltar stammt aus dem Jahre 1861, die Muttergottesstatue auf dem rechten Seitenaltar aus dem Jahre 1691.

Einkehr am Weg

Gasthaus Zur Post – in Schöngeising. Garten.
Gasthaus Braumiller – in Schöngeising, an der Kirche. Schöner Garten.
Gaststätte Huber – an der Kapellenstraße in Jesenwang.

Mit der S 3 nach Maisach **41**

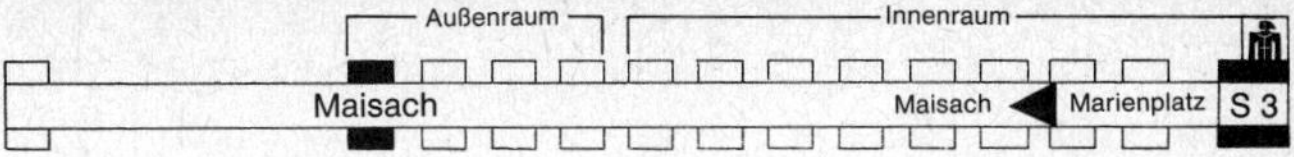

Abfahrt in München, Marienplatz			Rückfahrt in Maisach		
5.53	6.33	7.13	14.00	14.40	15.20
7.53	8.33	9.13	16.00	16.40	17.20
9.53	10.33	11.13	18.00	18.40	19.23
11.53	12.33	13.13	20.03	20.40	21.20
13.53	14.33	15.13	22.00	22.40	23.20

Der Fahrplan gilt Samstag, Sonntag und Feiertag.
Die Züge fahren alle 40 Minuten, Fahrzeit ca. 35 Minuten.
Weitere Fahrzeiten im amtlichen Fahrplan.
Fahrpreise für die Hin- und Rückfahrt: München–Maisach und zurück = zweimal 4 Zonen.
Mehrfahrtenkarte zweimal 2,10 Mark. Kinder zweimal 0,30 Mark. Hunde zweimal 0,30 Mark.

Eine friedliche Landschaft

Papst Pius XII. erinnerte sich im Jahre 1942 bei einer kleinen Audienz noch an seine Zeit als Nuntius in Deutschland. Damals kam er auch oft in die Maisacher Gegend, die er eine »schöne und friedliche Landschaft« nannte. Ein wahres Wort.
Diese schöne und friedliche Landschaft erwandern wir uns bei dieser Tour. Einige Höhepunkte liegen am Weg: Die Aussicht auf das Maisach- und Ampertal hinter Diepoldshofen, der Ort Stephansberg mit seiner malerisch gelegenen alten Kirche und die Überquerung eines langgezogenen Moränenkammes hinter Oberlappach.
Die Landschaft zeigt sich uns bei dieser Wanderung immer wieder von einer anderen Seite. Ist es einmal das Moos mit seiner typischen Vegetation, so wechselt das Bild schnell über zu fruchtbaren Feldern, die sich an den Hängen – Überbleibsel der Eiszeit – hinaufziehen. Wir sehen bei dieser Wanderung überall Wälder am Horizont. Wir machen Rast an schönen einzelstehenden

Bäumen und ruhen uns in deren Schatten ein wenig aus, wenn die Füße vom langen Wandern müde geworden sind.
Bei dieser Wandertour können wir uns kaum verlaufen, denn das Gelände ist übersichtlich. Selbst dann, wenn wir einen der beschriebenen Wege verloren haben, brauchen wir uns nur am nächsten Fixpunkt, der meist schon von weitem zu sehen ist, zu orientieren.

Wandern

Route: *Vom Bahnhof Maisach über Diepoldshofen, Frauenberg, Stephansberg, Oberlappach, Diepoldshofen zurück nach Maisach – 9 km. Auch für wandergeübte Kinder möglich.*

Nachdem wir in Maisach die S-Bahn verlassen haben, gehen wir über die Bahnhofstraße, die Hauptstraße überquerend, auf die St. Vituskirche zu, wo wir uns links halten und nach der Kurve auf die Diepoldshofener Straße treffen. Jetzt können wir nicht mehr fehlgehen. Der Weg führt uns an Diepoldshofen vorbei – am Ortsbeginn eine hübsche Feldkapelle – nach Frauenberg, einem Dorf, in dem die Viehzucht eine besondere Rolle spielt.
Wir können auch abkürzen: Von der Diepoldshofener Straße ins Dorf Diepoldshofen und bei der Kapelle mit dem eisernen Glokkentürmchen geradeaus in nördlicher Richtung. Der Feldweg führt auf die Frauenberger Straße. Ein beißender Silogeruch empfängt uns in Frauenberg: Wir sind auf dem Land.
Der Weg führt uns weiter nach Stephansberg. Malerisch schön liegt die Kirche des hübschen Ortes auf einem kleinen Hügel, daneben eine alte mächtige Dorflinde. Ein Bilderbuchmotiv für Diafreunde. Für sie ein Tip: Die günstigere Beleuchtung hat man, wenn man den kleinen Weg vor der Kirche nach unten geht.
Um weiter nach Oberlappach zu kommen, gehen wir von der Kirche ein Stück zurück und schwenken dann links in den Feldweg ein. Er führt uns bald, am Fuchsberg zur Rechten vorbei, auf eine kleine Straße. Hier gehen wir rechts, lassen in Oberlappach die Dorfstraße links liegen, wandern geradeaus und nach dem letzten Gehöft rechts auf dem Feldweg weiter. Wir steigen die Anhöhe hinauf und sehen bald schon den querverlaufenden Weg, in den wir nach links einschwenken. Schließlich treffen wir auf die Diepoldshofener Straße, auf der wir in südwestlicher Richtung wieder nach Maisach kommen.

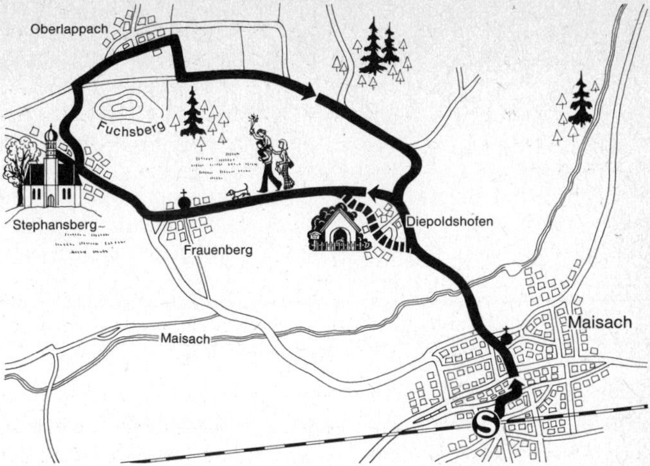

Wissenswert – Sehenswert

Diepoldshofen – Als einst das Langhaus der kleinen gotischen Leonhardskirche wegen Baufälligkeit einstürzte, blieb der noch heute zu sehende Chorraum übrig. Das kleine Kirchenbauwerk stammt aus dem Jahre 1772.
Der Weiler Frauenberg hieß früher einmal ganz anders: Perwines. 819 schon wird der Ort erstmals erwähnt. Um die Jahrtausendwende baute man an den Hängen Wein an. Die Kirchenanlage ist romanischen Ursprungs. Lange gehörte Frauenberg pfarrlich zu Aufkirchen, heute zu Maisach. – Der heutige Name taucht 1330 erstmals als »Vrauenperg« auf. Um 1770 wurde die Kirche durch das Kloster Fürstenfeld barock erneuert. An der Seitenwand eine bemalte Madonna aus dem 15. Jahrhundert.
Sehr alt ist auch der Ort Stephansberg mit der malerisch gelegenen kleinen Kirche. 1260 wird das Kirchdorf erstmals genannt. Man ist sich heute aber sicher, daß es mindestens 700 Jahre älter ist. Um 1480 erlosch der Ortsadel, die Herrschaftsverhältnisse wurden mit Maisach geteilt. – In der Nähe des kleinen Hügels mit der St. Stephanskirche (massiver Zwiebelkuppelturm) und den alten Linden liegt der ausgedehnte frühere Herrensitz. Kirche: Einfache Barockgestaltung, Einrichtung aus dem Jahre

1728, Ziegelboden aus gotischer Zeit, im Glockenhaus gotische Spitzbogen. Schöner Sonnenblumenstuck. Die Barockaltäre sind St. Joachim und St. Anna geweiht.

Oberlappach, Ortsteil von Rottbach. Wird in ettalischen und fürstenfeldischen Hofmarksnotizen als freier Bauernsitz im Hofmarksbestand Laittbach bezeichnet.

Die Maisacher Pfarrkirche St. Vitus stammt in ihrem ältesten Teil wahrscheinlich aus dem Jahre 1425. Noch heute kann man den einst gotischen Chor erkennen, wie überhaupt in dem Kirchenbau die Entwicklung der verschiedenen Bauepochen gut zu beobachten ist. Im Jahre 1721 schmückte Benedikt Heiß von Dachau die Kirche mit feinen Stuckarbeiten aus. Das Deckengemälde ist neueren Datums. Josef Kögl aus Pasing schuf es im Jahre 1910. Besonders sehenswert ist eine barocke Kreuzigungsgruppe. Der Kirchtum aus dem Jahre 1759, sehr schön gegliedert, wurde 1929 erhöht und mit der heutigen Zwiebelhaube bedeckt.

In der Maisacher Brauerei wurde schon 1556 Bier hergestellt.

Von Norden her wird Maisach durch Moränenzüge, Rückstände der verschiedenen Eiszeiten, begrenzt. Im nördlichen Teil der Gemeindeflur herrscht Moorboden (durch Kultivierung inzwischen fruchtbar gemacht) vor, im Süden magerer und steiniger Boden, der an einigen Stellen in Heidelandschaft übergeht.

Aus der Geschichte von Maisach: Der Ortsname leitet sich von den Edlen von Maisaha ab. Der Name taucht auch später in leicht veränderter Form wieder auf. Ursprünglich hatte Maisach eine St. Lorenzkirche. 806 wird der Ort unter Bischof Atto erstmals urkundlich erwähnt. Schwere Schicksalsschläge hatten die Maisacher in den Brandjahren 1422, 1632 und 1704 zu bestehen. Pest und Plünderungen gingen meist mit katastrophalen Bränden einher.

Einkehr am Weg

Bräustüberl – an der Hauptstraße in Maisach. Bier aus der Maisacher Brauerei.

Gasthof Schlammerl – an der Hauptstraße in Maisach.

Gastwirtschaft Zum Oberwirt – an der Kirchenstraße.

Maisacher Sommerkeller – in der Äußeren Brucker Straße.

Mathäser – in der Äußeren Brucker Straße in Maisach.

Mit der S 4 nach Grafrath 42

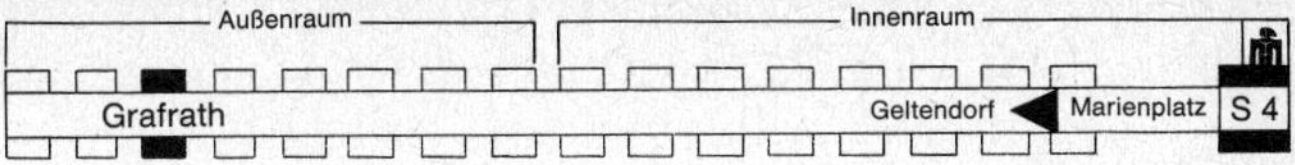

Abfahrt in München, Marienplatz			Rückfahrt in Steinebach		
6.23	7.03	7.43	14.03	14.43	15.23
8.23	9.03	9.43	16.03	16.43	17.23
10.23	11.03	11.43	18.03	18.43	19.23
12.23	13.03	13.43	20.03	20.43	21.23
14.23	15.03	15.43	22.03	22.43	23.23

Der Fahrplan gilt Samstag, Sonntag und Feiertag.
Die Züge fahren alle 40 Minuten, Fahrzeit für die Hinfahrt 37 Minuten, für die Rückfahrt 48 Minuten.
Weitere Fahrzeiten im amtlichen Fahrplan.
Fahrpreise für die Hin- und Rückfahrt: München–Grafrath = 5 Zonen. Steinebach–München, Marienplatz = 5 Zonen.
Mehrfahrtenkarte zweimal 2,10 Mark. Kinder zweimal 0,60 Mark. Hunde zweimal 0,60 Mark.

Zum wärmsten bayerischen See

Wenn wir vom Ammersee, dem Pilsensee und dem Wörthsee in einem Zuge sprechen – sie liegen nahe beieinander –, dann müssen wir wissen, daß wohl Ammersee und Pilsensee einst zusammengehörten, der Wörthsee jedoch ein typischer Moorsee ist. Er liegt 27 Meter über dem Wasserspiegel des Pilsen- und des Ammersees. Und weil wir schon bei den Zahlen sind: der Wörthsee ist 3,5 Kilometer lang, bis zu 1,7 Kilometer breit, bis zu 33 Meter tief und hat eine Wasserfläche von 4,5 Quadratkilometern.
Eine Landschaft voller kleiner und großer Naturwunder durchwandern wir auf dem Weg von Grafrath nach Steinebach am Wörthsee. Maler und Schriftsteller ließen sich hier anregen, Krippenbauer schufen, vor allem in der Biedermeierzeit, kleine Kunstwerke, indem sie die Landschaft um Grafrath zum Vorbild nahmen.

Wir begegnen auf dem Weg alten Hügelgräbern und werden an eine sehr frühe Besiedlung dieser Landschaft erinnert. Und wir erreichen schließlich Steinebach am Wörthsee, das erst vor 30 Jahren zu einem kleinen Brennpunkt an dem hübschen See wurde. Wünschen wir uns schönes Wetter für diese Tour: Unterwegs bieten sich dann herrliche Ausblicke, vor allem im letzten Abschnitt unserer Route.
Der Wörthsee gilt heute als der wärmste See in ganz Bayern – natürlich nur im Sommer. Seinen Namen hat er von der Insel Wörth mit ihrem Schlößchen und der Georgskapelle. Bei Sonnenuntergang kann man am See ein schönes Farbenspiel über dem kristallklaren Wasser miterleben.
Im Winter friert der Wörthsee leicht zu. Dann kann man Eisstock schießen und Schlittschuh laufen.

Wandern

Route: *Vom Bahnhof Grafrath über Wildenroth, Unteralting, durch den Mauerner Wald über Walchstadt nach Steinebach am Wörthsee – 10 km. Die Tour ist für Kinder nicht geeignet.*

Am S-Bahn-Haltepunkt von Grafrath gehen wir links unter der Bahn hindurch, halten uns an der Straßenabzweigung rechts, überqueren auf der B 471 die Amper und wandern am Kloster links in den Ort Unteralting. An der Kirche wenden wir uns nach rechts und halten auf den Wald zu.
Am Waldrand gehen wir zunächst ein Stück links – etwa 700 Meter. Dann macht der Weg eine Rechtskurve. An dieser Stelle sind vorgeschichtliche Grabhügel zu erkennen.
Wir folgen auch nach der Kurve dem Weg weiter und wandern südwärts, stets am Fuße der Hügelkette entlang, durch den Mauerner Wald. Nach knapp einem Kilometer stoßen wir auf einen Waldweg, auf dem wir links weitergehen. Er beschreibt eine kleine Kurve. Von hier geht es nur noch südwärts. Bald stoßen wir auf die Landsberger Straße. Wir überqueren sie und wandern nun auf dem Gehweg ein kurzes Stück westwärts zur Verbindungsstraße nach Walchstadt (beschildert).
Wir wandern jetzt links weiter durch Walchstadt, wenden uns hinter dem Ort nach rechts und kommen an ein Sträßchen, das

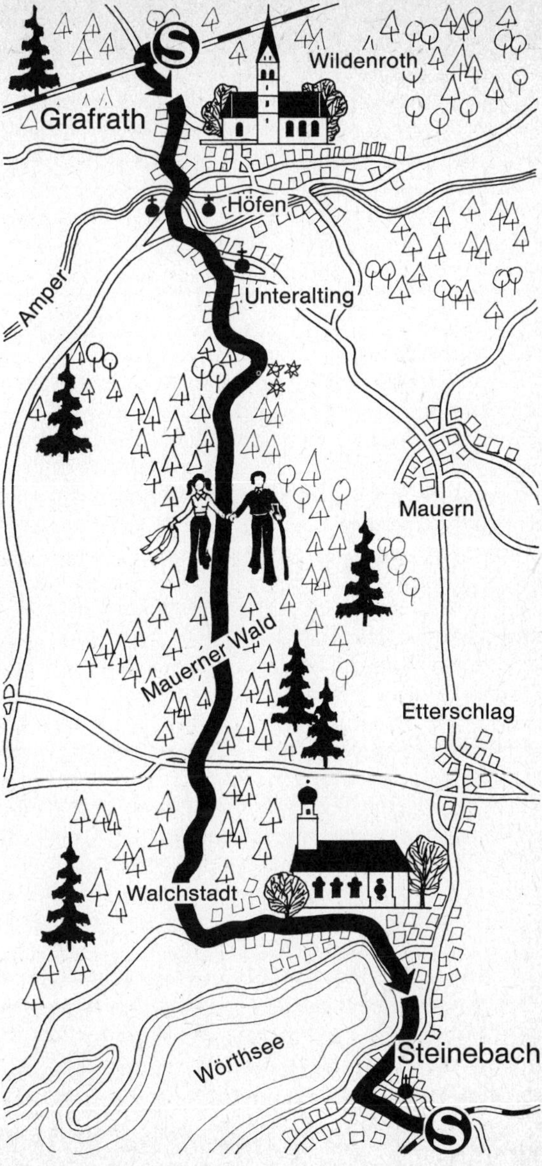

Grafrath
Wildenroth
Höfen
Amper
Unteralting
Mauern
Mauerner Wald
Etterschlag
Walchstadt
Wörthsee
Steinebach

uns am See entlang nach Steinebach bringt. Wir sind am Ziel unserer Wanderung. Auf dem Weg nach Walchstadt und Wörthsee bieten sich herrliche Ausblicke auf die Alpenlandschaft.
Wenn wir in Steinebach vom See zum Bahnhof gehen, wandern wir zunächst auf die Kirche zu, halten uns dann rechts und nehmen schließlich den später links abzweigenden Fußweg zum Bahnhof.

Wissenswert – Sehenswert

Das Dorf Mauern hieß um 1150 Muron. Die Huosi, die Andechser, die Herren von Fürstenfeld, später teilweise Schöngeising und Kottgeisering, waren die Besitzer. Der große Wirtschaftshof ist durch seine guten Saatversuche bekannt geworden.
Das Georgskirchlein in Mauern kauften die Dorfbewohner bei der Säkularisation, 1803, dem Staat um 60 Gulden ab, um es vor dem Abbruch zu retten.
Grafrath gibt es dreimal: Grafrath-Siedlung, Grafrath-Bahnhof und Grafrath-Amper. Die Einheimischen sagen: Der Wirtschaftsteil gehört nach Alting, der Bahnhofsteil nach Wildenroth, der schönste Teil nach Geising.
Wohnsiedlungsgebiet ist Grafrath wegen seiner landschaftlich schönen Lage fast ausschließlich geworden.
Anton Graf von Törring zählt zu den bedeutenden Gemeindebürgern. Er war Herr von Unteralting und hob 1803 freiwillig und ohne Entgelt die Leibeigenschaft auf.
Das Bayerische Bethlehem wurden Grafrath und Wildenroth wegen ihrer reizvollen Lage von Klostergründer Graf Rasso genannt.
Das Wasser der Amper wird wegen seiner heilkräftigen Wirkung (Moor) besonders geschätzt. Baden und Schwimmen sind möglich.
Das erste Kloster mit Kirche in Grafrath entstand im Jahre 950. Klostergründer war Graf Rasso, der zwei Jahre später selbst in das Kloster eintrat. Er war zweieinhalb Meter groß und machte sich zu Lebzeiten als erfolgreicher Sieger über die Ungarn an der bayerisch-österreichischen Grenze einen Namen. Sein Leichnam ist in der Wallfahrtskirche in einem Glasschrein ausgestellt.

Gründlich renoviert wurde die Wallfahrtskirche St. Rasso zwischen 1952 und 1954.
Die spätgotische Kirche in Unteralting (St. Moritz) wurde im Jahre 1580 neu gebaut, im Jahre 1825 verändert. Hier hat die Pfarrei Höfen seit 1477 ihren Sitz.
Das Ulrichsbrünnlein am Schloßberg soll auf den Augsburger Bischof Ulrich zurückzuführen sein, der sich nach der heißen Lechfeldschlacht im Jahre 955, wo er die Ungarn besiegte, an dem Quellwasser erfrischt haben soll.
Mehr über Grafrath: Tour 39, Seite 216.

Einkehr am Weg

Bahnhofsgaststätte – in Grafrath. Garten. Bürgerliche Küche.
Dampfschiff – am Weg vom Bahnhof zur Ortsmitte von Grafrath. Bürgerliche Küche. Schattinger Garten.
Gasthof zum Klosterweg – an der Klosterstraße in Grafrath. Garten.
Café Amper – an der Adalmuntstraße in Unteralting. Garten.
Gasthaus Alter Wirt – an der Mauerner Straße in Wildenroth. Eigene Metzgerei. Kleiner Garten.
Gasthaus Alte Post – an der Wörthseestraße in Walchstadt. Wörthseefische. Eigene Metzgerei.
Hotel Fleischmann – an der Seepromenade in Steinebach. Café, Restaurant, Bootsverleih, eigenes Strandbad.
Gasthaus Strandhotel – am Seeuferweg in Steinebach. Großer Garten.
Strandbad Raabe – am Seeuferweg in Steinebach. Café, Restaurant, Bootsverleih.
Gasthof Raabe – an der Weßlinger Straße in Steinebach.
Café Huber – an der Etterschlager Straße in Steinebach. Mit Café.
Bahnhofsrestaurant – in Steinebach, am S-Bahnhof.

43 Mit der S 4 nach Fürstenfeldbruck

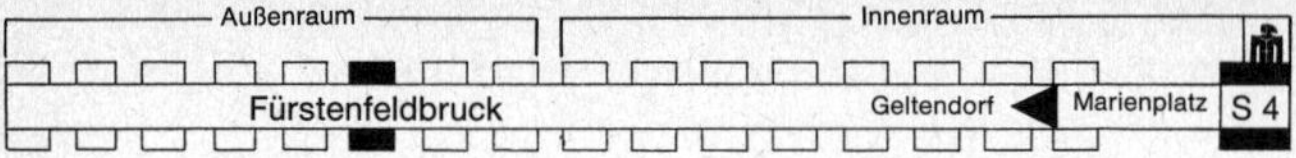

Abfahrt in München, Marienplatz			Rückfahrt in Fürstenfeldbruck		
6.23	7.03	7.43	14.37	15.17	15.57
8.23	9.03	9.43	16.37	17.17	17.57
10.23	11.03	11.43	18.37	19.17	19.57
12.23	13.03	13.43	20.37	21.17	21.57
14.23	15.03	15.43	22.37	23.17	23.57

Der Fahrplan gilt Samstag, Sonntag und Feiertag.
Die Züge fahren alle 40 Minuten, Fahrzeit ca. 30 Minuten.
Weitere Fahrzeiten im amtlichen Fahrplan.
Fahrpreise für die Hin- und Rückfahrt: München–Fürstenfeldbruck und zurück = zweimal 4 Zonen.
Mehrfahrtenkarte zweimal 2,10 Mark. Kinder zweimal 0,30 Mark. Hunde zweimal 0,30 Mark.

Mit Kanonen gegen das Marienmünster

Daß eine der schönsten deutschen Barockkirchen heute noch steht, ist ein wahres Wunder: Mit Kanonensalven vom nahen Engelsberg aus sollte im Jahre 1803 das Marienmünster in Fürstenfeld, das eine Inventarisierungskommission für »baufällig« erklärt hatte, zu Schutt geschossen werden. Diese Methode schien die kostenmäßig billigste zu sein. Die Säkularisierer waren an der Arbeit. Und die taten sie gründlich.
Niemand hatte die Kirche vorher haben wollen, und dem bayerischen Staat war die Baulast zu hoch. Als sie für immer geschlossen wurde, um zerschossen zu werden, da machten die Brucker nicht mehr mit. Der Posthalter Philipp Weiß machte sich mit einer Abordnung auf den Weg nach München. Erste Adresse war der einflußreiche Graf Spreti-Weilbach. Über ihn gelang es den Bruckern, von Montgelas die Order zu erhalten, daß die Kirche wegen ihres hohen Kunstwertes erhalten werden sollte. Am

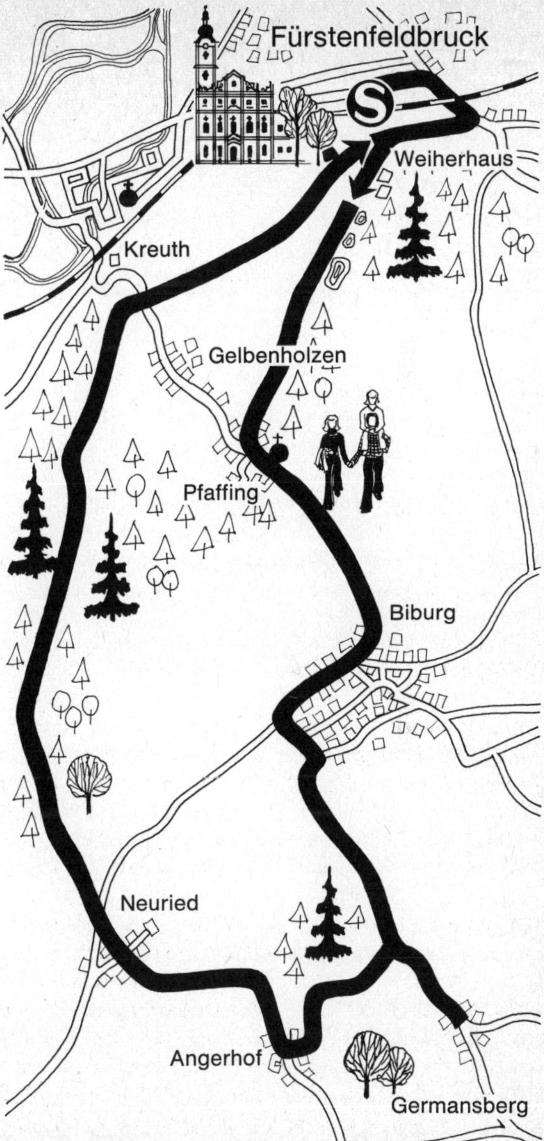
Fürstenfeldbruck
Weiherhaus
Kreuth
Gelbenholzen
Pfaffing
Biburg
Neuried
Angerhof
Germansberg

13. August des Jahres 1816 wurde die Kirche dann zur königlichen Hofkirche erhoben. Am 15. August des gleichen Jahres, als die Kirche wieder feierlich geöffnet wurde, übernahm der bayerische Staat die Baulast.
Fürstenfeldbruck hat neben der Klosterkirche in Fürstenfeld eine sehr schöne barocke Pfarrkirche. Es gibt auch ein sehenswertes Heimatmuseum.
Unsere kleine Wanderung führt uns hinaus vor die Tore der Stadt an der Amper nach Pfaffing, der alten Taufkirche von Fürstenfeldbruck. Wir entdecken das schöne Ampertal und genießen die Aussichten, die sich unterwegs bieten.

Wandern

Route: *Vom Bahnhof Fürstenfeldbruck über Pfaffing, Biburg, Germansberg und Neuried zurück – 8 km. Die Tour können auch größere Kinder mitmachen.*

Am Bahnhof von Fürstenfeldbruck gehen wir nach rechts, unterqueren auf der Münchner Straße die Bahn und biegen danach rechts in den Pfaffinger Weg ein. Wir wandern am idyllisch gelegenen Weiherhaus vorbei nach Pfaffing zur ehemaligen Tauf- und Pfarrkirche von »Pruckh«.
In Pfaffing gehen wir weiter nach Biburg und von dort über das Landsträßchen nach Germansberg.
Für den Rückweg wandern wir auf der Straße von Biburg nach Germansberg wieder einen halben Kilometer zurück und biegen dann links in den Weg nach Angerhof und Neuried ein. Von hier wandern wir nach Fürstenfeldbruck zurück. Vor der Bahn nehmen wir den Pfad rechts.

Mit einer Bluttat beginnt die Klostergeschichte

Ein furchtbarer Irrtum, der einen Gattenmord nach sich zog, steht am Anfang der Klostergeschichte auf »des Fürsten Feld« an der Amper.
Die Geschichte muß man kurz erzählen: Herzog Ludwig II. aus dem Hause Wittelsbach heiratete im Jahre 1254 die junge Toch-

ter Marie des Herzogs Heinrich II. von Brabant. Ein Jahr nach der Hochzeit fiel ihm die Rheinpfalz zu, und er zog dorthin, um für Ruhe und Ordnung in dem Erbland zu sorgen. Seine junge Frau kam bei seiner Schwester Elisabeth auf der Burg Mangoldstein bei Werde unter (heute Donauwörth). Länger als vorgesehen blieb der Herzog aus. Die junge Maria schrieb ihm glühende Briefe und bat ihn, bald zurückzukehren. Da kam es zu einem schrecklichen Irrtum: Einer dieser Liebesbriefe wurde mit einem Schreiben an einen Höfling vertauscht. Den Herzog erfaßte blinde Eifersucht, und sofort ritt er nach Donauwörth. Er war so wütend und aufgebracht, daß er seine Frau nicht mehr sprechen wollte, die immer und immer wieder ihre Unschuld beteuerte. Am 17. Januar 1256 ließ er sie enthaupten.

Das Furchtbare war kaum geschehen, da stellte sich der Irrtum heraus und der Beweis für die Unschuld der Hingerichteten war klar und eindeutig.

Der 27jährige Herzog war entsetzt. In einer einzigen Nacht, so wird berichtet, soll er vollkommen ergraut sein. Er zog sich zu den härtesten Bußübungen in ein Kloster bei Augsburg zurück, um seine grausige Tat zu sühnen. Doch das reichte ihm nicht. Er pilgerte nach Rom, um sich vom Papst seine schwere Schuld vergeben zu lassen.

Als Buße trug ihm Papst Alexander IV. auf, eine Karthause für zwölf Mönche zu errichten. Da es in Bayern zu jener Zeit aber keine Karthäusermönche gab, berief Ludwig, dem man später den Beinamen »der Strenge« gab, Zisterzienser zu sich.

Nachdem mehrere Versuche der Klostergründung gescheitert waren, ließen sich die Mönche nahe der Amper auf des Fürsten Feld nieder. Der Platz war ideal für ihr Vorhaben. Am Abend vor dem Himmelfahrtstag des Jahres 1263 nahm der erste Abt, Anselm, zusammen mit seinen ersten Mönchen das Land für die Klostergründung in Besitz.

Zunächst entstand ein kleines Klösterl aus Holz, Lehm und Stroh. Gegen Wind, Regen und Kälte bot der notdürftige Bau kaum Schutz. Die Mönche mußten betteln, um sich am Leben zu erhalten. Und fast wäre das Vorhaben auch hier gescheitert. Doch Ludwig der Strenge hatte seine Stiftung nicht aus dem Auge verloren. Er schenkte dem Kloster ein gutes Dutzend Höfe aus der Umgebung und schuf damit die Existenzgrundlage für die Mönche.

Fürstenfeldbruck in Stichworten

Nach dem Abbruch der alten frühgotischen Klosterkirche von Fürstenfeld begann im Jahre 1701 Viscardi mit dem Bau der heutigen Kirche. Das Werk vollendete im Jahre 1741 der Münchner Ettenhofer. Ferdinand Appiani und Egid Quirin Asam führten die prachtvollen Stuckarbeiten im Innern aus. Cosmas Damian Asam malte die Fresken.
Die Klostergebäude wurden nach der Säkularisation 1803 Herberge für pensionierte Mitglieder der italienischen Oper von München, Militärinvalidenanstalt für die bayerische Armee, Kaserne und später Unteroffiziersschule. 1924 schließlich wurde eine Polizeischule eingerichtet.
Sehenswert ist die Barockkirche St. Magdalena, 1673–1679 erbaut. Die Leonhardikirche wurde 1440 errichtet. Eigentlich ist sie für eine Kirche zu klein und für eine Kapelle zu groß; deshalb nennen sie die Brucker »Kapellkirch«. Am Marktplatz sind noch schöne alte Bürgerhäuser aus dem 17. und 18. Jahrhundert zu sehen.
Pfaffing ist die alte Taufkirche von Fürstenfeldbruck. Die Kirche St. Stephan ist spätgotisch; besonders kostbar ist ein Kruzifix aus dem Jahre 1530. Die übrige Ausstattung entstammt dem 19. Jahrhundert.
Über Fürstenfeldbruck liegen erst aus dem 13. Jahrhundert verläßliche Nachrichten vor. Bei der Klostergründung im Jahre 1263 bestand bereits eine in sich geschlossene Marktgemeinde. Seit 1306 besitzt die heutige Stadt das Marktrecht.
Das »alte Rathaus« wurde 1867 gebaut. An der Giebelseite sieht man zwei goldene Reliefs aus der berühmten Erzgießerei Miller in München. Ferdinand Miller der Jüngere schenkte sie dem Heimatort seines Vaters. Links: Ludwig der Strenge, rechts: Ludwig der Bayer, sein Sohn.
In Bruck gab es früher mehrere Brauereien. Erhalten ist heute noch als einzige die Martha-Brauerei, in der seit über 400 Jahren gutes Bier hergestellt wird.
Mehr über Fürstenfeldbruck: Tour 45, Seite 243.

Einkehr am Weg (siehe Tour 45, Seite 247).

Mit der S 5 nach Weßling **44**

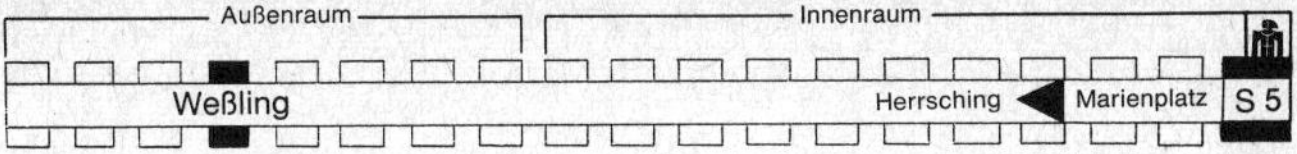

Abfahrt in München, Marienplatz			Rückfahrt in Weßling		
6.59	7.39	8.19	12.07	12.47	13.27
8.59	9.39	10.19	14.07	14.47	15.27
10.59	11.39	12.19	16.07	16.47	17.27
12.59	13.39	14.19	18.07	18.47	19.27
14.59	15.39	16.19	20.07	20.47	21.27
16.59	17.39	18.19	22.07	22.47	23.27

Der Fahrplan gilt Samstag, Sonntag und Feiertag.
Die Züge fahren alle 40 Minuten, Fahrzeit ca. 44 Minuten.
Weitere Fahrzeiten im amtlichen Fahrplan.
Fahrpreise für die Hin- und Rückfahrt: München–Weßling und zurück = zweimal 4 Zonen.
Mehrfahrtenkarte zweimal 2,10 Mark. Kinder zweimal 0,30 Mark. Hunde zweimal 0,30 Mark.

Zur Madonna »in der grünen Senke«

Die Wallfahrtstage von Grünsink, alljährlich am letzten Sonntag im Juli und am Sonntag nach Mariä Himmelfahrt, drei Wochen später, gehören zu den wenigen Festen im Voralpenraum, die noch ganz nach altbayerischer Art gefeiert werden. Da werden Altar und Beichtstühle im Freien aufgestellt. Aus allen Richtungen kommen die Marienverehrer zum Gottesdienst. Anschließend wird in der großen Gemeinschaft – viele kennen sich untereinander – Jahrmarkt gefeiert. Bier wird ausgeschenkt, und an einfachen Tischen machen die Wallfahrer Brotzeit, an den Hängen stehen die Jahrmarktbuden.
Die Landschaft, durch die unsere Wanderung führt, ist recht abwechslungsreich. Vom Bahnhof aus müssen wir eine Anhöhe hinaufwandern, dann geht es auf halber Höhe am Höhenberg entlang. Wer Lust und Zeit hat, kann den Berg hinauf»klettern«. Die Aussicht lohnt die kleine Mühe. Auf unserer Wanderroute

wechselt ständig das landschaftliche Bild: Weiden gehen in einen kleinen Wald über, dahinter wird eine Lichtung sichtbar, es folgen fruchtbare Felder, und wieder hören wir aus einem buckeligen Gelände die Glocken von weidenden Rindern.

Wandern

Route: *Vom Bahnhof Weßling am Höhenberg vorbei zur Grünsinker Wallfahrtskirche und zurück nach Weßling – 4 km. Die Tour können auch größere Kinder mitmachen.*

Am Bahnhof von Weßling gehen wir nach links und gelangen über die Bahnhofstraße zur Hauptstraße. Hier wandern wir weiter bis zum Mischenrieder Weg, der links abzweigt. Wir steigen die kleine Anhöhe hinauf und wenden uns bei der zweiten Straße, der Sandbergstraße, nach links. Am Fuße des Höhenberges (640 m) wandern wir auf dem sehr abwechslungsreichen Weg bis zur Grünsinker Straße. Wir folgen dem Sträßchen etwa einen halben Kilometer bis zur Kirche.
Für den Rückweg nehmen wir dann die kaum befahrene Grünsinker Straße. Kurz vor Weßling biegen wir nach links in den Waldweg ab und kommen so direkt zum Bahnhof zurück.

Wie die Grünsinker Wallfahrt entstand

Vor 200 Jahren war die Gegend rund um den Höhenberg noch bei weitem nicht so erschlossen wie heute. Straßen und Wege gab es kaum, und die Wälder waren noch wesentlich dichter als heute. Es gab kaum einen Punkt in der Landschaft, an dem man sich orientieren konnte. Da verirrte sich – man schrieb das Jahr 1740 – ein Jäger aus Seefeld in dem dichten Wald. Als er nicht mehr ein und aus wußte und es schon mit der Angst zu tun bekommen hatte – die Wälder waren damals noch sehr gefährlich –, da gelobte er der Gottesmutter ein Bild, wenn sie ihm den Weg zurück zur grünen Senke finden lasse.
Sein Gebet wurde erhört. Er fand zurück und übernachtete beim Schluifelder Einödbauern. Tags darauf befestigte der Jäger ein Marienbild, das ihm der Bauer geschenkt hatte, in der grünen Senke an einem hohlen Birnbaum. Die wunderbare Errettung des Jägers sprach sich schnell herum, und auch, daß er an dem Baum ein Marienbild angebracht hatte. Es dauerte nicht lange, da

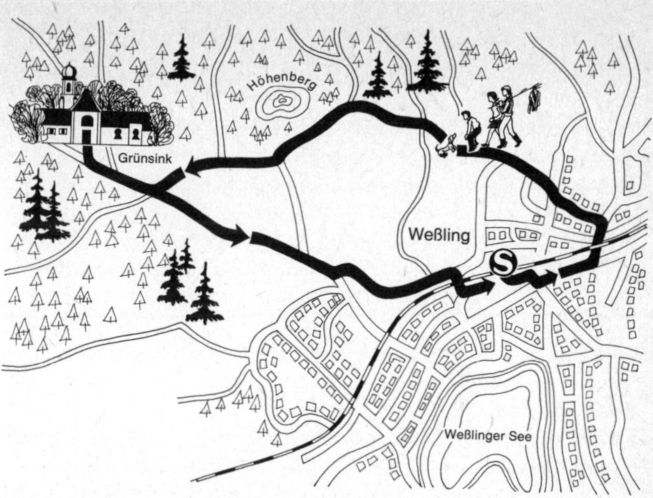

wurde die Stelle zu einem Ort der Marienverehrung. Die gläubigen Menschen jener Zeit pilgerten hierher, um ihre Gebete zum Himmel zu schicken. Sorgen und Kümmernisse hatten sie genug. Wurden ihre Bitten erhört, widmeten die Wallfahrer der Gottesmutter Votivbilder.
Schon vier Jahre nach jenem denkwürdigen Ereignis um den Seefelder Jäger, im Jahre 1744, kam ein Votivbild in die »grüne Senke« – es ist das älteste –, und es zeigt, wie berichtet, ein Marienbild in einem Birnbaum. Im Laufe der Jahrzehnte und Jahrhunderte kamen immer wieder neue Votivbilder dazu. Ein Teil von ihnen wurde in den vergangenen Jahren gestohlen.

In der Sakristei unterrichtete ein Eremit

Der Fürstbischof von Augsburg erlaubte im Jahre 1761, 20 Jahre nach der Rettung des seefeldischen Jägers aus der Verirrung im Wald, die Marienverehrung und den Bau einer Kirche. Ein Jahr später, 1762, war der kleine Bau vollendet, an ihn angebaut wurde eine kleine Klausnerwohnung. Der fromme Eremit war auch bis zum Jahre 1803 Schullehrer für die ganze Umgebung. Unterrichtsraum war die recht geräumige Sakristei.
Lange Zeit wußte man nicht sicher, welches das eigentliche Gna-

denbild sein sollte: eine stehende Madonna oder eine kleine Majolikafigur. Zur Renovierung der Kirche aus Anlaß der 200-Jahr-Feier im Jahre 1962 konnte jedoch geklärt werden, daß das rechte Gnadenbild eine Kopie der Madonna von Lucas Cranach dem Älteren (1472 bis 1553) ist; das Original kann man in der Innsbrucker Pfarrkirche sehen. Die Kopie stammt aus dem 17. Jahrhundert.
Die Deckenfresken im Chor und im Mittelschiff der Wallfahrtskirche zeigen eine eindrucksvolle Darstellung der Marienverehrung. Das Bild schuf Johann Kirzinger, der diese Arbeit im Jahre 1764 vollendete.
An der Decke des Kirchenvorschiffes bewundert man die Himmelfahrt Mariens, gemalt in wunderschönen Farben von Josef Michael Ott im Jahre 1776.
Auch an den beiden Türen und an den Kirchenbänken lösten die Restauratoren dicke Übermalungen ab. Ebenso wurde das barocke Gitterwerk, das Vorschiff und Hauptschiff trennt, gereinigt, und die zierlichen Ornamente wurden durch die Vergoldung der Spitzenteile besonders hervorgeholt. Ein barocker, auf Blech gemalter Kreuzweg hängt an der Empore. Selbst die alten Votivbilder wurden mit viel Mühe und Sorgfalt restauriert.
Sehr wertvoll ist die kleine Orgel aus dem Jahre 1782. Sie wurde unter Denkmalschutz gestellt.
Der alte Zwiebelturm der Kirche ist nicht mehr original. Er war 1875 beschädigt und durch einen Spitzturm ersetzt worden. Im Jahre 1913 wurde die heutige Zwiebelform wieder aufgesetzt.
Mehr über Weßling Tour 38, Seite 211.

Einkehr am Weg

Gasthaus Zur Post – in Weßling. Vollautomatische Kegelbahnen, Wirtsgarten in altbayerischem Stil.
Gasthaus Gerz – in Weßling. Eigene Metzgerei, bayerische Schmankerl.
Gaststätte Seehof – in Weßling. Eigene Metzgerei, Sonnenterrasse, schattiger Garten direkt am See, Bootsverleih.
Café Am See – in Weßling am See. Schöner Garten, eigene Konditorei.
Gasthaus Sepperl – in Meiling, am Ortsausgang in Richtung Steinebach. Kleiner schattiger Garten.

Mit der S 4 nach Fürstenfeldbruck **45**

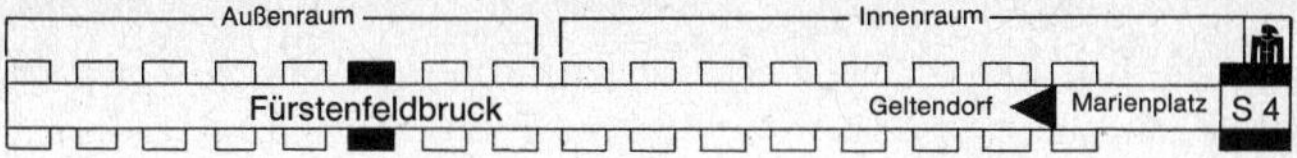

Abfahrt in München, Marienplatz			**Rückfahrt** in Fürstenfeldbruck		
6.23	7.03	7.43	14.37	15.17	15.57
8.23	9.03	9.43	16.37	17.17	17.57
10.23	11.03	11.43	18.37	19.17	19.57
12.23	13.03	13.43	20.37	21.17	21.57
14.23	15.03	15.43	22.37	23.17	23.57

Der Fahrplan gilt Samstag, Sonntag und Feiertag.
Die Züge fahren alle 40 Minuten, Fahrzeit ca. 30 Minuten.
Weitere Fahrzeiten im amtlichen Fahrplan.
Fahrpreise für die Hin- und Rückfahrt: München–Fürstenfeldbruck und zurück = zweimal 4 Zonen.
Mehrfahrtenkarte zweimal 2,10 Mark. Kinder zweimal 0,30 Mark. Hunde zweimal 0,30 Mark.

Am »Langen Berg« entlang

An den Ufern der Amper kann man zu allen Zeiten des Jahres entlangwandern – es wird immer ein Erlebnis sein. Und wer Lust hat, kann zur Sommerszeit in dem Fluß auch baden, das Wasser ist heilkräftig, was übrigens schon die Römer wußten, die in Schöngeising ein Bad anlegten, um darin ihren Rheumatismus zu kurieren.
Wir wandern an der geschichtsträchtigen Klosteranlage Fürstenfeld vorbei, überqueren die Amper, kommen zur Einöde Zellhof, die in frühen Zeiten einmal ein Wirtschaftshof der Fürstenfelder Mönche war. Unter Eichen das Vituskirchlein.
Zum Wahrzeichen dieser Ampergegend wurde ein sehr moderner Turm, der Fernmeldeturm der Deutschen Bundespost im Bernrieder Wald. Auf dem »Langen Berg« wandern wir, bis das Gelände wieder talwärts abfällt: Holzhausen wird erreicht.
Ganz in der Nähe von Holzhausen sind keltische Schanzen ge-

funden worden. Sie weisen auf eine sehr frühe Besiedlung dieses Gebietes hin. Das erste urkundliche Zeugnis trägt die Jahreszahl 764. Von einem Geschlecht derer von Holzhausen ist in dieser Zeit die Rede. Die heutige Kirche zum Heiligen Kreuz dürfte aus dem Jahre 1400 stammen, sie wurde 1832 »romanisiert«, also baulich erheblich verändert. Die »Kreuzwallfahrt« gehört zu den ältesten Wallfahrten in dieser Gegend.

Wandern

Route: *Vom S-Bahnhof Fürstenfeldbruck zum Kloster Fürstenfeld, an der Amper entlang über Gut Zellhof durch den Bernrieder Wald zum Fernmeldeturm, und von dort aus über Holzhausen, Neuried zurück nach Fürstenfeldbruck – 14 km. Die Tour können nur wandergeübte Kinder mitmachen.*

Am S-Bahnhof Fürstenfeldbruck gehen wir ein kurzes Stück auf der Bahnhofstraße und biegen dann links in die Fürstenfelder Straße ein, die uns zum alten Klosterkomplex und zum Marienmünster führt. Durch den Torbogen beim Klosterstüberl wandern wir zweimal über den Mühlbach und gehen unter der Bahn hindurch. Bei der Weggabelung halten wir uns rechts. Die Zellhofstraße führt uns an der Amperleiten entlang über Zellhof zu einer geteerten Straße. Wir überqueren sie und gehen auf der anderen Seite den Forstweg weiter.

Plötzlich taucht mitten im Wald der Fernmeldeturm auf. Beim Weitergehen treffen wir auf eine Wegkreuzung. Hier halten wir uns links und kommen, kurz bevor wir den Wald verlassen, an Keltenschanzen vorbei. Wir treten jetzt aus dem Wald und wandern in die Ortschaft Holzhausen hinein. Wir durchqueren den Ort und gehen in Richtung Biburg weiter. Hinter dem Weiler Neuried zweigt links (Baumgruppe mit Feldkreuz) der Weg ab, der uns an den Ausgangspunkt unserer Tour zurückbringt.

Unterwegs bieten sich bei dieser Wanderung schöne Ausblicke auf das Ampertal.

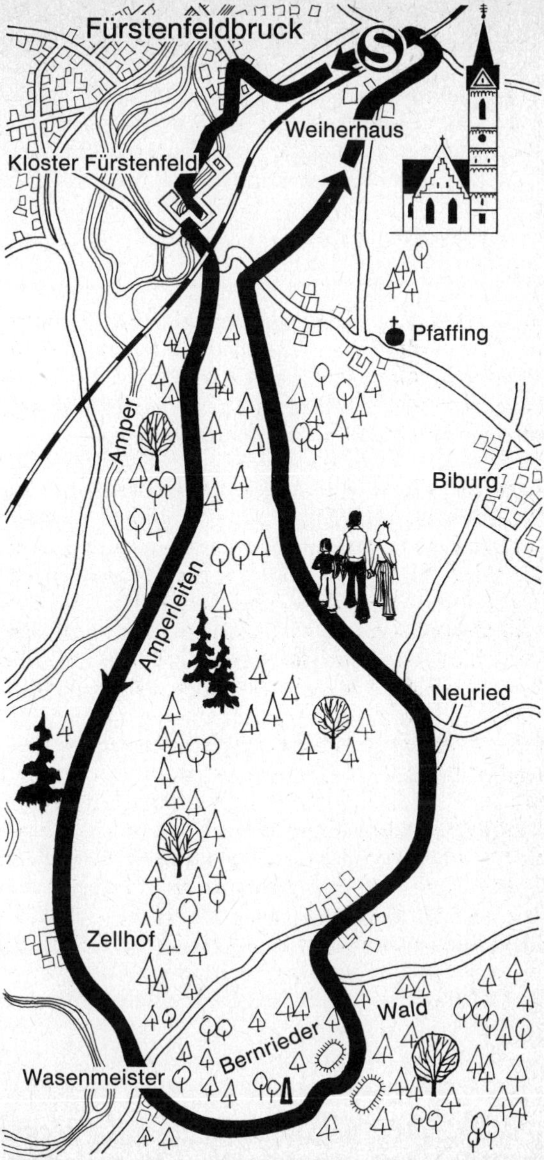

Fürstenfeldbruck
Weiherhaus
Kloster Fürstenfeld
Pfaffing
Amper
Biburg
Amperleiten
Neuried
Zellhof
Wald
Bernrieder
Wasenmeister

Herzog Ludwig II., der Strenge, aus dem Hause Wittelsbach gründete als Sühne für die voreilige Tötung seiner Frau im Jahre 1263 das Kloster Fürstenfeld. Die heutige Barockkirche begann Viscardi im Jahre 1701 zu bauen, Ettenhofer vollendete das Werk im Jahre 1741. Die Innenausstattung stammt von den Gebrüdern Asam.
Im Jahre 1803 (Säkularisation) sollte das Marienmünster von Kloster Fürstenfeld mit Kanonen zerschossen werden, weil der schon angeordnete Abbruch zu hohe Kosten verursacht hätte. Einer Abordnung Brucker Bürger unter Führung des Posthalters Philipp Weiß gelang es, das Vorhaben zu vereiteln.
Die Klostergebäude von Fürstenfeld wurden nach der Säkularisation im Jahre 1803: Herberge für pensionierte Mitglieder der italienischen Oper in München, Militärinvalidenanstalt für die bayerische Armee, Kaserne und später Unteroffiziersschule. Im Jahre 1924 schließlich wurde die Polizeischule eingerichtet. Sie befindet sich heute noch hier.
Die Barockkirche St. Magdalena in Fürstenfeldbruck ist sehenswert. Sie wurde in den Jahren 1673 bis 1679 errichtet. Die Kirche St. Leonhard stammt aus dem Jahre 1440.
Das »alte Rathaus« von Fürstenfeldbruck wurde im Jahre 1867 gebaut. An der Giebelseite sieht man zwei goldene Reliefs aus der berühmten Erzgießerei Miller in München. Ferdinand Miller der Jüngere schenkte sie dem Heimatort seines Vaters. Links Ludwig der Strenge, rechts sein Sohn Ludwig der Bayer.
In Fürstenfeldbruck gab es früher mehrere Brauereien. Erhalten ist heute noch als einzige die Martha-Brauerei, in der seit über 400 Jahren gutes Bier hergestellt wird.
Statio ad »ambre« (Amper) nannten die Römer den Ort Schöngeising. Er ist der einzig bekannte römische Name im Landkreis. Der heutige Ortsname leitet sich von den Herren von Geisingen ab. Das »Schön« wurde von der Fürstenfelder Hofmark zur Unterscheidung von Kottgeisering vorangesetzt.
Das alte Wahrzeichen von Schöngeising ist die St. Johanniskirche aus dem Jahre 1699.
Die Einöde Zellhof war in frühen Zeiten der Mönche ein Wirtschaftshof, der auf einer noch älteren Siedlung errichtet worden war. Neben dem Hof mit mächtigen Eichen das Vituskirchlein.

Um das Jahr 1400 wurde die Kirche von Holzhausen erbaut. Vorher existierten bereits mehrere Kirchenbauten, der erste um 770. 1832 wurde die heutige Kirche »romanisiert«.
Die Kreuzwallfahrt in Holzhausen gehört zu den ältesten der Gegend. Dem Heiligen Kreuz ist die Pfarrkirche geweiht.
Der Weiler Neuried ist noch nicht sehr alt. Er entstand durch eine Rodung des Klosters Fürstenfeld rings um einen Ziegelstadel von 1293.
Mehr über Fürstenfeldbruck: Tour 43, Seite 234.

Einkehr am Weg

Gasthof zum Bad – am Leonhardplatz in Fürstenfeldbruck.
Restaurant am Horst – an der Maisacher Straße in Fürstenfeldbruck.
Pucher Hof – an der Pucher Straße in Fürstenfeldbruck.
Maisacher Hof – an der Maisacher Straße in Fürstenfeldbruck.
Amper-Stüberl – in der Holzstraße in Fürstenfeldbruck.
Bayerischer Löwe – in der Feuerhausstraße in Fürstenfeldbruck.
Gastwirtschaft Ernst – an der Schöngeisinger Straße in Fürstenfeldbruck.
Marthabräu – an der Hauptstraße in Fürstenfeldbruck.
Marthabräukeller – an der Augsburger Straße in Fürstenfeldbruck.
Römerkeller – an der Augsburger Straße in Fürstenfeldbruck.
Wiener Stüberl – an der Schöngeisinger Straße in Fürstenfeldbruck.
Klosterbräustüberl – im Kloster Fürstenfeld.

46 Mit der S 5 nach Freiham

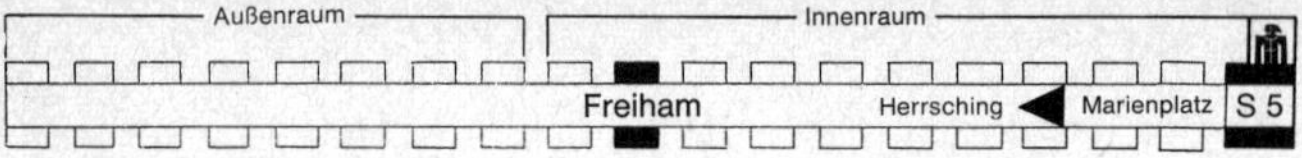

Abfahrt in München, Marienplatz			Rückfahrt in Gräfelfing		
			alle 20 Minuten		
6.59	7.19	7.39	17.18	17.38	17.58
7.59	8.19	8.39	18.18	18.38	18.58
8.59	9.19	9.39	19.18	19.38	19.58
9.59	10.19	10.39	alle 40 Minuten		
10.59	11.19	11.39	——	——	20.18
11.59	12.19	12.39	20.58	21.38	22.18
			22.58	23.38	0.18

Der Fahrplan gilt Samstag, Sonntag und Feiertag.
Die Züge fahren alle 20 bzw. 40 Minuten, Fahrzeit für die Hinfahrt 20 Minuten, für die Rückfahrt 23 Minuten.
Weitere Fahrzeiten im amtlichen Fahrplan.
Fahrpreise für die Hin- und Rückfahrt: München–Freiham = 2 Zonen. Gräfelfing–München, Marienplatz = 2 Zonen. Mehrfahrtenkarte zweimal 0,90 Mark. Kinder zweimal 0,30 Mark. Hunde zweimal 0,30 Mark.

Idylle vor der Stadt

Da, wo wir jetzt noch in friedlicher Landschaft und natürlicher Idylle wandern können, soll in 15 oder 20 Jahren eine große Stadt entstehen. Das Gut Freiham wird dann in seiner heutigen Form nicht mehr existieren. Dieser Plan ist auch der Grund dafür, daß das Gelände so nahe an der Stadt bis heute noch nicht bebaut worden ist.
Die Freihamer hatten schon immer besondere Rechte. So war das Gut beispielsweise als Hofmark nicht abgabepflichtig. Von dem kleinen hübschen Landschloß hört man erstmals in Urkunden aus dem Jahre 1190. Ab 1400 kommt es in den Besitz der Münchner Patrizierfamilien Barth, Pütrich, Ligsalz und Lindauer.

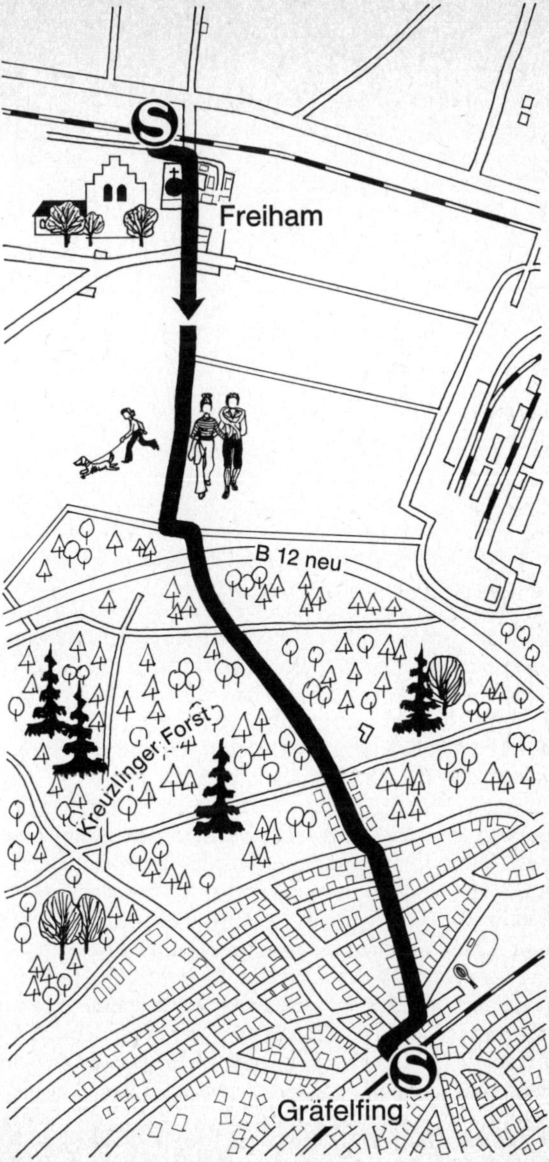
Freiham
B 12 neu
Kreuzlinger Forst
Gräfelfing

Im 18. Jahrhundert sind es die Reichsgrafen von Yrsch, die das Schloß samt Gut besitzen.
Karl Theodor von Yrsch verkauft es schließlich im Jahre 1887 an Hugo von Maffei. Noch heute sieht man an der hinteren Friedhofsmauer die Grabmäler der reichsgräflichen Familie, die der bayerischen Armee viele Offiziere und dem Königshaus zahlreiche Hofbeamte geschenkt hat.
Die kleine Schloßkirche gilt als ein Juwel unter den Kirchen in der Münchner Umgebung. Kunstkenner schätzen besonders die Rokokoaltäre, die stilvolle Kanzel und den zierlichen Orgelprospekt.
Es ist noch gar nicht so lange her, da war die Schloßkirche von Freiham Schauplatz zahlreicher, herrschaftlicher Hochzeiten.

Wandern

Route: *Vom S-Bahn-Haltepunkt Freiham über die B 12 neu zum Bahnhof Gräfelfing – 3 km. Die Tour können auch Kinder mitmachen.*

Kaum haben wir mit der S 5 das Stadtgebiet von München verlassen, erkennen wir auf der linken Seite den Turm der kleinen Schloßkirche von Freiham. Der Zug hält am Gut. Wir wenden uns hier nach links, nach 50 Metern wieder rechts und folgen der alten Kastanienallee mitten hinein in das Schloßgut. Im schattigen Garten der Schloßwirtschaft läßt es sich an heißen Sommertagen gut Pause machen. Eine Brotzeit und ein kühles Bier stärken uns für den Weitermarsch nach Gräfelfing.
Die Luft ist hier noch ländlich. Eine friedliche Oase zwischen dichtbebauten Wohngebieten ist Freiham bis heute geblieben. Freilich: In einigen Jahren schon kann auch dieses stadtnahe Idyll ein Stück Vergangenheit geworden sein. Geplant ist eine Großsiedlung, eine Entlastungsstadt für München.
Von der Schloßwirtschaft aus – wir können auch der Schloßkirche einen kurzen Besuch machen – gehen wir nun durch die Freihamer Allee weiter. Für Autos und Motorräder ist der geteerte Weg verboten. Zwischen fruchtbaren Feldern hindurch führt er uns zu einem breiten, sehr modernen Landschaftseinschnitt. Die Bundesstraße 12 (B 12 neu) wurde hier zur Entlastung der Landsberger Straße (B 12 alt) neu gebaut. Eine leistungsfähige Autobahn wurde aus dieser Straße.

Nach links gehen wir ein Stück und kommen auf die Fußgängerbrücke, die uns auf die andere Straßenseite bringt und uns damit in den Nordausläufer des Kreuzlinger Forstes wandern läßt. Wir brauchen jetzt nur die Richtung beizubehalten, dann erreichen wir über die Freihamer Straße den Bahnhof Gräfelfing.

Vom Dorf zur Villensiedlung

Daß Gräfelfing einmal ein kleines Bauerndorf war, in dem sich jahrhundertelang nichts Außergewöhnliches ereignete, will man heute kaum glauben. Und doch: Die »Geschichte« des heutigen Gräfelfing beginnt erst um 1900. Im Jahre 1881 wurde in Gräfelfing eine Schule errichtet. Damit war der erste Schritt auf dem Weg in die »Neuzeit« getan. Am 1. Mai des Jahres 1900 folgte ein weiterer entscheidender Schritt: Gräfelfing wurde Bahnstation. Fünf Jahre später kam die Postagentur dazu.
Mehr und mehr entwickelte sich Gräfelfing in den Folgejahren zur Stadtrandsiedlung von München. Großstadtmüde Bürger zogen nach draußen um und siedelten sich hier an. Die Gartenstadt entstand. Die ersten Vereine wurden gegründet. Nächstes denkwürdiges Ereignis: Am Ostermontag des Jahres 1914 wurde in Lochham, das schon seit 1256 zum Kirchensprengel Gräfelfing gehörte, das Waldheim der Bäckerinnung eröffnet. Noch heute ist das Heim eine zentrale Ausbildungs- und Lehrstätte für das Bäckerhandwerk von ganz Bayern und darüber hinaus.
Im Jahre 1945 stieg die Einwohnerzahl enorm an. Plötzlich war eine große Wohnungsnot da, und die Gemeinderäte sorgten sich um die Lösung dieses Problems. Es entstanden die Wohnanlagen »Am Anger« und »Am Unterfeld«, zu ihrer Zeit vorbildliche Siedlungsanlagen, die in ganz Oberbayern ihresgleichen suchten. Die Industrieansiedlung wird mit der Erschließung eines eigenen Gewerbegebietes gefördert.

Einkehr am Bahnhof

Schloßgaststätte Freiham – im Schloßhof von Freiham. Schattiger Garten.
Bahnhofsrestaurant – am Bahnhofsplatz in Gräfelfing.
Café Mirabell – in der Bahnhofstraße in Gräfelfing.
Eiscafé Italia – an der Bahnhofstraße in Gräfelfing.

Wohin können auch kleinere Kinder mitgehen? (4 bis 8 Jahre)

Wo kann man auch im Winter wandern?

Stichwortverzeichnis der Orte

Leipold Wilhelm